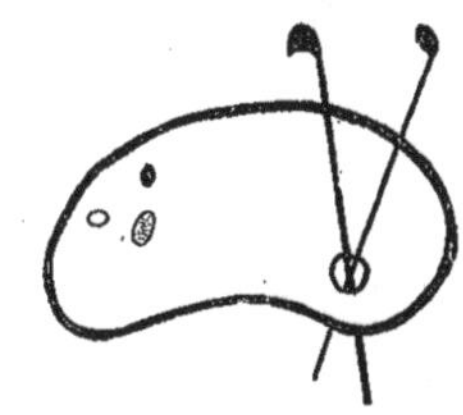

COUVERTURE SUPERIEURE ET INFERIEURE
EN COULEUR

LEÇONS

D'OPHTALMOMÉTRIE

(Cours de perfectionnement de l'Hôtel-Dieu)

PAR

G. WEISS

Ingénieur des Ponts et Chaussées
Professeur agrégé à la Faculté de médecine

AVEC UNE PRÉFACE DE

M. le Professeur de LAPERSONNE

———

Avec 149 figures dans le texte

———

PARIS

MASSON ET Cie, ÉDITEURS

LIBRAIRES DE L'ACADÉMIE DE MÉDECINE

120, BOULEVARD SAINT-GERMAIN

—

1906

A LA MÊME LIBRAIRIE

Technique d'Electrophysiologie, par G. Weiss, ingénieur des Ponts et Chaussées, professeur agrégé à la Faculté de médecine de Paris. 1 vol. petit in-8 de l'*Encyclopédie des Aide-Mémoire*.. 2 fr. 50

Cours de Physique médicale, par Ch. Gariel, professeur à la Faculté de Paris. 3e *édition*. 1 vol. in-8, avec 505 figures.... 12 fr.

La Technique des rayons X, à l'usage des médecins et chirurgiens, par A. Hébert, préparateur à la Faculté de médecine de Paris. 1 vol. in-8, avec 25 fig. et 10 pl. hors texte, cartonné à l'anglaise. 5 fr.

Éléments de Physiologie, par Maurice Arthus, professeur à l'Ecole de médecine de Marseille, ancien professeur à l'Université de Fribourg (Suisse). 2e *édition, revue et corrigée*. 1 vol. petit in-8 de la *Collection des Précis médicaux*, avec 122 figures, cartonné toile souple... 9 fr.

Traité élémentaire de Clinique médicale, par G.-M. Debove, doyen de la Faculté de médecine de Paris, membre de l'Académie de médecine et A. Sallard, ancien interne des hôpitaux. 1 vol. gr. in-8 de 1296 pages, avec 275 figures, relié toile....... 25 fr.

Formulaire thérapeutique, par MM. G. Lyon, ancien chef de clinique à la Faculté, et P. Loiseau, ancien préparateur à l'Ecole de Pharmacie, avec la collaboration de MM. E. Lacaille, M. Marchais, Paul-Emile Lévy. 4e *édition revue*. 1 vol. in-18 tiré sur papier très mince, relié maroquin souple .... 6 fr.

Traité élémentaire de Clinique thérapeutique, par le Dr Gaston Lyon. 6e *édition, revue et augmentée*. 1 vol. grand in-8 de xvi-1800 pages, relié toile......................... 25 fr.

Traité de Microscopie clinique, par le Dr M. Deguy, ancien interne des hôpitaux de Paris, ancien chef de laboratoire à l'hôpital des Enfants-Malades et A. Guillaumin, docteur en pharmacie, ancien interne des hôpitaux de Paris. 1 vol. gr. in-8 de 128 pages, avec 38 figures dans le texte, 93 planches en couleurs, relié toile..... 50 fr.

Traité de Chirurgie d'Urgence, par Félix Lejars, professeur agrégé à la Faculté de médecine de Paris, chirurgien de l'hôpital Saint-Antoine, membre de la Société de chirurgie. 5e *édition entièrement revue*. 1 vol. grand in-8 de 1144 pages, avec 901 figures et 20 planches hors texte, relié toile......................... 30 fr.

6910-03. — Corbeil. Imprimerie Éd. Crété.

LEÇONS
D'OPHTALMOMÉTRIE

6940-06. — Corbeil. Imprimerie Crété.

LEÇONS

D'OPHTALMOMÉTRIE

(Cours de perfectionnement de l'Hôtel-Dieu)

PAR

G. WEISS

Ingénieur des Ponts et Chaussées
Professeur agrégé à la Faculté de médecine

AVEC UNE PRÉFACE DE

M. le Professeur de LAPERSONNE

Avec 149 figures dans le texte

PARIS

MASSON ET Cie, ÉDITEURS

LIBRAIRES DE L'ACADÉMIE DE MÉDECINE

120, BOULEVARD SAINT-GERMAIN

1906

PRÉFACE

Pour pouvoir préciser en neuf leçons et en moins de 250 pages les notions d'ophtalmométrie que chaque médecin doit connaître s'il veut être bon oculiste, il fallait toute la clarté d'exposition, toute la rigueur de la méthode scientifique qu'ont pu apprécier ceux qui ont suivi l'enseignement de M. Weiss.

Qu'il s'agisse de la marche des rayons lumineux dans l'œil, de l'étude de l'astigmatisme ou de la description de l'ophtalmomètre, de l'explication de la skiascopie, etc., tout médecin, dont les notions de physique sont ordinairement très vagues, peut rapidement comprendre et retenir, en lisant ces leçons, les questions les plus ardues de l'optique physiologique. Débarrassé de vaines formules, ce grand chapitre de la physique, qui fait partie intégrante de l'ophtalmologie, lui apparaîtra plus attrayant. Il jugera tout de suite du bénéfice qu'il en tirera pour la correction des anomalies de la réfraction, qui forment une si grosse part de notre pratique journalière.

Lorsque, en 1901, j'instituai auprès de la clinique ophtalmologique de la Faculté un cours de perfectionnement, destiné à fournir à nos futurs oculistes une technique précise, je fis tout de suite appel à mon collègue M. Weiss. Il se mit à notre disposition avec sa bonne grâce habituelle, et depuis il s'est acquitté de sa tâche avec une patience inlassable. Il n'a pas cru s'abaisser en mettant à la portée de nos élèves sa haute culture scientifique, et ainsi il a fait œuvre de professeur au meilleur sens du mot.

Si le cours de perfectionnement a eu, depuis cinq ans, un succès toujours croissant, c'est pour une bonne part à M. Weiss que nous le devons; je suis heureux de lui en exprimer ici toute ma reconnaissance.

F. DE LAPERSONNE.

Paris, avril 1906.

INTRODUCTION

Les leçons qui suivent font partie du cours de perfectionnement créé par M. le Professeur de Lapersonne à l'Hôtel-Dieu. Je profite de cette occasion pour le remercier bien vivement de m'avoir confié cet enseignement et de me rendre ainsi un moyen de professer que je n'avais plus ailleurs, étant arrivé au terme de mon agrégation.

J'ai cherché à exposer aux élèves qui ont suivi ces cours, d'une façon aussi complète que possible, les notions qui leur seront nécessaires lors de leurs études d'ophtalmologie, en évitant toutefois l'emploi des formules mathématiques, afin de rester sans cesse dans le domaine des faits concrets.

Les leçons successives paraissent au premier abord de longueur très différente : cela provient de ce que, pour chacune d'elles, j'ai tenu compte de la difficulté du sujet. Dans les unes, je n'ai fait aucune répétition lors de l'exposé oral ; dans les autres, je suis revenu à plusieurs reprises sur le même fait sous une forme chaque fois un peu différente, rappelant parfois certains passages d'une leçon précédente, afin de mieux faire saisir une question en la rapprochant d'autres questions analogues, ou profitant d'une occasion pour rappeler un principe important que je jugeais devoir graver dans la mémoire des auditeurs. Ces répétitions ont été généralement supprimées dans les leçons écrites, le lecteur ayant toute facilité de se reporter à un passage quelconque.

De plus, pour des études particulièrement délicates, par exemple pour l'astigmatisme, j'ai multiplié les expériences, reproduisant chaque cas avec des variantes afin de le faire bien comprendre. Ceci aussi me prenait beaucoup de temps, et les leçons écrites correspondantes en ont été écourtées.

C'est principalement pour les auditeurs des cours de l'Hôtel-Dieu que je publie ces leçons. Aussi ai-je moi-même dessiné toutes les figures comme je les trace sur le tableau noir, en leur conservant leur aspect schématique, pour permettre de les reconnaître immédiatement. — Les élèves peuvent ainsi, dans l'avenir, se dispenser de prendre des notes complètes, travail matériel absorbant une partie de leur attention, qu'ils concentreront plus utilement tout entière sur les explications complémentaires et les expériences, certains d'avoir déjà un texte d'ensemble précis.

LEÇONS
D'OPHTALMOMÉTRIE

PREMIÈRE LEÇON

Généralités sur les images. — Images réelles et virtuelles. — Principe du retour inverse des rayons. — Objets réels et virtuels. — Composition d'un système centré. — Foyers et plans focaux. — Points nodaux. — Plans principaux et antiprincipaux. — Répartition de ces points et plans dans un système centré. — Leur importance. — Problème de la construction d'un rayon réfracté. — Problème de la détermination d'une image. — Œil réduit de Listing. — Formation des images sur la rétine. — Ombres portées sur la rétine par les corps étrangers de l'œil. — Arbre vasculaire de Purkinje.

MESSIEURS,

Il y a une notion revenant à chaque instant en ophtalmologie, c'est la distinction à faire, au point de vue optique, entre un objet et l'image de cet objet. Encore devons-nous établir une nouvelle division entre les images réelles et les images virtuelles. Comme un objet est composé d'une série de points, il nous suffira, au moins pour l'instant, d'étudier les propriétés d'un point lumineux et de ses images réelles ou virtuelles.

Considérons un point lumineux; quel que soit l'endroit de l'espace où nous soyons placés, s'il n'y a pas de corps opaques entre notre œil et le point lumineux, nous verrons ce point. Remarquons, en passant, que l'expression de point lumineux n'implique pas l'idée que ce point fasse partie d'une source incandescente, d'une flamme par exemple, mais simplement qu'il émet des rayons lumineux. Ces rayons peuvent provenir d'une source éclairante quelconque, située dans les environs du point considéré et être diffusés par lui. C'est ainsi que se comportent en général les points des divers objets qui nous entourent; nous les voyons parce qu'ils nous renvoient soit la lumière du jour, soit celle de sources artificielles qui les éclairent.

Un point P que nous qualifions de lumineux nous envoie donc un faisceau de rayons formant un cône divergent et pénétrant dans notre œil par la pupille. Plus tard, nous entrerons davantage dans l'intimité ce phénomène, mais, pour le moment, admettons en fait que, lorsqu'un faisceau lumineux pénètre dans l'œil et que tous les rayons de ce faisceau ont une direction telle qu'ils semblent venir d'un point situé devant l'œil, on *voit* ce point, que l'éducation nous apprend à localiser dans l'espace. Il est alors évident qu'un point P envoyant de la lumière dans toutes les directions est vu de toutes les régions de l'espace pour lesquelles il n'y a pas de corps opaque interposé entre le point et l'œil. Les rayons extrêmes limitant le cône lumineux pénétrant dans l'œil forment entre eux un angle α, nommé ouverture du cône. A mesure que le point s'éloigne de l'œil, c'est-à-dire

se déplace vers la gauche, dans le cas de la figure 1,
l'angle α diminue, les divers rayons du faisceau
tendent à deve-
nir de plus en
plus parallèles
entre eux, et ils
le sont complè-
tement quand

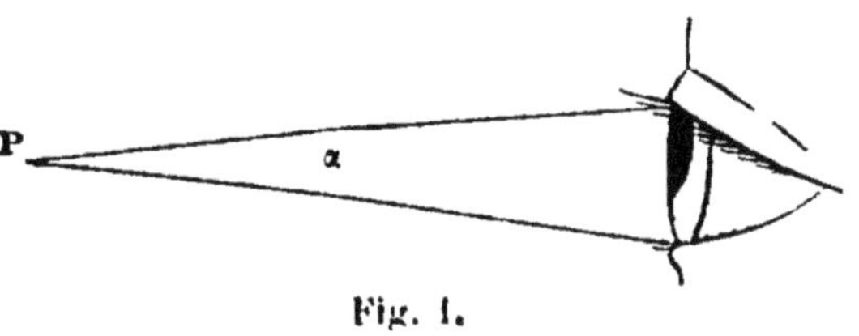

Fig. 1.

le point P s'est éloigné à l'infini. C'est pourquoi les
deux expressions : faisceau de rayons parallèles entre
eux et point lumineux à l'infini, seront pour nous
synonymes entre elles.

Considérons maintenant de nouveau un faisceau
de rayons divergents partant d'un point P, et
recevons-le sur une lentille convergente ; l'expérience
montre que nous pourrons obtenir un nouveau faisceau, convergent en P', dont les rayons, après entre-

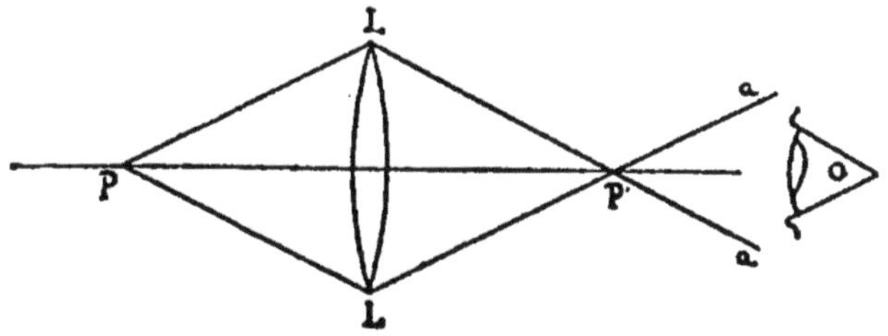

Fig. 2.

croisement, iront en divergeant. L'œil placé en O se
trouvera dans les mêmes conditions que s'il y avait
un point lumineux en P'; mais ce n'est qu'une apparence. P' est une image de P. Dans le cas particulier
de la figure 2, cette image est dite *réelle*, parce que
les rayons qui forment l'image se coupent *réellement*.

Il peut arriver, au contraire, que les rayons, venant de P, soient encore divergents après leur passage à

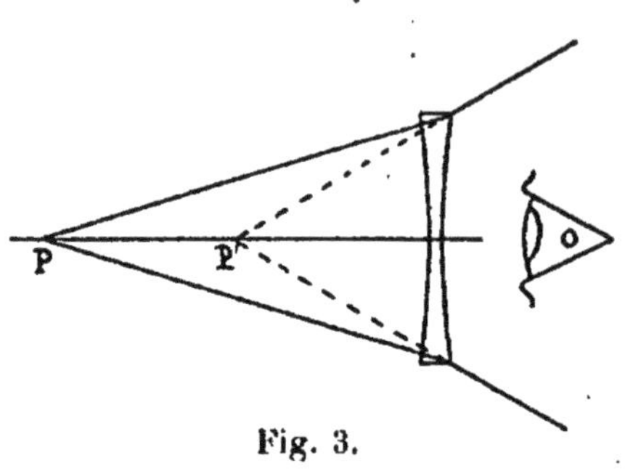

Fig. 3.

travers une lentille. Pour l'œil placé en O, ils auront encore l'air de venir d'un point P″, qui sera une image de P ; mais cette image sera dite *virtuelle*, car les rayons qui semblent en venir ne s'y coupent pas réellement, ce ne sont que leurs prolongements en arrière de la lentille qui passent par P″.

Bien entendu, ce qui vient d'être dit ne s'applique pas seulement à une simple réfraction à travers une seule lentille, mais est très général. Après un nombre quelconque de réfractions ou de réflexions, il peut arriver finalement que les rayons émergents de la dernière surface réfringente ou réfléchissante se coupent en un point formant ainsi une image réelle.

Ou bien, en sortant de cette dernière surface, ils divergent ; leurs prolongements seuls passent par un point qui sera une image virtuelle.

Il y a en premier lieu, au point de vue optique, une distinction très importante à établir entre un point lumineux et une image. Le point lumineux, nous l'avons vu, envoie de la lumière dans toutes les directions ; il est visible de tout l'espace, s'il n'est pas masqué.

Il n'en est pas de même pour une image. Prenons,

par exemple le cas de la figure 4, analogue à la figure 2. Les rayons partant de P et contribuant à la formation de l'image P' sont tous compris dans le cône LPL. Après la réfraction, ils convergent tous à l'intérieur de LP'L, puis divergent dans aP'a. Il faut, pour que l'œil O perçoive l'image P', qu'il

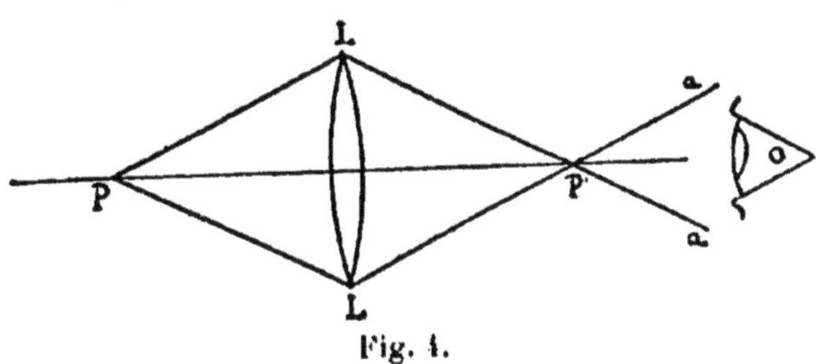

Fig. 4.

reçoive des rayons venant de P', c'est-à-dire qu'il soit situé dans l'intérieur du cône aP'a; aussitôt qu'il sort de ce cône, il ne reçoit plus de lumière venant de P', et il cesse de voir P'. L'intérieur du cône aP'a est ce que l'on nomme le champ de l'image P'; pour voir P', l'œil doit être dans le champ de P'. Le même raisonnement s'applique exactement à l'image virtuelle.

Il nous faut maintenant apprendre à distinguer les images réelles et les images virtuelles. Comment un œil placé dans le champ reconnaîtra-t-il qu'il a affaire à une image réelle ou virtuelle? Au premier abord, l'impression est absolument la même; il est impossible de se prononcer dans un sens ou dans l'autre. Mais, par définition même, les images réelles sont situées après la dernière surface réfringente ou réfléchissante ; les images virtuelles sont situées avant cette dernière surface, en admettant que l'on se base sur la direction de propagation de la lumière. Le problème revient donc, pour l'œil observateur, à reconnaître si l'image qu'il voit est située avant ou après la dernière surface optique traversée par la lumière. Cette surface est souvent difficile, parfois impossible à voir, si elle est parfaitement polie, mais on peut toujours savoir où elle est en se guidant sur le cadre dans lequel elle est montée.

Il faut donc chercher la position de l'image par rapport au plan de ce cadre.

Quand on examine deux objets placés à une certaine distance et vus simultanément, il est toujours aisé de savoir quel est le plus éloigné et quel est le plus rapproché. Il suffit, pour cela, de déplacer la tête latéralement ; les deux objets semblent se déplacer en sens inverse l'un par rapport à l'autre : l'un va de gauche à droite, quand l'autre va de droite à gauche. Or le plus éloigné paraît toujours se mouvoir dans le même sens que la tête de l'observateur.

Appliquons ce principe à la détermination de l'image réelle ou virtuelle. L'œil observateur étant dans le champ et voyant l'image, on déplace la tête latéralement ; si l'image semble se mouvoir dans le même sens que la tête par rapport aux bords du cadre enchâssant la dernière surface optique, l'image est plus éloignée de l'œil que cette surface, elle est virtuelle. Si, au contraire, l'image marche, par rapport aux bords du cadre, en sens inverse du mouvement de la tête, elle est plus rapprochée de l'œil que ce cadre, l'image est réelle.

Il y a encore un point important sur lequel il est nécessaire d'attirer l'attention, c'est la possibilité de recevoir les images sur un écran.

Ceci peut se faire pour les images réelles seulement. Si l'on place un écran à l'endroit où les rayons s'entrecoupent réellement, l'image lumineuse se fait sur cet écran et devient visible de toutes les régions d'où l'on peut apercevoir cet écran. Ce fait est bien connu des personnes ayant essayé, ne fût-ce qu'une fois, de mettre au point un appareil photographique en observant l'image qui se forme sur la glace dépolie.

Bien évidemment, la même opération ne peut se faire pour les images virtuelles, puisque, dans ce cas, les rayons lumineux ne se coupent pas.

Principe du retour inverse des rayons. — Considérons un rayon lumineux A, traversant un système optique et devenant, après un nombre quelconque de réfractions et de réflexions, le rayon B. A est appelé le rayon incident et B le rayon émergent. Le principe du retour inverse des rayons, dont nous verrons de nombreuses applications, nous

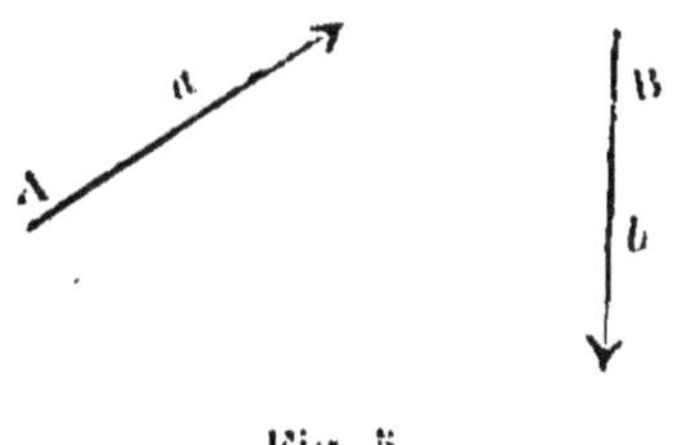

Fig. 5.

apprend que, si l'on envoie un rayon incident superposé à B, mais marchant en sens inverse, le rayon émergent sera superposé à A et marchera en sens inverse de A.

S'il se trouve un point lumineux en a, il enverra sur le système optique tout un faisceau de rayons analogues à A, qui formeront une image quelque part en b. Inversement, si l'on place un point lumineux en b, il enverra de la lumière en sens inverse du cas précédent, et il se formera une image en a. Les points a et b se correspondent. Objet en a et image en b entraînent objet en b et image en a.

Des objets. — Nous avons considéré précédemment un point P envoyant de la lumière sur un sys-

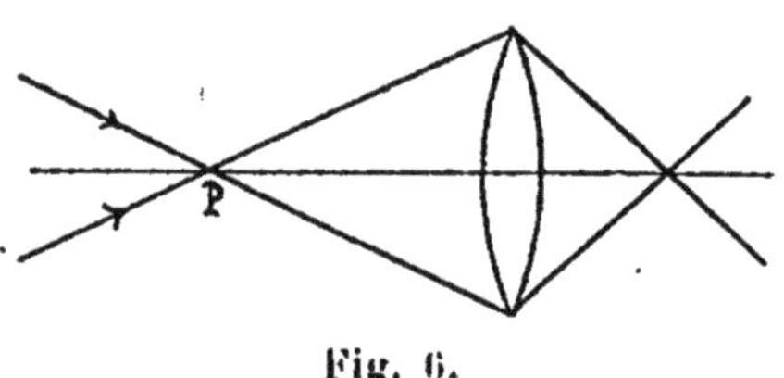

Fig. 6.

tème optique et formant une image qui pourra être réelle ou virtuelle suivant les cas. Mais il est bien évident que, si, en lieu et place de P, se trouve une image réelle formée par l'entrecoupement de rayons se propageant de gauche à droite comme sur la figure 6, il se formera une image de cette image absolument comme il se formait précédemment une image du point lumineux P. L'image réelle P a joué le rôle d'objet par rapport

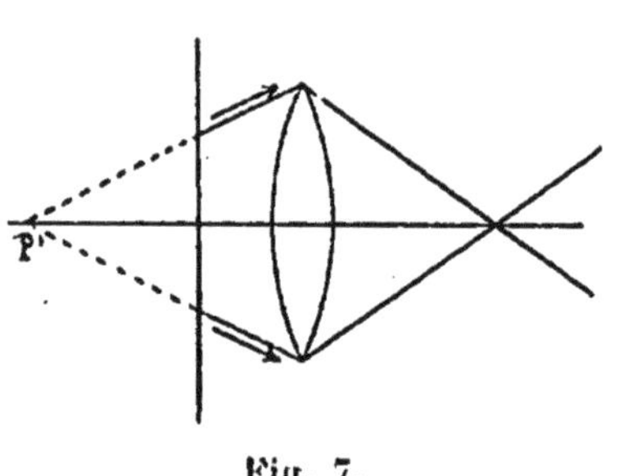

Fig. 7.

au système optique placé à sa suite. Mieux que cela, il n'y a rien de changé à cette deuxième formation d'image, si nous avons, comme sur la figure 7, une image virtuelle P' envoyant de la lumière sur le système optique. Cette image virtuelle pourra, par une nouvelle transformation, redevenir une image réelle.

Enfin il peut encore se produire un cas remarquable, c'est celui où il se formerait une image en P par l'entre-croisement de rayons convergents, mais où l'on interpose sur le trajet du faisceau lumineux soit une lentille, soit un miroir, soit tout autre système optique. L'image ne se forme pas alors en P (fig. 8), mais en un autre point P' dépendant des conditions de l'expérience. On a alors une image P' pou-

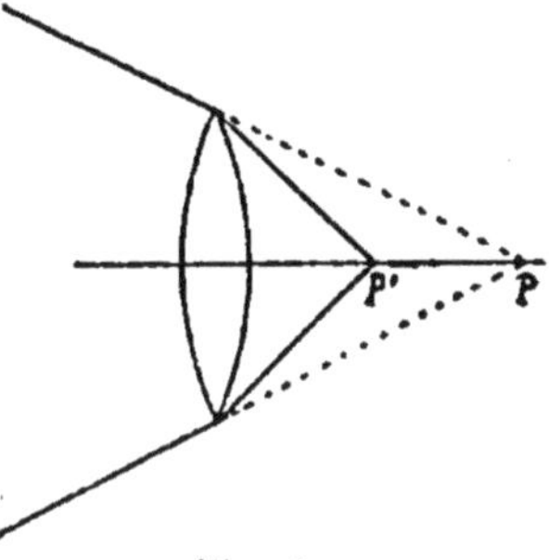

Fig. 8.

vant, comme dans le cas de la figure 8, être réelle, dans d'autres virtuelle, d'un point P qui lui-même n'est même plus une image virtuelle. Dans ce cas, on qualifie P d'*objet virtuel*.

On peut donc, suivant les cas, former l'image : 1° d'un objet réel ; 2° d'un objet représenté par une image réelle ; 3° d'un objet représenté par une image virtuelle ; 4° d'un objet virtuel.

Quelle que soit la nature de l'objet, l'image finale peut être réelle ou virtuelle, que l'on opère par réfraction ou

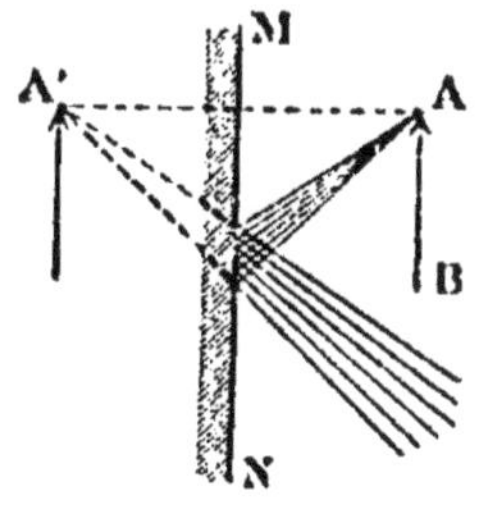

Fig. 9.

par réflexion. Citons, pour fixer les idées, un cas simple d'un objet virtuel donnant une image réelle par réflexion. Un faisceau lumineux vient en convergeant et tend à s'entrecouper en A' ; mais, avant cet entrecoupement, nous plaçons un miroir MN : A' deviendra un objet virtuel, et, après réflexion, les rayons se couperont en A symétrique de A' par rapport à la surface du miroir, formant en A une image réelle.

MARCHE DES IMAGES. — Voici encore une notion rendant service dans l'étude des images. Quand un point P (fig. 10) a formé une image P', si le point P vient à se déplacer suivant la ligne PP', le point P' marche dans le même sens si c'est une image par réfraction, en sens inverse si c'est une image par réflexion.

Fig. 10.

Ainsi, supposons que P' soit une image produite par réfraction à travers une ou plusieurs lentilles ; si P se déplace de gauche à droite, P' va de gauche à droite ; si P va de droite à gauche, P' va de droite à gauche.

Si au contraire P' est une image de P par réflexion sur une surface polie, P allant de gauche à droite, P' va de droite à gauche et inversement. Il suffit de se rappeler ce qui se passe dans une glace plane vers laquelle on marche. L'image vient au-devant de vous. Dans le cas de la réflexion, chaque réflexion nouvelle inverse le sens de la marche de l'image. Ces réflexions multiples se rencontrent très rarement dans la pratique.

ŒIL RÉDUIT

Souvent on assimile le système optique de l'œil à une simple lentille convergente. Une pareille analogie ne permet d'étudier que des phénomènes très grossiers. D'une façon générale, on ne peut pas remplacer un système optique complexe par une simple lentille, soit convergente, soit divergente; cela est bien évident, car sans cela lunettes, microscopes, etc., pourraient tous se remplacer par une seule lentille. Pour étudier comment les images se forment dans l'œil, on devrait, en réalité, former l'image d'un point lumineux à travers la cornée, puis, suivant les rayons dans leur marche, former l'image de cette première image à travers la face antérieure du cristallin, et enfin recommencer la même construction à travers la face postérieure du cristallin. Une pareille opération serait fort longue; nous allons voir que les choses peuvent se simplifier beaucoup.

Composition d'un système centré. — Pratiquement, on n'a à s'occuper en optique que des réfractions à travers les surfaces planes ou à travers les surfaces sphériques. Si toutes les surfaces planes entrant dans la constitution d'un système optique sont perpendiculaires à une même ligne XY, les surfaces sphériques ayant toutes leur centre sur cette même ligne XY (fig. 11), on dit que l'on a un système centré dont l'axe principal est XY.

L'expérience montre que, si l'on place vis-à-vis de ce système centré, dans le voisinage de l'axe XY, un point P envoyant de la lumière à travers le système centré, il se forme quelque part une image réelle ou virtuelle P' de P. c'est-à-dire que tous les rayons incidents partis de P se coupent, après réfraction, réellement ou virtuellement en P'.

A vrai dire, cette entrecoupement en P' n'est pas réduit rigoureusement à un point mathématique;

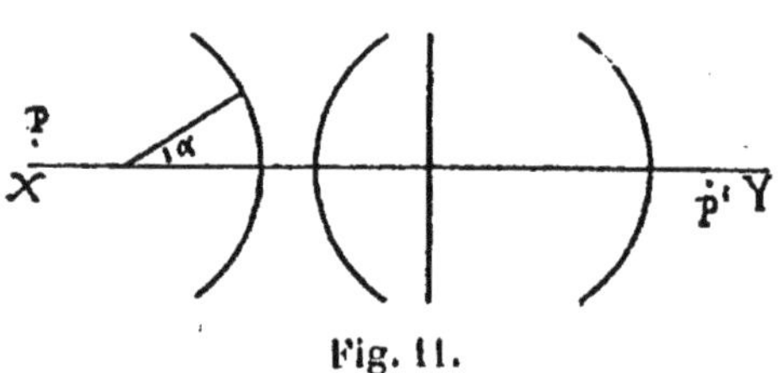

Fig. 11.

mais on se rapproche d'autant plus de cet état idéal que les portions de sphère utilisées dans la réfraction s'éloignent moins de la ligne XY. Les angles tels que α faits avec XY par le rayon des portions sphériques s'écartant le plus de l'axe doivent être très petits; il n'y a pas lieu de citer de chiffres à cet égard : plus les angles α sont petits, plus les images sont nettes.

Nous supposerons, dans la suite, que cette condition est réalisée d'une façon suffisante pour que l'image d'un point apparaisse pratiquement à l'œil comme un point. Si, dans ces conditions, on forme l'image d'un objet, c'est-à-dire d'un assemblage de points, les images de ces divers points ne se confondront pas; les détails de l'objet resteront nets et visibles.

Points et plans remarquables des systèmes centrés. — Dans tout système centré, il y a un certain nombre de points et plans remarquables dits *cardinaux*, que nous allons examiner successivement en indiquant leurs propriétés. Une fois ces propriétés énoncées, il sera facile de montrer l'importance de ces points et de ces plans.

FOYERS PRINCIPAUX. — Soit XY l'axe d'un système centré : un faisceau de rayons parallèles à l'axe venant de gauche à droite traversera le système en subissant une série de réfractions. L'expérience nous montre que finalement, à la sortie, tous les rayons émergents

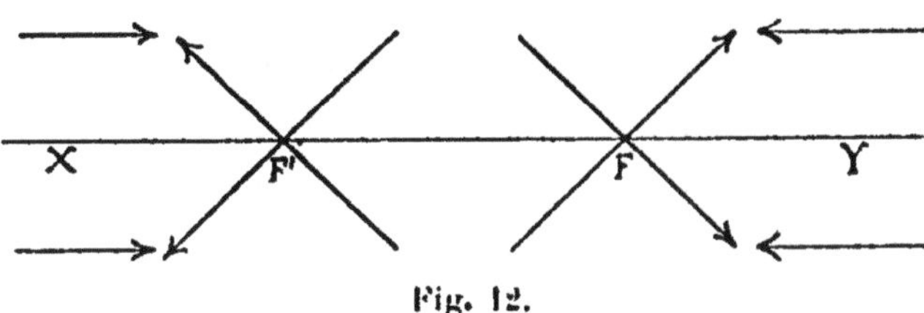

Fig. 12.

se couperont en un point F situé sur l'axe principal. Ce point F sera donc ainsi l'image d'un point situé à l'infini sur l'axe XY. C'est le *foyer principal* pour la lumière venant de gauche à droite. Il pourra, bien entendu, être réel ou virtuel, suivant qu'il est situé après ou avant la dernière surface réfringente faisant partie du système optique.

Si maintenant la lumière vient, parallèlement à XY, de droite à gauche, c'est-à-dire d'un point situé sur XY à l'infini à droite, l'expérience prouve que nous obtenons encore un foyer F' correspondant à ce faisceau, c'est le deuxième foyer principal.

Mais, d'après le principe du retour inverse des rayons, il est évident que chaque foyer principal jouit d'une propriété inverse de celle que nous venons d'énoncer. Prenons le foyer F : si nous y plaçons un point lumineux envoyant un faisceau de rayons de droite à gauche, après le passage à travers le système optique, tous ces rayons devront former un faisceau parallèle à XY. Il en est bien entendu de même pour F' envoyant de la lumière de gauche à droite.

Points nodaux. — Soit encore XY l'axe d'un système centré : les deux foyers F et F' sont accompagnés de deux points N, N', jouissant de la propriété suivante : quand un rayon incident I tombe sur

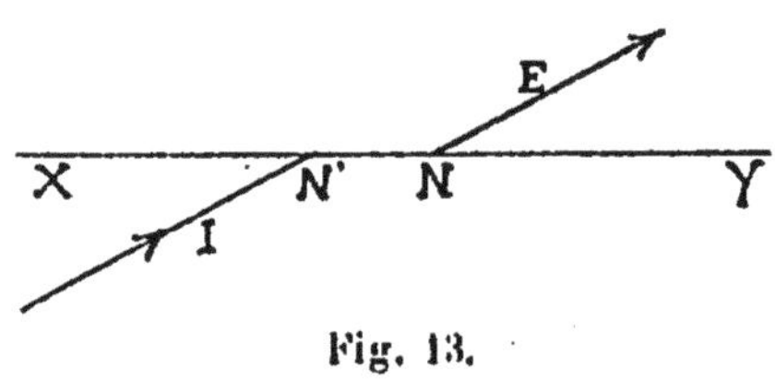

le système optique, de façon que sa direction passe par N', le rayon émergent sort en passant en direction par N, et restant parallèle à I,

Fig. 13.

quel que soit le trajet à l'intérieur même du système optique. Bien entendu, si la lumière se propage de droite à gauche, un rayon entrant dans le système de telle sorte que sa direction passe par N sortira sa direction passant par N', le rayon émergent restant parallèle au rayon incident.

Plans focaux. — Figurons encore par XY l'axe principal d'un système centré avec les points nodaux en N, N' et les foyers principaux en F, F'. Quand un faisceau de rayons parallèles entre eux, mais obliques sur XY, traverse le système centré, après la réfraction tous les rayons se coupent en un point f, dit foyer secondaire correspondant à la direction du faisceau incident ; le foyer secondaire se trouve dans un plan perpendiculaire à XY au point F et nommé *plan focal*. Pour une direction donnée du faisceau incident, il est aisé de trouver la position correspondante du foyer secondaire dans le plan focal. En effet, considérons, parmi tous les rayons du faisceau incident, celui qui passe par le point nodal N', nous savons que le rayon émergent correspondant passera par N et restera parallèle à sa propre direction. Le point f où

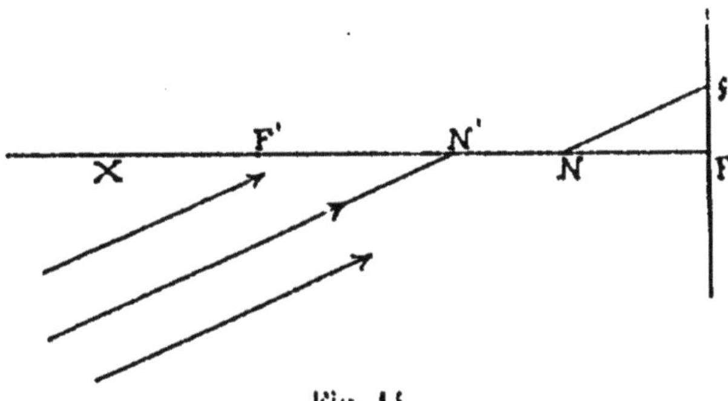

Fig. 11.

ce rayon émergent coupe le plan focal est évidemment le foyer secondaire, car, puisque tous les rayons réfractés doivent passer en un même point du plan focal, ce ne peut être qu'en f. Il est évident qu'il y a aussi une propriété inverse. Plaçons en f un point envoyant de la lumière de droite à gauche : après passage à travers le système optique, tous les rayons réfractés seront parallèles entre eux, et il est aisé de trouver leur direction. Le rayon incident fN n'est en effet pas dévié, puisqu'il passe par le point nodal N ; le rayon émergent reste parallèle à ce rayon fN, et, par suite, il en est de même de tous les autres rayons constituant le faisceau émergent. Il est à peine besoin de dire que nous avons un second plan focal perpendiculaire à XY en F', correspondant à un faisceau parallèle venant de droite à gauche, et jouissant des mêmes propriétés que le plan focal F''.

Donc, en résumé, si un faisceau parallèle tombe sur un système centré, obliquement à l'axe principal, on a le foyer secondaire correspondant en menant par le point nodal N si la lumière vient de gauche, N' si elle vient de droite, une parallèle à la direction du faisceau et prenant l'intersection de cette ligne avec le plan focal correspondant. Inversement, si on a un point lumineux dans un plan focal, on trouve la direction du faisceau émergent parallèle, qui en résulte par réfraction, en joignant ce point lumineux au point nodal correspondant au plan focal, N si le point est dans le plan focal F, N' s'il est dans le plan focal F''.

PLANS PRINCIPAUX. — Dans tout système centré, les foyers F et F' sont accompagnés par deux plans principaux perpendiculaires à l'axe principal XY.

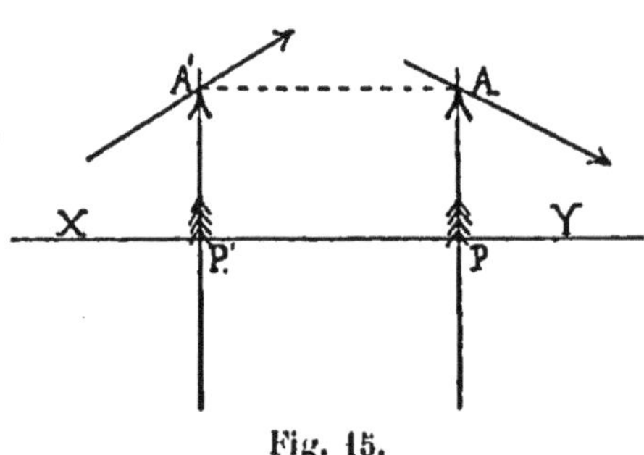

Fig. 15.

Ces plans P et P' jouissent de la propriété suivante :

Si un rayon incident venant de gauche à droite vient couper le plan P' en un point A', le rayon émergent coupe le plan P du même côté de l'axe et à la même distance, c'est-à-dire que l'on a A'P' = AP. Évidemment, la propriété se conserve quand la lumière vient de droite à gauche.

Il résulte ainsi de là que, la lumière venant de gauche à droite, tous les rayons passant par A′ donnent des rayons refractés passant par A, et un petit objet situé dans le plan P′, que, suivant l'habitude, nous représenterons par une petite flèche A′P′, donnera une image AP de même grandeur que l'objet et orientée de la même façon, c'est-à-dire que les deux flèches ont la pointe en haut.

PLANS ANTIPRINCIPAUX. — Les plans antiprincipaux jouent un rôle moins important que les plans principaux. Ils ont comme propriété que, lorsqu'un rayon venant de gauche à droite passe par un point A′ du plan Q′, le rayon émergent coupe le plan Q en A situé de l'autre côté de l'axe, et tel que AQ = A′Q′. S'il y a un point lumineux en A′, tous les

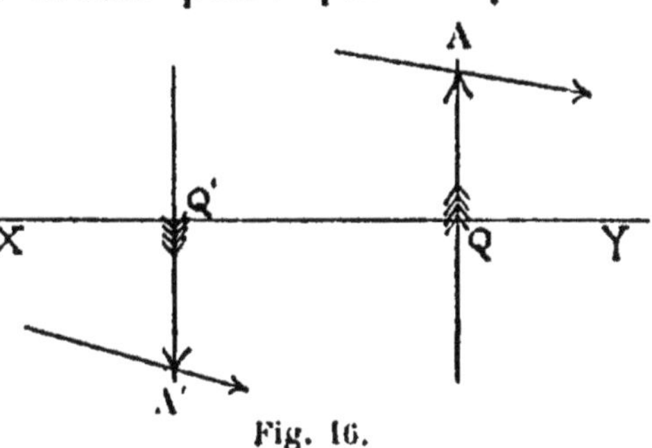

Fig. 16.

rayons qui en émanent passeront après réfraction par A. Une petite flèche A′Q′, située dans le premier plan antiprincipal, donne une image dans le second plan antiprincipal. Cette image est égale à l'objet, mais elle est renversée. Il y a encore reversibilité quand la lumière vient de droite à gauche.

DISTRIBUTION DES POINTS ET PLANS CARDINAUX. — Dans tout système centré, les points et plans cardinaux sont distribués d'une façon très régulière d'après les principes suivants :

Le foyer F correspondant à la lumière venant de gauche et le foyer F' correspondant à la lumière de droite peuvent avoir sur l'axe principal XY une position quelconque dépendant de la constitution du système centré. Soient F et F' ces deux foyers principaux sur la figure 17.

Chaque foyer est accompagné d'un point nodal. Les deux points nodaux sont disposés d'une façon inverse par rapport aux foyers, c'est-à-dire que, si N est à gauche de F, N' est à droite de F', et inversement.

Chaque foyer est accompagné d'un plan principal situé du même côté que son point nodal. De plus, la distance du plan principal au foyer correspondant est égale à la distance de l'autre foyer à son point nodal.

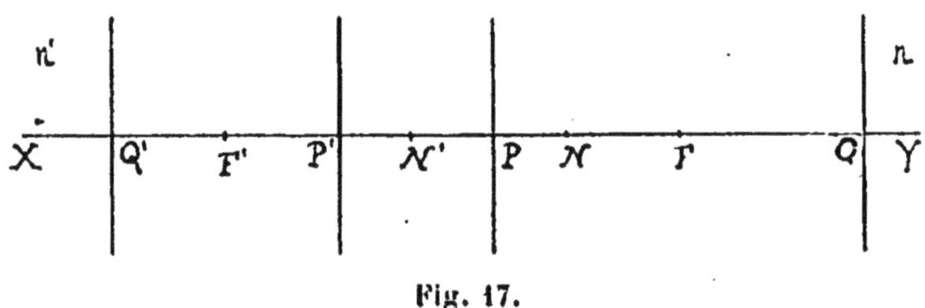

Fig. 17.

C'est-à-dire que l'on a F'P' = FN et F'N' = FP. Il résulte évidemment de là que P'N' = PN et PP' = NN'. La distance des plans principaux est égale à la distance des points nodaux. Enfin les plans antiprincipaux sont symétriques des plans principaux par rapport aux foyers.

On voit que, lorsqu'on a disposé les foyers, il suffit des points nodaux pour déterminer tous les autres éléments remarquables du système optique. Les plans principaux ou antiprincipaux rendraient le même service. Ou encore il suffirait d'un point nodal et du plan principal ou antiprincipal correspondant.

La distance d'un foyer principal au plan principal correspondant se nomme la *distance focale.*

Un système centré a donc en général deux distances focales, l'une pour la lumière venant de gauche FP, l'autre pour la lumière venant de droite F'P'. Le rapport $\dfrac{FP}{F'P'}$, des deux distances focales est égal au rapport des indices de refraction du dernier et du premier milieu, c'est-à-dire $\dfrac{n}{n'}$. Quand ce milieu est le même, quand, par exemple, c'est l'air des deux côtés, on a $\dfrac{FP}{F'P'} = 1$, FP = F'P'; par suite aussi FN = F'N' = FP = F'P'. Les deux distances focales sont égales, et les plans principaux contiennent les points nodaux.

Importance des points et plans cardinaux. — La valeur d'un système optique ne dépend que de ses points et plans cardinaux. Pour le montrer, il nous suffira de faire voir qu'à l'aide des points et plans cardinaux on peut, sans connaître la constitution elle-même du système optique, résoudre les deux problèmes suivants :

1° Étant donné un rayon incident, trouver le rayon réfracté ;

2° Étant donné un objet, trouver son image.

Puisque ces problèmes peuvent se résoudre uniquement à l'aide des points et plans cardinaux, il est

évident que tous les systèmes ayant les mêmes points
et plans cardinaux sont équivalents, et que ce sont
les éléments importants à connaître dans un système optique. Nous allons donc montrer comment
se résolvent les problèmes posés plus haut.

Premier problème. — Soit un système centré avec
ses foyers F, F', ses points nodaux N, N', et ses plans
principaux P, P'. On donne un rayon incident I,

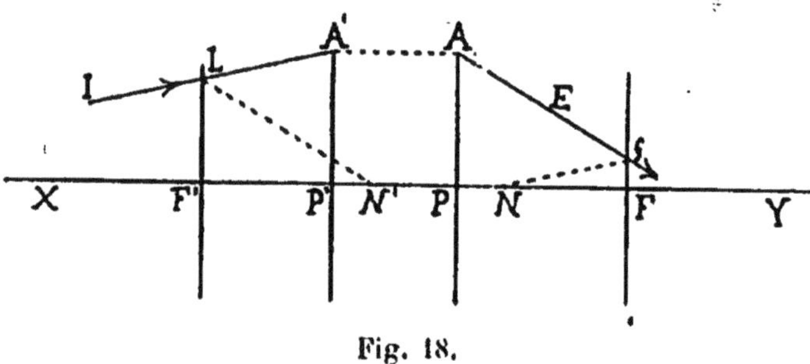

Fig. 18.

trouver le rayon émergent. Il suffit pour cela de
trouver soit deux points du rayon émergent, soit un
point et la direction à laquelle il est parallèle.

Voici un premier point, basé sur la propriété des
plans principaux ; le rayon incident et le rayon émergent doivent couper les plans principaux à la même
distance de l'axe XY. Donc le premier passant par A',
le second doit passer par A.

Deuxième point, basé sur l'emploi des points nodaux
et des plans focaux. Le rayon I peut être considéré
comme faisant partie d'un faisceau de rayons parallèles entre eux, qui, après réfraction, se couperont en
un point du plan focal F, foyer secondaire de la
direction I. Ce foyer secondaire se trouve en menant

par N une parallèle à I et prenant son intersection *f* avec le plan F.

Direction du rayon réfracté. — Le rayon I peut être considéré comme faisant partie d'un faisceau parti d'un point lumineux L du plan focal F'. Tous ces rayons sont, après réfraction, parallèles entre eux. Pour trouver la direction de ce faisceau parallèle réfracté, il suffit de joindre L au point N'; on sait que c'est la direction cherchée.

On aura donc le rayon réfracté soit en joignant A à *f*, soit en menant par un de ces points une parallèle à LN'.

DEUXIÈME PROBLÈME. — Soit encore un système centré avec ses foyers, points nodaux et plans princi-

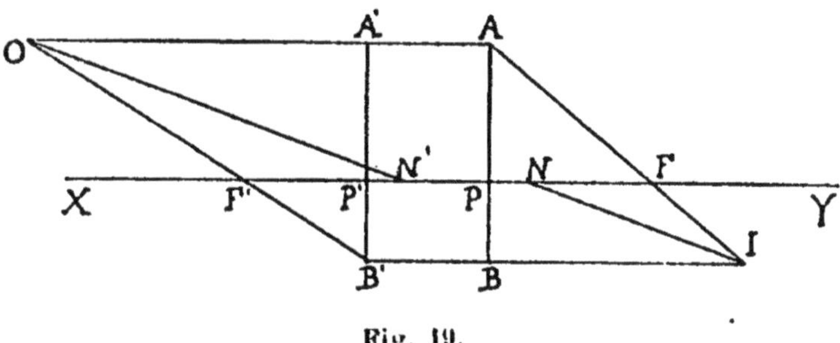

Fig. 19.

paux. On donne un point lumineux O, trouver son image.

Il part de O tout un faisceau lumineux dont les rayons vont après réfraction se couper en un même point, qui sera l'image; il n'est pas nécessaire de suivre tous ces rayons, il suffit d'en prendre deux, leur intersection déterminera l'image. On pourrait prendre deux rayons quelconques et, par la méthode indiquée

au problème précédent, tracer les rayons réfractés ;
mais il vaut mieux se servir de rayons particulièrement choisis, dont la construction des rayons réfractés
est plus simple : il y en a trois.

Premier rayon. — Prenons un rayon parti de O et
parallèle à l'axe XY ; il passe en A' du premier plan
principal P' ; le rayon réfracté doit passer en P à la
même distance de l'axe, donc en A obtenu en prolongeant OA' jusqu'en P. De plus, après réfraction, ce
rayon doit passer par le foyer principal F ; donc il
est AF.

Deuxième rayon. — Prenons le rayon ON' passant
par le point nodal N' : le rayon réfracté devra passer
par N et être parallèle à ON'. Il suffit donc de mener
par N une parallèle à ON'.

Troisième rayon. — Menons OF' ; le rayon passant
par le foyer principal F' devra, après réfraction, être
parallèle à l'axe principal XY. Mais il coupe le plan
principal P' en B' ; le rayon réfracté devra couper P
en un point également distant de l'axe que B', donc
en B obtenu en menant par B' une parallèle à XY, et
il suffit de prolonger cette parallèle pour avoir le
rayon réfracté.

Ces trois rayons réfractés se coupent en I image
de O ; il suffit d'en employer simultanément deux
pour déterminer l'image par leur intersection.

Œil réduit de Listing. — La lumière qui pénètre
dans l'œil traverse trois surfaces réfringentes avant
d'arriver à la rétine, la cornée, la face antérieure du
cristallin, la face postérieure du cristallin. Pour

chercher comment les rayons lumineux partant d'un objet se comportent avant d'arriver à la rétine, il faut donc étudier les réfractions successives à travers ces trois surfaces. Mais, d'après ce qui vient d'être dit plus haut, nous simplifierons beaucoup les opérations en cherchant les points et plans cardinaux de l'ensemble du système optique formant l'œil, et nous servant de ces points et plans cardinaux pour construire les images.

Voyons d'abord quelles sont les surfaces réfringentes de l'œil. Il y a en premier lieu la cornée, dont le rayon de courbure est d'environ 8 millimètres, l'indice de réfraction de l'humeur aqueuse par rapport à l'air étant de 1,336. A 4 millimètres en arrière

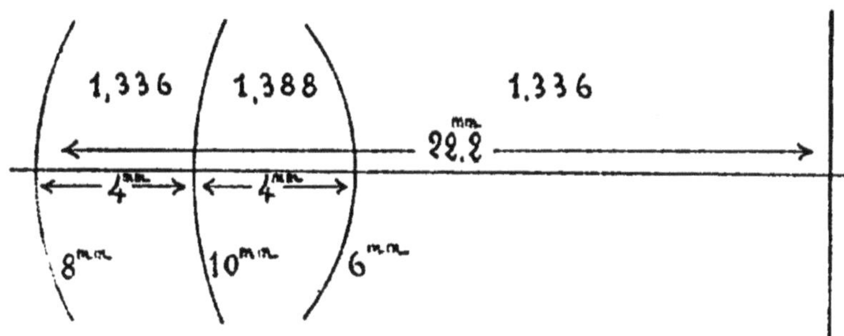

Fig. 20.

de la cornée se trouve la face antérieure du cristallin, avec un rayon de courbure de 10 millimètres et un indice de 1,388. Enfin, à 4 millimètres en arrière de cette face antérieure, se trouve la face postérieure du cristallin, avec un rayon de courbure de 6 millimètres, et derrière laquelle se trouve le corps vitré, dont l'indice est de 1,336. La longueur totale moyenne de l'œil,

de la cornée à la rétine est d'environ $22^{mm},2$. Il n'y a
pas lieu d'entrer ici dans l'explication des méthodes
qui ont permis de faire ces déterminations. Partant de
ces données, on a pu calculer, par des procédés que
nous passerons également sous silence, la position des
points principaux du système optique de l'œil, et voici
les résultats auxquels on est arrivé.

Il y a un premier plan focal F' à $12^{mm},9$ en avant
de la cornée. Un deuxième plan focal est à $22^{mm},2$ en
arrière de cette cornée.

Les deux plans principaux sont à $1^{mm},9$ et à $2^{mm},4$
en arrière de la cornée, et les deux points nodaux à

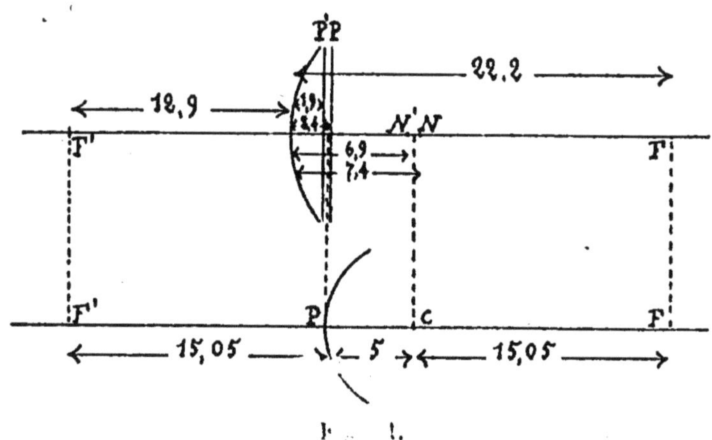

$6^{mm},9$ et $7^{mm},4$ en arrière de cette même cornée. On
voit que les deux plans principaux sont extrêmement
voisins l'un de l'autre, puisqu'ils ne sont séparés que
par un intervalle de $0^{mm},5$, de même pour les points
nodaux.

On peut, sans erreur appréciable, supposer les deux
plans principaux confondus en un seul occupant leur

milieu, c'est-à-dire situé à 2^{mm},15 en arrière de la cornée. Les deux points nodaux, également confondus en ce qui prend le nom de centre optique, seront à 7^{mm},15 en arrière de la cornée. Il en résulte que le système se réduit à un premier foyer F', un plan principal P à 12^{mm},9 + 2^{mm},15 = 15^{mm},05 en arrière de ce foyer F'. Un centre optique C à 7^{mm},15 — 2^{mm},15 = 5 millimètres en arrière du plan principal. Un second foyer à 22^{mm},2 — 7^{mm},15 = 15^{mm},05 en arrière du centre optique. Les deux distances focales sont respectivement, en négligeant la deuxième décimale, 15 millimètres et 20 millimètres, dont le rapport est $\frac{4}{3}$ ou 1,33.

Peut-on trouver un système optique très simple ayant précisément cette composition de points et plans cardinaux, et pouvant par suite remplacer le système complexe de l'œil? Ce n'est évidemment pas une lentille, car les lentilles ont leurs distances focales égales. Mais considérons un dioptre, c'est-à-dire une seule surface sphérique, ayant son centre en C, avec 5 millimètres de rayon de courbure, passant par suite par P, et auquel nous donnerons un indice de $\frac{4}{3}$ entre le milieu arrière et le milieu avant que nous supposerons être l'air; il se trouve que ce dioptre a son centre optique en C, son plan principal en P, et ses foyers en F' et F. Il suffit, pour s'en convaincre, de se reporter, dans un traité élémentaire, à l'étude des dioptres. Ce dioptre simple joue donc le même rôle optique que l'œil, et on lui donne le nom d'*œil réduit.*

Au lieu de faire des constructions compliquées sur l'ensemble des milieux transparents de l'œil réel, on remplacera l'œil réel par ce dioptre avec ses points et plans cardinaux situés comme nous venons de le montrer.

FORMATION DES IMAGES SUR LA RÉTINE. — Considérons un point situé devant l'œil dans la direction de la flèche D; en joignant ce point au centre optique C de l'œil, nous obtenons une droite sur laquelle doit se trouver l'image du point.

Cette image sera en A, intersection de DC avec le plan focal, si le point

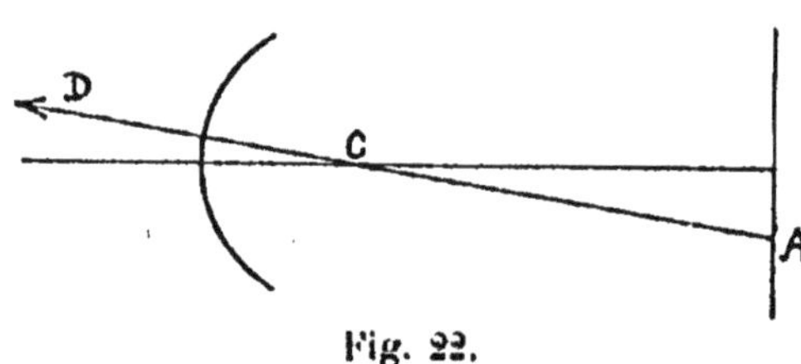

Fig. 22.

regardé est très éloigné, sinon elle sera en avant ou en arrière de A, mais toujours sur la ligne CA. Nous verrons que, suivant les cas, l'image du point sera sur la rétine, en avant ou en arrière. L'expérience montre que l'on a très bien la sensation de la direction dans laquelle se trouve le point regardé. Cette direction est, — cela résulte de l'inspection de la figure, — celle de la droite qui joint l'image A au centre optique de l'œil. A mesure que l'image A se déplace dans un certain sens sur la rétine, le point que l'on extériorise ainsi dans l'espace se déplace en sens contraire ; on conçoit donc aisément, quand on regarde un objet et non plus un point, que l'on extériorise toujours cet objet de sens inverse à l'image qui se produit sur la rétine. Une expérience simple permet d'ailleurs de mettre ce fait en évidence.

Plaçons en avant de l'œil, au voisinage du plan focal antérieur, un point lumineux très petit, ce qui revient à regarder à travers un trou d'épingle derrière lequel se trouve une lumière. Le faisceau lumineux conique traversant le trou et tombant sur l'œil sera, après réfraction, transformé en un faisceau sensiblement cylindrique. Si nous mettons près de l'œil en *a* une épingle, elle for-mera écran dans le faisceau, arrêtera certains rayons et projettera une om-bre *b* sur la rétine. Cette ombre sera

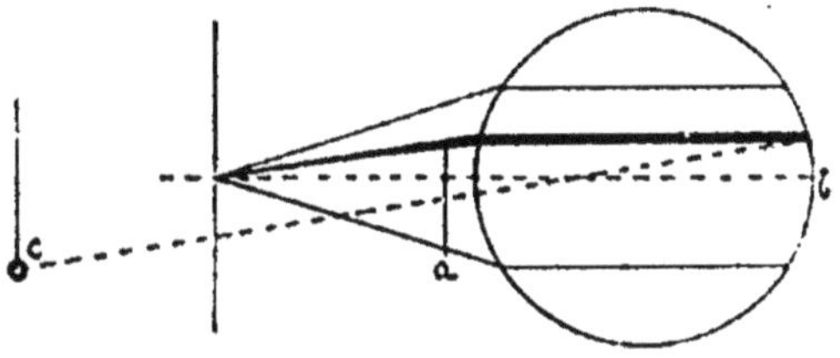

Fig. 23.

orientée comme l'épingle, et l'expérience prouve que nous aurons l'impression d'une épingle placée vers C, mais de sens inverse à *a*, la tête en bas dans le cas particulier.

Nous extériorisons de même toutes les ombres qui peuvent se produire sur la rétine, en particulier celles des corps étrangers de l'œil. Ces corps étrangers ne sont pas toujours visibles ; il faut parfois un artifice pour les faire apparaître, et il est aisé de comprendre pourquoi.

Mettons-nous en plein air et plaçons la main hori-zontalement au-dessus du sol : nous ne verrons aucune ombre de cette main, parce que le sol reçoit partout assez de lumière de tous les points du ciel ; le léger déficit produit en un endroit par la présence de la main n'est pas perceptible. Il faut, pour qu'un corps porte ombre sur un écran, ou bien que ce corps soit très grand, ou bien qu'il se rapproche beaucoup de l'écran, ou enfin que la source lumineuse devienne très petite. Dans ce dernier cas, il suffit de se reporter à la figure 24 pour comprendre que, avec une source lu-

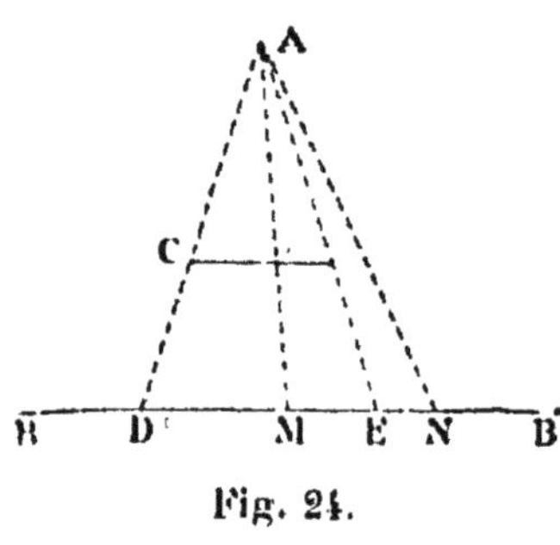

Fig. 24.

mineuse sensiblement réduite à un point A, un corps C quelconque, quelque petit qu'il soit, projettera toujours une ombre sur l'écran, car il y aura toujours une partie de cet écran ne recevant pas de lumière, cette lumière venant tout entière de A et se propageant en ligne droite.

Un petit corps étranger de l'œil n'est pas vu par cet œil s'il n'est pas très près de la rétine, car la lumière entre par une grande ouverture dans l'œil, la pupille, et il ne se produit en général pas d'ombre. Mais un artifice va permettre de rendre apparent le petit corps opaque. Plaçons en avant de l'œil un point lumineux

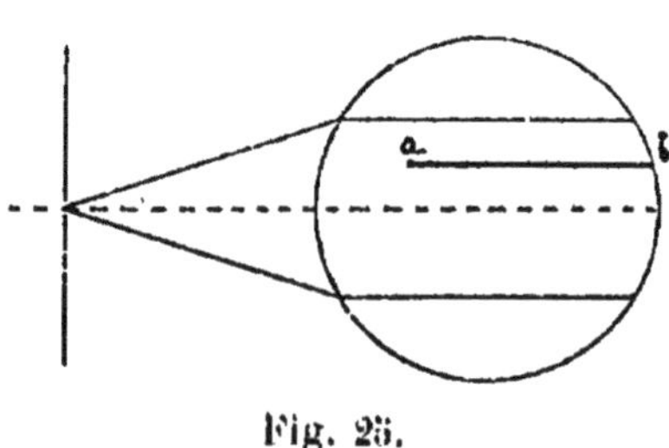

Fig. 25.

très petit, ou regardons une source lumineuse à travers un trou d'épingle, placée aux environs du foyer antérieur. Le faisceau unique qui tombe sur l'œil est, après réfraction, transformé en un faisceau sensiblement parallèle, comme le montre la figure 25. Supposons qu'un corpuscule opaque se trouve en *a*, il fera écran en supprimant les rayons lumineux qui le rencontrent, et il y aura en *b* une petite ombre de *a*.

On voit souvent, quand on regarde vers une surface éclairée, le ciel par exemple, flotter dans l'espace une apparence de petits corps : c'est le résultat des ombres produites par des corpuscules placés au voisinage de la rétine ; mais on ne voit pas d'ombre des corps placés en avant à quelque distance de la rétine ; il faut, pour les percevoir, regarder à travers un petit trou, comme il vient d'être indiqué.

Ce procédé, légèrement modifié, permet même de déterminer la position des corps étrangers.

Regardons le ciel à travers deux trous d'épingle voisins de 2 à 3 millimètres ; chacun de ces trous donne passage à un faisceau qui se comporte comme le faisceau unique de la figure 26. Le trou *a* donne dans l'œil un faisceau parallèle à l'axe secondaire *ac* ; le trou *b*, un faisceau parallèle à l'axe *bc*. Si un corps opaque *m* se trouve dans la partie commune aux deux faisceaux, il

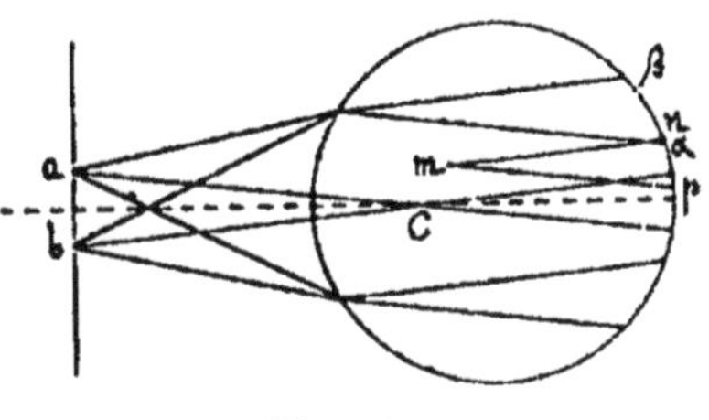

Fig. 26.

supprimera certains rayons du faisceau *bc* et donnera une ombre en *n* ; de même il supprimera certains rayons du faisceau *ac* et donnera une ombre en *p*. On a donc une double ombre *n-p*. Il est aisé de voir que ces deux ombres sont d'autant plus écartées l'une de l'autre que le point *m* est plus en avant de la rétine.

Si m est sur la rétine, les deux ombres n et p se confondent, cela est évident. Si m est dans le plan de la pupille, leur distance est la même que celle de α et β, ombres du bord de la pupille ; si m est au milieu de l'œil, $np = \dfrac{1}{2}\,\alpha\beta$, et ainsi de suite, en comparant np et $\alpha\beta$, on voit à quelle portion de distance du diamètre antéro-postérieur de l'œil se trouve le corps opaque.

Pratiquement voici comment on opère : on regarde à travers deux petits trous vers une surface éclairée, à travers un carreau de vitre par exemple. On a alors

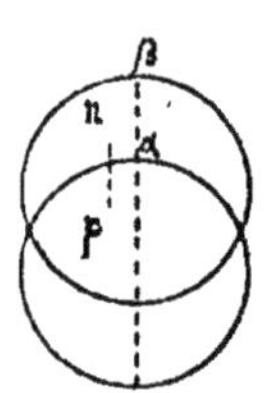

Fig. 27.

l'impression de deux petits ronds lumineux, et l'on peut sur le carreau, avec un compas, mesurer $\alpha\beta$. On voit aussi les deux ombres n et p; on mesure avec le compas np, et on prend le rapport $\dfrac{np}{\alpha\beta}$; cela donne la fraction de distance du diamètre antéro-postérieur de l'œil où se trouve le corps opaque. Si on a 1, il est dans le plan de la pupille, c'est-à-dire à la face antérieure du cristallin ; si on a 0,8 environ, il est à la face postérieure du cristallin; si on a moins, il est dans le corps vitré, d'autant plus en arrière que le rapport est plus petit.

L'observation à travers un trou d'épingle permet encore de faire une très belle expérience. Regardons à travers le trou d'épingle vers le ciel, et animons l'écran dans lequel est percé le trou d'un petit mouvement latéral de va-et-vient d'environ deux mouvements par seconde. Nous voyons aussitôt apparaître un chevelu extrèmement délicat, c'est l'ombre portée sur la couche sensible de la rétine par les vaisseaux situés en avant de cette couche sensible. En déplaçant l'écran, nous avons déplacé la source lumineuse éclairant la rétine ; par suite de ce mouvement, les ombres portées sur cette rétine se déplacent également. Or, si en général nous ne voyons pas les ombres des vaisseaux qui se forment sur la rétine, c'est que nous en faisons abstraction. C'est seulement quand ces ombres se déplacent, se formant sans cesse sur des points différents de la rétine, que nous les percevons ; aussitôt que l'ombre reste en place, nous cessons d'en avoir conscience.

Ce procédé est le meilleur, le plus facile à exécuter pour réaliser cette belle expérience dite de l'arbre vasculaire de Purkinje.

DEUXIÈME LEÇON

Généralités sur les verres correcteurs employés en oculistique. — Numérotage des verres. — Mesure de la puissance des verres en dioptries. — Concordance entre les deux systèmes de mesure. — Détermination de la valeur d'un verre. — Emmétropie. — Accommodation. — Expérience du P. Scheiner. — Images de Sanson. — Mécanisme de l'accommodation. — *Punctum proximum*. — Amplitude d'accommodation. — Presbytie. — Tableau de Donders. — Compensation de la presbytie. — Détermination pratique de l'emmétropie.

MESSIEURS,

On emploie en oculistique des lentilles de formes très différentes; nous ne pouvons les étudier d'une façon générale maintenant, car l'emploi d'un grand nombre d'entre elles ne pourrait être compris. Bornons-nous aux verres convergents et divergents, dont l'usage est le plus fréquent. Généralement, ces verres sont biconvexes pour les convergents, biconcaves pour les divergents, et les rayons de courbure des deux faces sont égaux, mais cela n'est pas absolu. — On a introduit dans la pratique d'ophtalmologie d'autres formes dont l'usage ne s'est pas encore beaucoup répandu et dont je parlerai plus tard.

En optique, on désigne généralement les lentilles par leur distance focale, en indiquant si la lentille est convergente ou divergente. Aussi on dira que l'objectif de telle lunette est une lentille convergente de 0^m,80 de distance focale.

Il n'en est pas de même pour les verres d'oculistique. Autrefois, ils étaient désignés par leur numéro. A quoi correspondait le numéro d'un verre?

Les verres se fabriquent en les usant contre des formes déterminées représentées sur la figure 28 : le

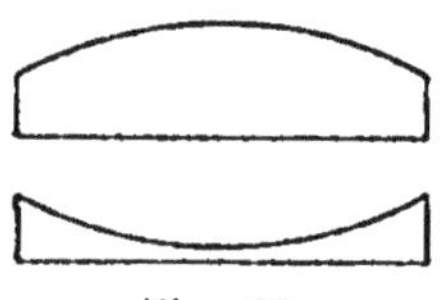
Fig. 28.

bassin pour les verres convexes, la balle pour les verres concaves. Le bassin et la balle ont un rayon de courbure variable suivant la lentille que l'on veut obtenir, et que, pendant longtemps, on a mesuré en pouces; l'outil portait le numéro correspondant à ce rayon de courbure, et, par extension, ce même chiffre servait à désigner le verre fabriqué. Ainsi un numéro 10 convergent avait été obtenu avec le bassin ayant 10 pouces de rayon de courbure. *Il en résulte donc que le numéro donnait en pouces le rayon de courbure des deux faces de la lentille.* Comme la courbure des faces n'est pas le seul élément qui intervienne dans les propriétés d'une lentille, et qu'il faut tenir compte aussi de son indice de réfraction, il n'y a pas, à proprement parler, de relation entre le numéro d'un verre et sa distance focale, qui est, en somme, son élément le plus important. Toutefois, pour les matières généralement employées, l'indice de réfraction varie peu, et il n'y avait pas dans la pratique d'écart trop grand entre les diverses lentilles de même numéro. De plus, par un heureux hasard, les lentilles biconvexes et biconcaves ayant sur leurs deux faces le même rayon de courbure, il se trouve que, pour l'indice moyen des verres employés, la distance focale est sensiblement égale au rayon de courbure des faces. *Par conséquent, le numéro d'un verre indiquait aussi à peu près sa distance focale en pouces.* Mais cette égalité n'est pas rigoureuse ; le tableau ci-contre montre la concordance qu'il y a réellement entre le numéro des verres et leur distance focale en pouces.

Un autre élément venait encore troubler les comparaisons ; le pouce n'a pas la même valeur dans les divers pays ; il y a le pouce de Paris, le pouce anglais, le pouce autrichien, etc. Chaque pays avait donc une série de verres différente. Mais un des plus grands inconvénients de ce numérotage était la nécessité de calculs fastidieux lors de la superposition de divers verres. Dans la pratique d'oculistique, on est sans cesse amené à superposer deux lentilles, ainsi que nous le verrons plus tard. Or, avec la désignation des verres par leur numéro, il devenait extrêmement difficile de se rendre, sans calcul, un compte rapide de l'effet produit par cette superposition.

Voici une boîte contenant les diverses lentilles en usage en oculistique. J'y prends un numéro 20 et un numéro 10. Je les superpose, et je ne puis dire sans calcul préalable à quelle lentille unique équivaut l'ensemble des verres ainsi superposés. C'est à peu près un numéro 7, mais il faut une série d'opérations pour arriver à ce résultat.

La classification actuelle est basée sur un principe

TABLEAU SYNOPTIQUE

DES RAPPORTS QUI EXISTENT ENTRE L'ANCIEN ET LE NOUVEAU SYSTÈME DE NUMÉROTAGE DES VERRES DE LUNETTES.

ANCIEN SYSTÈME.				NOUVEAU SYSTÈME.			
I. Numéro de l'ancien système.	**II.** Distance focale en pouces de Paris pour $n = 1{,}53$.	**III.** Distance focale en millimètres.	**IV.** Équivalent en dioptries.	**V.** Numéro du nouveau système.	**VI.** Distance focale en millimètres.	**VII.** Distance focale en pouces de Paris.	**VIII.** Numéro correspondant de l'ancien système pour $n = 1{,}53$.
72	67,9	1837	0,54	0,25	4000	148	150
60	56,6	1523	0,65	0 5	2000	74	78
48	45,3	1225	0,81	0 75	1333	49	52
42	39,6	1072	0,93	1	1000	37	39,2
36	34	920	1,08	1,25	800	29,6	31,2
30	28,3	766	1,30	1,5	666	24,6	26,1
24	22,6	612	1,63	1,75	571	21	22,3
20	18,8	509	1,96	2	500	18,5	19,5
18	17	460	2,17	2,25	444	16,4	17,4
16	15	406	2,46	2,5	400	14,8	15,6
15	14,1	383	2,61	3	333	12,3	13,0
14	13,2	357	2,8	3,5	286	10,5	11,1
13	12,3	332	3,0	4	250	9,23	9,78
12	11,3	306	3,26	4,5	222	8,22	8,7
11	10,3	280	3,56	5	200	7,4	7,8
10	9,4	254	3,9	5,5	182	6,71	7,1
9	8,5	230	4,35	6	166	6,15	6,5
8	7,5	203	4,9	7	143	5,20	5,59
7	6,6	178	5,6	8	125	4,6	4,89
6 1/2	6,13	166	6,02	9	111	4,1	4,35
6	5,6	152	6,52	10	100	3,7	3,01
5 1/2	5,2	140	7,12	11	91	3,37	3,56
5	4,7	127	7,83	12	83	3,07	3,26
4 1/2	4,2	115	8,70	13	77	2,84	3,01
4	3,8	102	9,72	14	71	2,63	2,8
3 1/2	3,3	89	11,2	15	67	2,47	2,60
3 1/4	3,1	83	12,0	16	62	2,3	2,44
3	2,8	76	13,0	17	59	2,18	2,30
2 3/4	2,6	70	14,4	18	55	2,03	2,17
2 1/2	2,36	64	15,7	20	50	1,85	1,05
2 1/4	2,1	57	17,4				
2	1,88	51	19,0				

tout différent du premier. Ses avantages avaient été signalés dès 1865 par Giraud-Teulon, mais il ne fut adopté définitivement qu'en 1875, à la suite du Congrès des ophtalmologistes, à Heidelberg, grâce aux instances et à la grande autorité de Donders. Aujourd'hui encore, tant un progrès est long à s'introduire, à chaque instant un verre est désigné par son numéro. Aussi faut-il connaître la concordance entre les deux systèmes, et c'est pour cela que j'ai quelque peu insisté sur le numéro des verres.

Tout d'abord les mesures en pouces ont été remplacées par les mesures en mètres. Puis on a introduit la notion de puissance, propriété sur laquelle est basée la nouvelle classification.

PUISSANCE DES LENTILLES. — Prenons une lentille convergente par exemple. Nous savons qu'après la réfraction les rayons qui étaient parallèles à l'axe passent maintenant tous au foyer principal F. Nous pouvons dire que la lentille a le pouvoir de ramener les rayons vers l'axe en les faisant converger en un point, ou, si vous voulez,

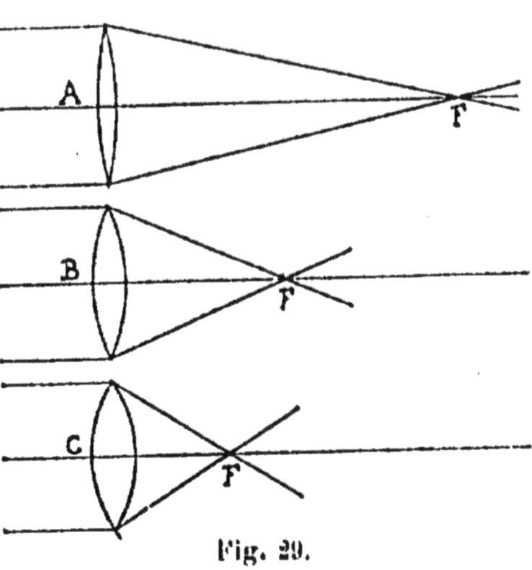

Fig. 29.

qu'elle a une certaine puissance de convergence. Cette puissance sera d'autant plus grande que les rayons convergeront davantage, c'est-à-dire que la distance focale sera plus courte. Ainsi, si la lentille B a une distance focale moitié de celle de A, sa puissance sera double ; si C a une distance focale qui soit le tiers de celle de A, sa puissance sera triple, etc.

C'est suivant ces puissances que nous allons graduer les lentilles ; il faut donc que nous en choisissions une dont la puissance sera prise pour unité. Ce choix s'est porté sur la lentille ayant 1 mètre de distance focale, et sa puissance, qui est l'unité de puissance, se nomme la *dioptrie*, nom proposé par M. Monnoyer.

Lorsqu'une lentille aura 1 demi-mètre, c'est-à-dire $0^m,50$ de distance focale, elle aura 2 dioptries de

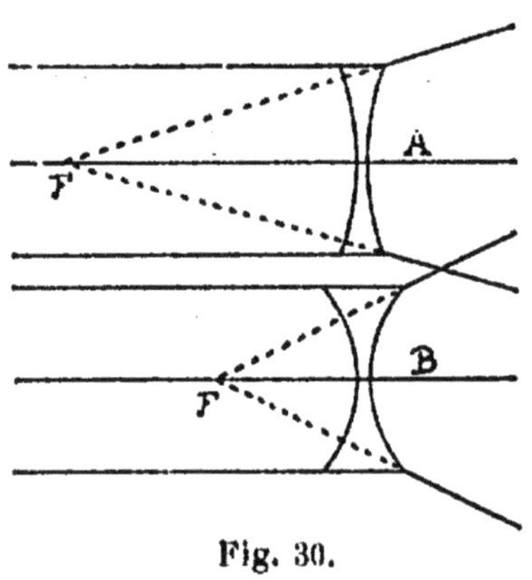

puissance ; quand elle aura $0^m,25$ de distance focale, elle aura 4 dioptries de puissance. D'une façon générale, quand on a la distance focale d'une lentille en mètres, pour avoir sa puissance en dioptries il faut voir combien de fois cette distance focale est comprise dans le mètre, c'est-à-dire diviser 1 mètre par cette distance focale.

Fig. 30.

La même chose peut se répéter identiquement pour les lentilles divergentes ; le foyer se trouve avant la lentille au lieu d'être après ; mais, à part cela, tout revient au même.

Pour distinguer les deux espèces de lentilles, on

affecte du signe + les lentilles convergentes et du signe — les lentilles divergentes.

J'ai dit, plus haut que l'un des inconvénients de l'ancien système consistait dans la nécessité de calculs lors des superpositions de lentilles ; avec le nouveau système, tout devient très simple. Il suffit d'ajouter les valeurs des lentilles que l'on superpose en tenant compte de leurs signes pour avoir la valeur de la lentille équivalente. Ainsi en superposant, au contact, une lentille + 3 et une lentille + 2, l'ensemble équivaut à une lentille + 5. En superposant une lentille — 8 et une lentille + 3, l'ensemble équivaut à une lentille — 5. C'est là la particularité sur laquelle Giraud Teulon avait attiré l'attention dès 1865.

Il est important de remarquer que cette loi d'addition des puissances n'est rigoureusement vraie que si les plans principaux des lentilles, supposées très minces, sont au contact. Cela ne peut évidemment se faire dans la pratique ; pour les verres de faible puissance, on ne s'aperçoit pas de l'erreur s'introduisant de ce chef, mais cette erreur croît avec l'épaisseur des verres et devient importante. C'est pour cette raison que les verres très puissants de même valeur dioptrique et de signe contraire ne s'annulent pas par superposition. Ainsi un + 20 et un — 20 des boîtes d'optique sont loin de s'annuler par superposition, parce que leurs plans principaux sont trop écartés les uns des autres.

CONCORDANCE ENTRE LES DEUX SYSTÈMES. — J'ai à peine besoin de dire qu'il n'y a pas de concordance absolue entre l'ancien système et le système actuel. L'irrégularité même des anciens verres suffirait à le prouver. Les opticiens ont fait un outillage tout nouveau basé sur les principes que je viens d'exposer, et ils ont créé une série de verres dans laquelle on ne retrouve pas tous les anciens verres. Il y a cependant une concordance approximative, et il est aisé, étant donné un verre d'une série, de trouver celui de l'autre série qui s'en rapproche le plus. Il, suffit pour cela de diviser 40 par le chiffre donné ; le quotient donne sensiblement la mesure du verre dans l'autre série.

Exemples : Un verre à 4 dioptries, 40 : 4 = 10, 10 est le numéro du verre dans l'ancien système.

Un verre porte le numéro 8, 40 : 8 = 5, c'est un verre de 5 dioptries.

Le tableau que j'ai donné plus haut indique les séries de verres avec les concordances ; on voit que la série actuelle ne comprend pas la suite des nombres entiers, 1, 2, 3, 4, etc. On s'est arrêté au chiffre 20, l'expérience ayant montré qu'il suffit dans la pratique. Dans les petites valeurs, on a intercalé des fractions de dioptrie, et, pour les fortes valeurs, on a supprimé le 19.

DÉTERMINATION DE LA VALEUR DES VERRES. — Les verres doivent être rigoureusement vérifiés et mesurés ; ceci est l'affaire du constructeur, qui se sert à cet effet d'un focomètre ; le médecin ne se livre pas à cette opération. Mais il est très important pour lui de savoir reconnaître parmi les verres qu'il rencontre dans sa pratique quelle est leur valeur en dioptries. De même nous ne vérifions pas le poids et le titre des monnaies en circulation ; mais chacun de nous doit en connaître la valeur.

Le moyen le plus rapide et le plus commode consiste à se servir du sphéromètre. Cet appareil s'applique sur la surface de la lentille, et on lit sur un cadran quelle est la puissance de la lentille correspondante. Cela suppose que la lentille a la forme pour laquelle le sphéromètre a été fait, c'est-à-dire qu'elle est biconvexe, ou biconcave, et de plus qu'elle a l'indice de réfraction habituel des verres employés à cette fabrication. Cette dernière condition est généralement remplie, et en tout cas ne donne lieu qu'à de faibles erreurs négligeables dans la pratique. Il n'en est pas de même de la première condition ; parfois la lentille est plan convexe, ou plan concave ; elle ne produit alors qu'un effet moitié de la lentille biconvexe ou biconcave, et par suite il faut diviser par deux la valeur lue sur le cadran du sphéromètre. Je laisse de côté pour le moment le cas des lentilles à courbure inégale sur les deux faces.

Il y a un autre procédé très commode et très précis, et avec lequel on est à l'abri des accidents comme ceux qui peuvent fausser le sphéromètre. Il consiste à comparer le verre étudié avec les verres de la boîte d'optique. Pour cela, on cherche dans la boîte le verre qui annule celui que l'on étudie, lorsqu'on les superpose ; les deux verres ont alors la même puissance et des signes contraires. Les deux verres superposés s'annulent, quand, en regardant au travers d'eux un objet éloigné et les déplaçant légèrement latéralement, l'objet semble rester fixe. Si l'objet se déplace dans le même sens que le verre, le verre — l'emporte : c'est le contraire pour le verre +.

Enfin, si l'on était pris à l'imprévu, on pourrait toujours déterminer la puissance d'un verre convergent en lui faisant former sur un écran l'image d'un objet très éloigné et mesurant sa distance focale. Pour faire la même opération sur un verre divergent, il faudrait lui superposer au préalable un verre convergent plus puissant, dont on connaîtrait la valeur, par exemple la loupe de son ophtalmoscope, et faire la différence.

EMMÉTROPIE

Nous avons vu que l'ensemble de l'œil au repos pouvait se réduire à un dioptre de 5 millimètres de rayon ayant son foyer à 15 milli- mètres en arrière du centre. Ce dioptre produit le même effet que trois réfractions successives à travers la cornée, la face anté- rieure et la face postérieure du cristallin.

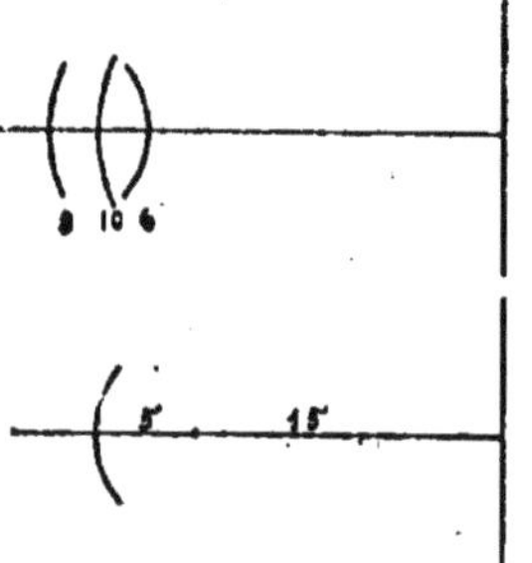

Fig. 31.

Lorsque la rétine est en coïn- cidence avec le plan focal posté- rieur de l'œil, on dit que cet œil est emmétrope. Alors les faisceaux de rayons parallèles entre eux convergent après réfraction sur la rétine, ce qui revient à dire qu'un objet situé à l'infini forme son image nette sur la rétine. L'œil emmétrope voit donc nettement à l'infini dans ces conditions.

Mais la plupart des objets qui nous intéressent ne sont pas situés à l'infini, et nous savons que nous pouvons les voir nettement. Ceci se produit grâce à l'intervention d'un mécanisme des plus remarquables, de l'accommodation. Supposons que l'objet à l'infini formant son image sur la rétine vienne à se rapprocher de l'œil, l'image, nous le savons, va se déplacer dans le même sens et, par suite, passer derrière la rétine. Chaque point lumineux, au lieu de fournir sur la rétine un point, donnera une petite tache diffuse d'autant plus grande que l'image sera plus en arrière, et la vision sera trouble.

Lorsque l'objet se rapproche de l'œil, il faut donc que l'accommodation ramène toujours la coïncidence entre l'image et la rétine.

Pour cela, on peut imaginer divers procédés :

1° Un déplacement de l'écran ou du système optique, c'est-à-dire un allongement de l'œil ou un déplacement du cristallin ;

2° Un changement dans la puissance du système optique, c'est-à-dire une augmentation de courbure de la cornée ou du cristallin.

Dans tous ces cas, l'œil n'est accommodé que pour une distance déterminée. Quelques auteurs s'étaient demandé si l'accommodation ne consistait pas uniquement dans la contraction de la pupille. Cette contraction diminuant l'amplitude du faisceau lumineux pénétrant dans l'œil réduit aussi la grandeur des cercles de diffusion. Cela donne de la netteté à l'image, comme il arrive quand on regarde à travers un petit trou percé dans un écran placé devant l'œil. Mais, dans ces conditions, l'œil accommodé pour la vision rapprochée l'aurait aussi été pour la vision éloignée, or cela n'est pas.

L'expérience du P. Scheiner montre en effet avec la plus grande précision comment varie la marche des rayons lumineux dans l'accommodation aux diverses distances.

Voici en quoi elle consiste en principe :

Plaçons devant l'œil un petit écran percé de deux trous d'épingle assez voisins pour pouvoir regarder simultanément à travers les deux orifices, et regardons deux points lumineux A et B situés à deux distances différentes de l'œil. Fixons d'abord A en

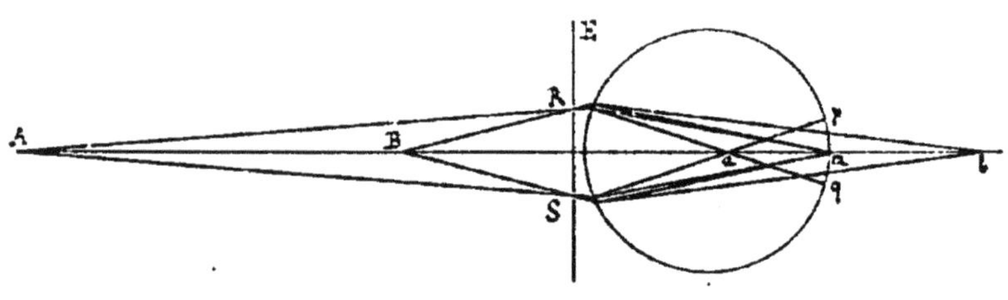

Fig. 32.

accommodant sur lui. L'image nette *m* de A devra se faire sur la rétine. En même temps l'image *b* de B se fait derrière la rétine, et, sans l'écran E, il y aurait sur la rétine une tache lumineuse *pq*. Mais il ne passe à travers l'écran qu'un petit nombre de rayons par R donnant une petite tache lumineuse vers *p*, et par S donnant une petite tache lumineuse vers q. Autrement dit, l'œil voit le point B double. Si à ce moment on bouche le trou R, l'image p disparaît ; si on bouche S, c'est q qui disparaît. Comme on restitue à l'extérieur l'inverse de ce qui se produit sur la rétine, on croit voir disparaître l'image du côté opposé au trou bouché.

Supposons maintenant que l'œil accommode sur B ; l'image nette de B se fera en m, et l'image de A se fait en a en avant de la rétine. Comme il ne passe de rayons que par R et S, on a une petite tache lumineuse vers p correspondant cette fois à S et vers q correspondant à R. C'est l'inverse de ce qui se passait dans l'expérience précédente ; ainsi, si l'on bouche un orifice, on croit voir disparaître l'image du même côté.

Pratiquement, pour faire l'expérience du P. Scheiner, on plante deux épingles sur une règle, au bout

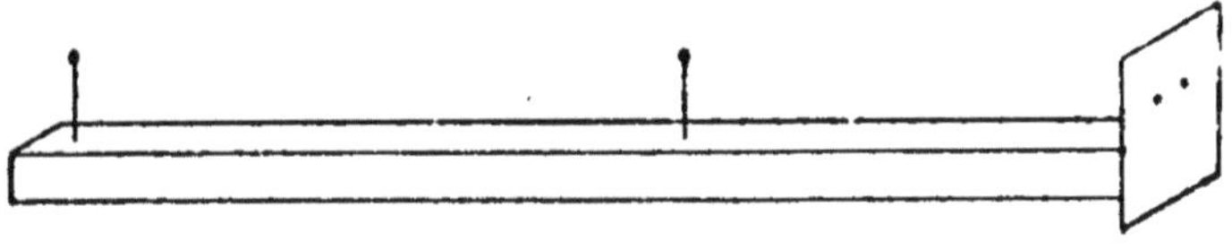

Fig. 33.

de laquelle se trouve un petit écran en carton percé de deux trous d'épingle, l'un à côté de l'autre et distants de 3 à 4 millimètres. C'est à travers ces deux trous que l'on regarde les deux épingles ; on doit voir deux champs circulaires empiétant un peu l'un sur l'autre, et c'est dans la partie commune que l'on aperçoit le phénomène. Si les deux champs n'empiètent pas, comme sur la figure 35, c'est que

les trous sont trop éloignés l'un de l'autre. Il faut un
peu d'exercice pour accommoder à volonté sur A ou
sur B; on y arrive en quelques minutes. Bien entendu,
il ne faut pas placer A dans le prolongement de la
ligne joignant B au milieu des petits trous, mais un

Fig. 34.   Fig. 35.

peu à côté de cette ligne, sans cela A serait masqué
par B. L'expérience du P. Scheiner peut se répéter
d'une façon très instructive sur un schéma en figurant
le système optique de l'œil par une lentille devant
laquelle on place un écran percé de deux trous, et la
rétine par un écran blanc. Les deux épingles seront
remplacées par deux bougies dont on verra les images
sur l'écran rétine.

Il résulte donc de l'expérience du P. Scheiner que
l'accommodation change avec la distance à laquelle
on regarde, et ne peut se faire que pour une seule
distance à la fois.

Une expérience très démonstrative a établi que
c'est le cristallin qui est l'organe de l'accommodation. Il
suffit pour cela d'observer les images qui se produisent par réflexion sur la cornée et sur les deux faces
du cristallin. Ces images, appelées *images de Purkinje
ou [de Sanson*, ne sont pas toutes également faciles à
voir ; la plus brillante est celle de la cornée, et, si l'on
ne prend pas certaines précautions, elle masque assez

facilement les autres ; ou bien l'on est gêné par les images sur la cornée des objets environnants.

Il faut absolument se placer dans une chambre noire et éviter la présence au voisinage de l'observateur de corps pouvant donner lieu à images. L'œil à observer regardera dans une direction X. La source lumineuse sera en A sur le côté et l'œil de l'observateur en B à peu près symétrique de A par rapport à la direction oX. Comme source lumineuse, on peut prendre une bougie ; mais il vaut mieux se servir de deux trous percés dans un écran opaque éclairé par derrière en donnant à ces trous une forme dissymétrique pour reconnaître si l'image est droite ou renversée ; on prendra par exemple deux trous triangulaires, comme l'indique la figure 37.

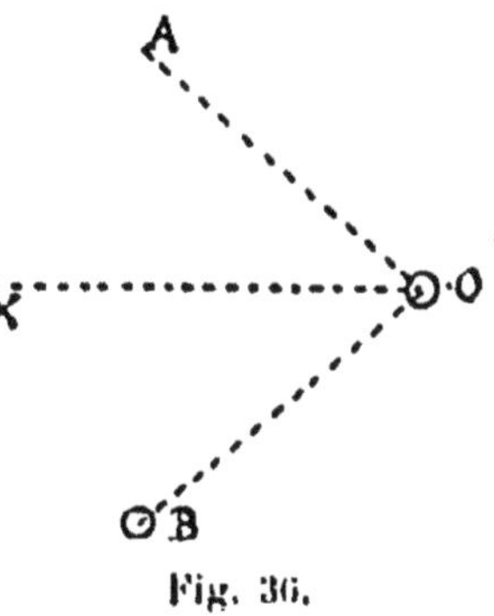

Fig. 36.

Pour juger de l'effet de l'accommodation, il faut faire fixer par le sujet successivement deux repères, l'un éloigné, l'autre rapproché. Il importe de disposer d'avance ces deux repères dans la direction de la visée OX, afin que l'œil ne se déplace pas pendant l'expérience.

Fig. 37.

Ceci fait, l'observateur examine les images sur l'œil examiné pendant la vision éloignée et constate l'existence de trois images (fig. 38).

La première image, due à la réflexion à la surface

de la cornée, est très brillante et très facile à voir. Elle est droite.

La deuxième image, due à la réflexion sur la surface antérieure du cristallin, est aussi droite ; elle est plus grande que la précédente, moins lumineuse et moins facile à voir. Elle semble située à peu près à 8 millimètres derrière le plan de la pupille. C'est, comme nous allons le voir, la plus importante.

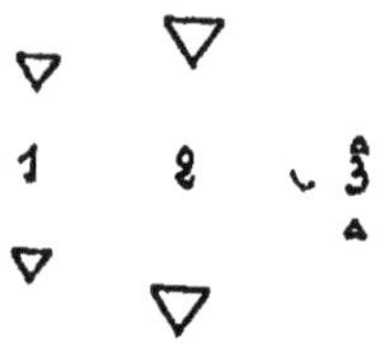

Fig. 38.

Enfin il y a une troisième image renversée due à la réflexion sur la surface postérieure du cristallin, c'est la plus petite de toutes ; elle est brillante, assez facile à voir et paraît située dans le plan de la pupille.

Si maintenant l'œil accommode, en fixant un point rapproché, la première et la troisième image ne changent pas, la seconde devient plus petite et plus nette en même temps qu'elle se porte un peu en avant.

De cette observation on a pu conclure que c'est la face antérieure du cristallin qui se modifie pendant l'accommodation. Helmholtz, en mesurant, à l'aide de l'ophtalmomètre, la grandeur des images pour la vision éloignée et la vision rapprochée, a pu déterminer par le calcul les variations des rayons de courbure du cristallin. Il a établi ainsi que le rayon de courbure de la face antérieure du cristallin passe de 10 millimètres à 6 millimètres; en même temps, cette face avance d'environ $0^{mm},5$. La face postérieure subit aussi une légère augmentation de courbure, mais elle ne passe que de 6 millimètres à $5^{mm},5$.

Il y a maintenant lieu de se demander par quel mécanisme se produit la modification de forme du cristallin ; je ne veux pas insister sur l'historique de cette question, et je me contenterai de vous exposer rapidement la théorie classique de Helmholtz et celle plus récente de M. Tscherning.

D'après Helmholtz, le cristallin serait naturellement plus bombé qu'il ne l'est dans l'œil au repos. Cela tiendrait à une traction exercée en tous sens par la zone de Zinn, qui maintient le cristallin en place. Lors de l'accommodation, la contraction simultanée des fibres radiées et des fibres circulaires du muscle ciliaire produiraient un relâchement de la zone de Zinn, et le cristallin, par son élasticité seule, prendrait

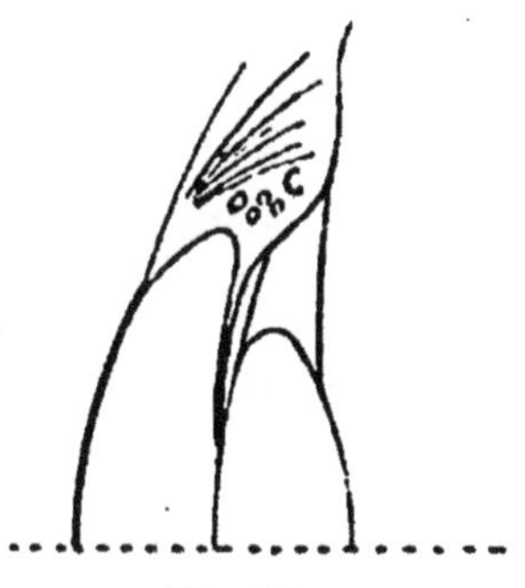

Fig. 39.

une forme plus bombée qu'à l'état de repos. Le mouvement en avant proviendrait de l'appui que prendrait le cristallin sur le corps vitré incompressible, au moment de l'augmentation de convexité.

Il est bon toutefois d'ajouter que Helmholtz n'émit sa théorie que comme une explication très plausible, mais ne lui donna pas le caractère de certitude que lui attribuèrent les auteurs qui l'on décrite depuis.

M. Tscherning, en étudiant avec soin les images qui se produisent à la face antérieure du cristallin, est arrivé à cette conclusion qu'à la vérité cette face augmente de courbure dans sa région centrale, mais

que sur les bords elle subit au contraire un aplatis-
sement. La contraction de la pupille qui accompagne
l'accommodation éliminerait la réfraction par les
parties périphériques, qui sans cela troubleraient la
netteté des images. Cet effet serait obtenu par suite
d'une particularité de structure du cristallin.

On sait que la partie centrale du cristallin est plus
dense que les couches périphériques ; d'a-
près Tscherning, il y aurait un véritable
noyau central indéformable entouré de
parties plus molles, et, lors de la contraction du muscle ciliaire, une traction exercée
circulairement par la zone de Zinn moule-

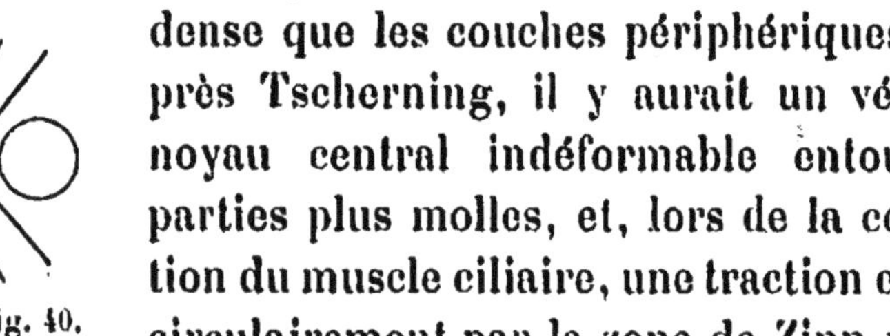

Fig. 40.

rait plus ou moins les couches périphériques sur le
noyau central.

MM. Bertin-Sans et Gagnière ont montré récemment, sur le lapin, qu'en mesurant la courbure du
cristallin sur l'œil vivant pendant le relâchement de
l'accommodation produit à l'aide de l'atropine, puis
sacrifiant l'animal et faisant les mêmes mesures sur
le cristallin libéré, on obtenait sensiblement les
mêmes chiffres. Ceci nous montre qu'à l'état de non-
accommodation de l'œil le cristallin n'est pas déformé,
comme le suppose la théorie de Helmholtz, et vient
à l'appui de l'interprétation de Tscherning.

Lorsque l'on veut examiner avec détail un objet que
l'on tient à sa disposition, on le rapproche de plus en
plus de l'œil, afin d'augmenter la grandeur de l'image
rétinienne, comme il est aisé de le voir sur une construction élémentaire (fig. 41). A mesure que l'on opère ce

rapprochement, on accommode pour maintenir l'image nette sur la rétine ; mais il y a un moment où l'on ne peut pousser cette opération plus loin, on est arrivé à la limite de l'ac-commodation.

On dit alors que l'objet se trouve au *punctum proximum* ; si l'on continue à le rapprocher davan-

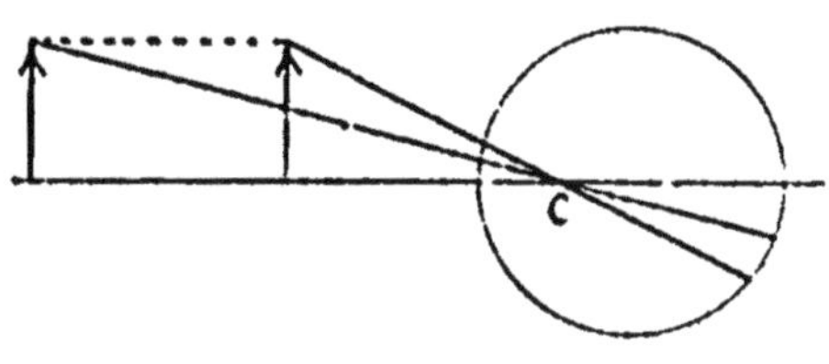

Fig. 11.

tage de l'œil, quelque effort que l'on fasse, l'image passe en arrière de la rétine, la vision cesse d'être nette. Si l'on cherche à déterminer l'œil réduit correspondant à l'œil accommodé, on trouve naturellement un dioptre plus puissant qu'à l'état de relâchement ; ce nouveau dioptre a en effet, d'après les déterminations de Helmholtz, un rayon pouvant descendre à 4^{mm},5 environ.

DÉTERMINATION DU « PUNCTUM PROXIMUM ». — Pour déterminer la position du *punctum proximum*, on peut employer divers procédés, dont le plus simple repose sur la définition même de ce point. On fait regarder un objet par la personne soumise à l'examen, et on lui demande quel est le point le plus rapproché où sa vision est nette. Mais le choix de l'objet n'est pas indifférent ; si l'on prend par exemple des caractères d'écriture, il peut arriver que l'image rétinienne, grandissant quand on rapproche de plus en plus l'objet de l'œil, la personne examinée place l'objet trop près de l'œil, préférant instinctivement sacrifier un peu de netteté à une une image plus grande.

On trouve alors un *punctum proximum* trop rapproché. Il faut donc prendre un objet très simple, peu intéressant par sa forme générale et dont la qualité dominante soit forcément la netteté sur les bords. L'expérience a montré que ce qu'il y avait de mieux était une série de fils noirs tendus sur un petit cadre, et que l'on observe sur fond clair.

Ce petit cadre peut avec avantage être monté perpendiculairement à une règle graduée, dont on applique l'extrémité au-dessous de l'œil, en observant

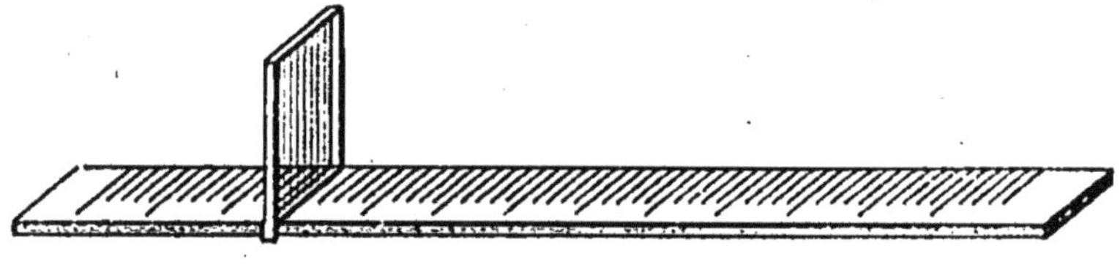

Fig. 12.

le petit cadre. Le sujet fait glisser ce petit cadre jusqu'au point où les fils lui semblent perdre de leur netteté; on lit alors directement la position du *punctum proximum* sur la graduation.

AMPLITUDE D'ACCOMMODATION. — Considérons un œil emmétrope regardant un point rapproché ; il fait un certain effort d'accommodation; cette accommodation aurait pu se remplacer par l'emploi d'une lentille convergente placée devant l'œil restant au repos. En effet, supposons un objet placé au point O et regardé par l'œil accommodé. Plaçons devant l'œil une lentille convergente dont le foyer soit en O : un point lumineux placé en O enverra sur la lentille un faisceau

conique, qui, après réfraction, sera parallèle à l'axe et
qui, par conséquent, fera une image nette sur la rétine
de l'œil non accommodé. Il revient donc au même
d'accommoder sur O ou de relâcher l'accommodation
en interposant de-
vant l'œil une len-
tille convergente
ayant son foyer en O.
La lentille en ques-
tion peut donc rem-
placer l'accommo-

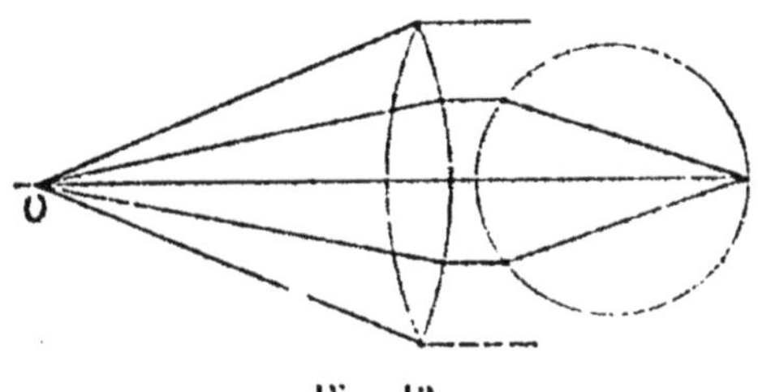

Fig. 13.

dation et lui servir de mesure dans chaque cas.

Or nous savons toujours quelle est la puissance
d'une pareille lentille, puisque nous connaissons sa
distance focale. Si le point O est à 1 mètre de l'œil,
la lentille supposée contre l'œil a 1 dioptrie, c'est-à-
dire que l'accomodation mesure 1 dioptrie. Si le point
O est à 0^m,50, la puissance d'accommodation sera
2 dioptries, etc.

Le maximum de puissance d'accommodation d'un
œil est ce que l'on appelle son *amplitude d'accommodation*. Prenons par exemple un œil emmétrope, et
supposons que son *punctum proximum* soit à
0^m,10 de l'œil ; nous savons que, lorsque l'œil accommodera à cette distance, son accommodation sera
mesurée par 10 dioptries ; on dira donc que l'amplitude d'accommodation de cet œil est de 10 dioptries.

Au lieu de mesurer la distance du *punctum proximum* à l'œil, on peut aisément déterminer l'amplitude d'accommodation avec des verres divergents.

Plaçons devant l'œil un verre divergent dont le oyer est en F et regardons un point très éloigné : les rayons arrivent parallèlement à l'axe et, après réfraction, divergent comme s'ils venaient de F. Pour voir

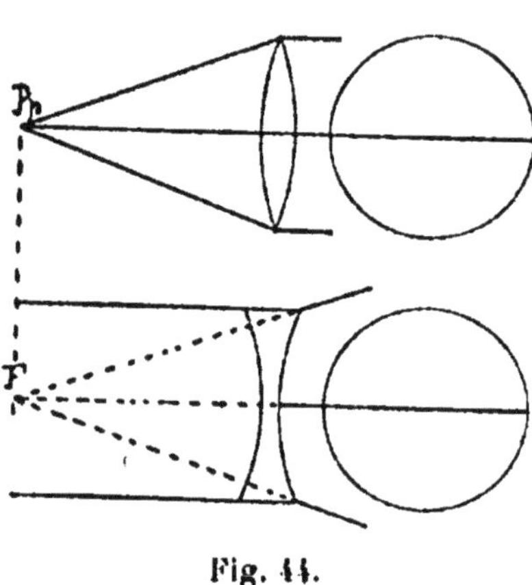

Fig. 44.

l'objet, l'œil est donc obligé d'accommoder sur F, et à chaque instant la puissance de la lentille divergente placée devant l'œil mesure l'accommodation que fait cet œil pour voir à l'infini. En prenant des lentilles de puissance croissante, il arrive un moment où l'œil ne peut plus compenser par son accommodation la divergence produite par la lentille, le foyer est au *punctum proximum*; l'œil ne voit plus à l'infini. On est arrivé à la limite de l'accommodation et, par suite, la lentille divergente la plus puissante qui permettra de voir nettement à l'infini mesure l'amplitude d'accommodation de l'emmétrope.

Avec l'âge, cette amplitude d'accommodation va en diminuant ; le *punctum proximum* s'éloigne de plus en plus de l'œil. D'après Tscherning, cet effet serait dû à l'extension de plus en plus grande que prendrait le noyau central du cristallin. Lorsque ce noyau a envahi tout le cristallin, ce cristallin devient indéformable, et l'accommodation devient nulle. Mais, bien avant d'en être arrivé là, il se peut que l'affaiblissement de l'accommodation soit devenu gênant pour le travail auquel on se livre ; on dit alors que l'on est devenu *presbyte*.

Donders a montré que la perte de l'accommodation se fait d'une façon très régulière avec l'âge, et voici un extrait du tableau qu'il a donné comme représentant l'amplitude d'accommodation aux divers âges.

10 ans	14^D,0	50 ans	2^D,50
20 —	10 ,0	55 —	1 ,75
30 —	7 ,0	60 —	1 ,00
40 —	4 ,5	65 —	0 ,75
45 —	3 ,5	70 —	0 ,25

A soixante-quinze ans, l'accommodation est nulle. Généralement, on considère que l'emmétrope devient presbyte à partir de quarante-cinq ans ; son *punctum remotum* est alors à 28 centimètres de l'œil. Mais il faut remarquer que ceci n'a rien d'absolu, et l'on se dit presbyte avec une perte d'accommodation plus ou moins grande, suivant les occupations auxquelles on se livre.

Lorsque l'on a déterminé l'amplitude d'accommodation d'un sujet, il est bon de comparer les résultats trouvés avec le tableau de Donders pour savoir si cette amplitude d'accommodation est normale, en se souvenant toutefois qu'il peut y avoir de légères variations individuelles.

Si l'on dit que l'on devient généralement presbyte après quarante-cinq ans, cela tient à ce que la distance à laquelle on peut encore accommoder à cet âge, 28 à 30 centimètres, est celle qui est le plus communément nécessaire dans tous les usages ordinaires de la vie. Lorsque le *punctum remotum* s'éloigne davantage, il faut le ramener à cette distance par l'adjonction d'un verre convergent, afin d'obtenir toujours une amplitude d'accommodation d'environ 3",5 à 3 dioptries. Or, d'après le tableau de Donders, on voit facilement l'accommodation artificielle qu'il faut, à chaque âge, ajouter à l'accomodation naturelle pour conserver un total de 3 dioptries à 3,5 dioptries. On arrive ainsi à la loi suivante, très facile à retenir : à cinquante ans, il faut donner 1 dioptrie et ajouter 1/2 dioptrie par cinq années.

Car on a ainsi :

$$\text{A 50 ans il reste } 2^D,50 + 1^D,0 = 3^D,50$$
$$55 \quad - \quad 1,75 + 1,5 = 3,25$$
$$60 \quad - \quad 1,00 + 2,0 = 3,00$$
$$65 \quad - \quad 0,75 + 2,5 = 3,25$$
$$70 \quad - \quad 0,25 + 3,0 = 3,25$$

Cette règle n'est évidemment qu'une indication approximative.

Si le verre ainsi déterminé ne suffisait pas, il ne faudrait pas hésiter à le forcer un peu pour soulager l'accommodation. Bien entendu, ce verre n'est pas utilisé pour la vision éloignée, où l'accommodation n'a rien à faire, et qui serait troublée par l'adjonction d'un verre convergent. Cependant Donders a aussi montré que l'œil au repos subit avec l'âge une légère diminution de réfringence, si bien que vers les soixante-cinq ans, malgré la petite faculté d'accommodation qui lui reste, il commence à ne plus voir nettement à l'infini sans un léger verre convergent. Il pourra donc, à partir de cet âge, être nécessaire de donner un verre pour voir de près et un autre verre pour la vision éloignée.

DÉPLACEMENT DU VERRE. — Quand on a donné un verre correcteur à un presbyte, comme la presbytie va sans cesse en croissant, il faut, au bout d'un certain temps, changer le verre en augmentant sa puissance. Il y a cependant un moyen de remédier un peu à cet inconvénient, ce moyen consiste à déplacer les verres en les éloignant de plus en plus des yeux. En effet, supposons un œil portant la lentille L, dont le foyer est en F ; quand cette lentille sera devenue insuffisante, il faudra la remplacer par une autre lentille plus puissante faisant converger les rayons en F'. Mais, pour faire converger les rayons en F', au lieu de changer de lentille, il suffit de reculer l'œil de

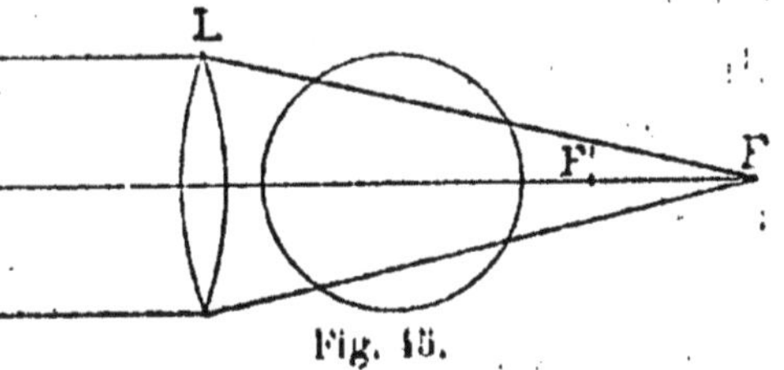

Fig. 15.

gauche à droite de la longueur FF', c'est-à-dire, dans la pratique, car cela revient optiquement au même, il faut avancer les lunettes de FF'. C'est pour cela que l'on voit les presbytes écarter de plus en plus leurs lunettes jusqu'à ce qu'ils soient obligés d'en changer, la monture ne permettant pas d'aller plus loin.

DÉTERMINATION PRATIQUE DE L'EMMÉTROPIE. — Tout ce que je viens de dire se rapporte à l'œil emmétrope :

il s'agit, comme conclusion, de savoir comment nous reconnaîtrons qu'un œil est emmétrope.

Première condition. — Un œil emmétrope doit voir à l'infini nettement. Il suffit pour cela qu'il relâche son accommodation. Dans la pratique, on se contente d'une distance de 5 mètres; celui qui voit à 5 mètres voit pratiquement à l'infini. D'ailleurs, comme les verres de boîte d'optique ne descendent pas au-dessous de 0ᵐ,25 et que 5 mètres correspondent déjà à 0ᵐ,20 seulement, il n'y a pas à se préoccuper d'une correction de cet ordre.

Deuxième condition. — Un œil emmétrope ne voit pas à l'infini à travers un verre convergent. L'adjonction d'un verre convergent devant l'œil emmétrope non accomodé produit en effet fatalement une image en avant de la rétine; or l'œil emmétrope ne peut diminuer sa convergence pour amener l'image sur la rétine; donc la vue ne peut rester nette dans ces conditions.

Ces deux conditions sont nécessaires isolément, c'est-à-dire que l'une d'elle ne suffit pas pour établir que l'œil est emmétrope. L'ensemble des deux est suffisant, c'est-à-dire que l'œil qui satisfait à ces deux conditions est forcément emmétrope.

Troisième propriété de l'œil emmétrope. — L'œil emmétrope continue à voir à l'infini à travers des verres divergents; il compense la divergence ainsi produite par son accommodation, et le verre divergent le plus puissant à travers lequel on peut voir à l'infini mesure l'amplitude d'accommodation de l'emmétrope.

De la puissance de ce verre on peut tirer la distance du *punctum proximum*; mais, dans une expérience précise, ce ne serait pas un procédé de choix; car, à travers les différents verres divergents, on a des images de dimensions plus ou moins grandes, ce qui trouble un peu l'appréciation de la netteté, c'est-à-dire des meilleures conditions de vision.

Il vaut mieux employer le procédé du petit cadre de fils.

TROISIÈME LEÇON

MESSIEURS,

Nous avons vu que dans l'œil emmétrope la rétine est en coïncidence avec le plan focal postérieur de l'œil non accommodé. Il en résulte que cet œil non accommodé voit nettement à l'infini.

Mais il peut arriver que cette coïncidence n'existe plus et que la rétine se trouve soit en avant, soit en arrière du plan focal.

Supposons d'abord le plan focal en avant de la rétine, l'œil est dit myope.

Ceci tient en général à un excès de longueur du diamètre antéro-postérieur de l'œil, et l'on dit alors que la *myopie est axile*. Mais nous pouvons aussi avoir affaire à une trop grande courbure de la cornée.

Le plan focal F se porte alors en avant; les images des objets à l'infini se forment devant la rétine, quoique l'œil ait sa longueur normale ; la myopie est dite *myopie de courbure*. Enfin on constate dans les cataractes au début un accroissement d'indice de réfraction du cristallin, d'où résulte aussi de la myopie ; cette *myopie est dite d'indice*.

Quoi qu'il en soit, dans tous ces cas, lorsque l'objet est à l'infini, son image est en avant de la rétine; il faut donc, pour que cet objet soit vu nettement, approcher l'objet de l'œil, car nous savons que pendant ce mouvement l'image se déplacera dans le même sens que l'objet, c'est-à-dire se rapprochera de plus en plus de la rétine. Il arrivera un moment où cette image se fera sur la rétine : on dit alors que l'objet est au *punctum remotum*.

A partir de ce moment, si nous rapprochons de plus en plus l'objet de l'œil, il faut faire entrer en jeu l'accommodation, ce que nous pourrons faire jusqu'à ce que cet objet atteigne le *punctum proximum*, au

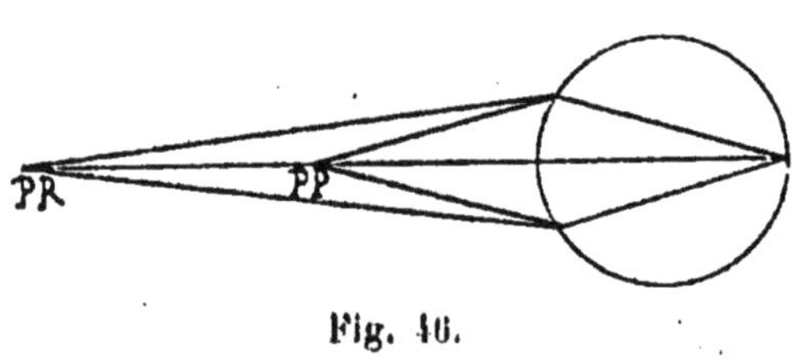

Fig. 40.

delà duquel l'accommodation est impuissante à ramener l'image de l'objet sur la rétine.

Quand on se trouve en présence d'un œil myope, le but que l'on doit chercher à atteindre, c'est de le corriger, c'est-à-dire de permettre au myope de voir à toute distance comme le fait un emmétrope, en l'armant d'une lentille convenablement choisie.

Il est très facile de voir quel doit être *ce verre correcteur*. L'œil myope voit sans accommodation au *punctum remotum ;* une fois corrigé, il doit voir sans accommodation à l'infini ; la lentille correctrice doit donc transformer le faisceau lumineux

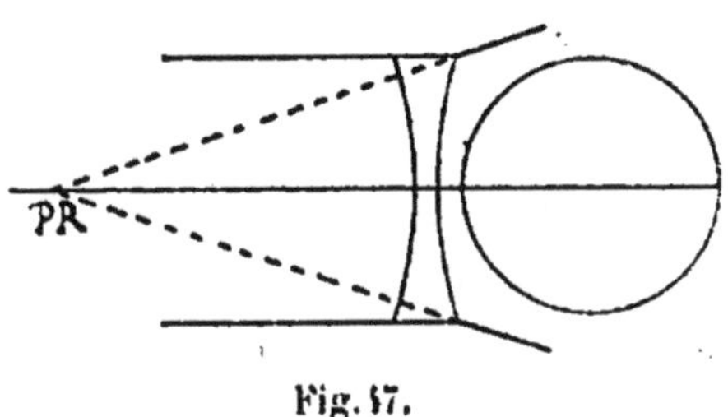

Fig. 47.

parallèle venant d'un point à l'infini en un faisceau semblant venir du point PR. Cet effet est obtenu en plaçant devant l'œil une lentille divergente ayant son foyer en PR.

Il est bien évident qu'un œil *myope peut aussi voir sans accommodation à l'infini à travers un verre convergent*; il suffit que le point de croisement des rayons après réfraction, c'est-à-dire le foyer réel du verre, se trouve au PR. Mais, dans ce cas, le verre doit être très éloigné de l'œil, à une distance *f* égale

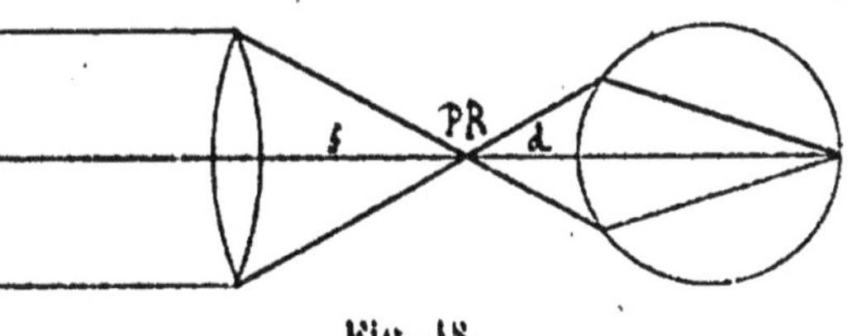

Fig. 48.

à la distance focale du verre, plus la distance *d* du PR à l'œil, ce qui ne serait pas pratique. De plus, dans ces conditions, l'image serait renversée. Il était bon de signaler ce fait pour bien montrer que l'emploi du verre divergent n'est pas une condition absolue.

Nous avons dit que le foyer du verre correcteur

doit être au PR. C'est là la seule condition absolue; il en résulte que, *suivant la distance* à laquelle on placera ce verre correcteur de l'œil, il faudra lui donner *une distance focale ou une puissance variable.* En général, ce verre correcteur est placé très sensiblement au foyer antérieur de l'œil, c'est-à-dire à environ $0^m,015$ en avant de la cornée. Si l'on mettait le verre plus en avant, pour que le foyer reste au *punctum remotum*, il faudrait augmenter la puissance du verre. *Donc un myope qui éloigne son verre correcteur de l'œil diminue sa correction*; *il a intérêt à le rapprocher le plus possible.*

Cette question de la position du verre a un intérêt au point de vue de l'évaluation de la myopie.

La myopie a pour mesure la valeur du verre correcteur; mais, comme nous venons de le voir, il importe de spécifier l'endroit où ce verre correcteur sera placé. Beaucoup d'auteurs, se basant sur le fait que dans la pratique le verre correcteur est placé sensiblement au foyer antérieur de l'œil, prennent pour origine des mesures ce foyer antérieur et disent qu'on a une myopie de 10 dioptries quand elle est corrigée par un verre de 10 dioptries placé à ce foyer antérieur.

D'autres auteurs transportent par la pensée le verre au centre optique et prennent ce point comme origine des mesures; d'autres enfin comptent à partir de la surface du dioptre de l'œil réduit.

Il est bien évident que pratiquement on ne peut placer le verre ni au centre optique, ni au plan principal de l'œil ; mais on cherche quel devrait être le verre correcteur *si on pouvait* le mettre dans l'une ou l'autre de ces positions.

Prenons l'exemple que je viens de signaler et cherchons quelle serait dans chacun de ces cas l'expression de la myopie.

Le verre étant placé au foyer antérieur, la myopie serait 10 dioptries.

Si le verre était à la surface du dioptre, c'est-à-dire

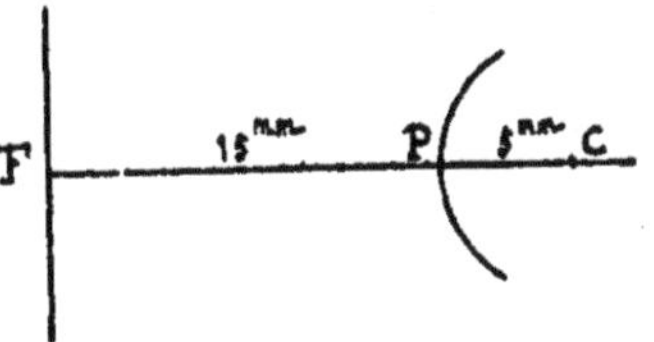

Fig. 49.

si on le reculait de 0,015 pour que son foyer reste au *punctum remotum*, sa distance focale devrait être 0,10+0,015 = 0,115 et sa puissance 8ᵈ,7.

Enfin, si ce verre était au centre optique, sa distance focale devrait être 0,10 + 0,02 = 0,12 et sa puissance 8ᵈ,3.

Donc, suivant l'hypothèse faite, on dira que l'on a une myopie de 10, de 8,7 ou de 8ᵈ,3.

Si l'on voulait faire les choses d'une façon absolument scientifique et rationnelle, il faudrait toujours supposer le verre placé en P, car c'est dans ces conditions seulement que la puissance de la lentille s'ajoute à celle du dioptre, de même que la puissance de deux lentilles ne s'ajoute rigoureusement que lorsque leurs plans principaux sont en contact. L'étude de cette question nous entraînerait trop loin ; elle est plutôt d'ordre théorique que pratique, et nous admettrons pour les besoins courants de l'oculistique que la valeur de la myopie est mesurée par la puissance du verre correcteur placé en avant de l'œil sensiblement à son foyer antérieur.

L'œil myope armé de son verre correcteur se comportera maintenant comme un œil emmétrope. Si l'objet part de l'infini pour se rapprocher de plus en plus de l'œil, il accommodera jusqu'à ce qu'il soit arrivé à la limite de son accommodation.

Pour étudier l'amplitude d'accommodation, on opère sur l'œil myope corrigé comme sur l'œil emmétrope.

Au lieu de rapprocher de plus en plus l'objet, on peut superposer à la lentille correctrice une nouvelle lentille divergente, comme on l'a fait pour l'œil emmétrope.

On fera croître peu à peu la puissance de cette lentille surajoutée, jusqu'à ce que l'œil cesse de voir nettement à l'infini. La plus puissante de ces lentilles permettant de voir nettement mesure l'amplitude d'accommodation. Remarquons que, au lieu de superposer une lentille divergente à l'œil corrigé, on peut augmenter peu à peu la puissance du verre correcteur jusqu'à la limite permettant de voir encore nettement à l'infini. Pour avoir alors l'amplitude d'accommodation, il suffira de retrancher de la puissance de cette lentille la puissance du verre correcteur. Supposons, par exemple, qu'un myope soit corrigé par un verre de 3 dioptries : si le verre divergent le plus puissant lui permettant de voir à l'infini est de 7 dioptries, il a $7 - 3 = 4$ dioptries d'amplitude d'accommodation.

Il y a encore une chose à signaler en terminant, c'est que bien entendu le myope porteur de son verre correcteur *n'a plus le même « punctum proximum » que lorsqu'il n'est pas corrigé.* Si le *punctum proximum* se trouvait primitivement en *p*, l'œil armé de son verre ne voit plus en *p*. En effet, quand il est à son maximum d'accommodation, il est

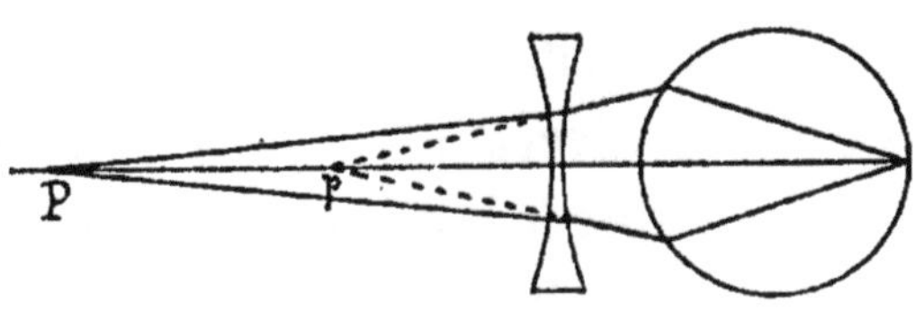

Fig. 50.

adapté pour des rayons *paraissant* venir de *p* *après avoir traversé la lentille correctrice.* Or, ces rayons ne viennent pas réellement de *p*, puisqu'il y a interposition d'une lentille divergente, mais d'un certain point P, qui sera le véritable *punctum proximum* de l'œil muni de son verre correcteur.

Donc le « punctum proximum » de l'œil s'est éloigné par la correction.

Quant à l'amplitude d'accommodation, elle n'a pas été modifiée par la correction, et l'expérience a montré qu'elle a la même valeur que pour un œil emmétrope du même âge, c'est-à-dire que *le tableau de Donders est valable pour l'œil myope.*

En somme, un myope est ramené à l'emmétropie par l'adjonction devant son œil d'un verre divergent dont le foyer est à son *punctum remotum.* Si maintenant on superposait à ce verre une lentille *convergente* de même puissance, l'effet correcteur serait détruit. Cela revient à dire qu'un emmétrope devant l'œil duquel on placerait cette lentille convergente serait absolument assimilable au myope ayant comme mesure de sa myopie la puissance du verre convergent.

On peut donc donner artificiellement à un emmétrope la myopie que l'on désire. Ceci peut être utile quand on veut faire des exercices de correction et avoir la vérification qu'on ne s'est pas trompé.

Le verre divergent le *plus faible* qui permet à un myope de voir à l'infini est le verre qui mesure cette myopie; c'est le véritable *verre correcteur*, celui qui donne l'emmétropie à cet œil, mais ce n'est en général pas le verre que l'on donne dans la pratique.

Un grand nombre d'ophtalmologistes admettent comme un principe, pour le myope, qu'il doit le moins possible faire usage de son accommodation, sous peine de voir croître sa myopie.

Lorsque l'œil accommode, nous savons qu'il augmente la courbure de son cristallin; or il arrive, surtout chez certains myopes jeunes, que cet effet tende à persister plus ou moins, c'est-à-dire que, sous les efforts répétés de l'accommodation, le cristallin prenne, même au repos, une courbure permanente de plus en plus prononcée. Il en résulte une myopie progressive. Aussitôt que l'on a à craindre cet effet, il ne faut pas ramener l'œil à l'emmétropie, il faut lui laisser un certain degré de myopie, de telle sorte qu'il ait toujours une tendance à relâcher son accommodation plutôt que de la faire entrer en jeu.

Tant que la myopie est très faible, c'est-à-dire

au-dessous de 3 dioptries, on peut faire la correction à peu près complète. Si elle atteint 8 dioptries, on ne prescrira que 5 ou 6 dioptries, et l'on évitera de dépasser 10 dioptries. Ainsi un myope ayant 14 dioptries, on ne lui donnera qu'un verre de 8 ou 9 dioptries. Il faut remarquer que cette correction est moins insuffisante qu'il ne semble au premier abord ; un myope de 8 dioptries auquel on n'en laisse plus que 3 est fort satisfait de cet état, qui paraîtrait insupportable à l'emmétrope. Ceci se rapporte au verre à porter d'une façon courante.

Quant à la correction *pour la vision rapprochée, le problème est encore plus délicat* ; il faut toujours encore se rappeler le principe qui est d'éviter l'usage le l'accommodation.

Au-dessous de 3 dioptries, un myope ne doit pas porter de verres pour lire et écrire ; au-dessus, il faut corriger, pour éviter la nécessité de s'approcher par trop du papier, ce qui entraîne des troubles dans la convergence des yeux, dont nous parlerons à propos de la vision binoculaire. L'expérience a montré *qu'il ne faut jamais, dans ce cas, corriger plus de la moitié de la myopie,* en laissant bien entendu toujours au moins 3 dioptries : ainsi, pour 4 dioptries de myopie, on en corrigerait 1 seulement ; pour 5, 2 ; pour 6, 3. Quand on arrive vers 10 dioptries et au-dessus, il ne faut même pas en corriger la moitié.

Tel est ce que nous pourrions appeler la théorie classique ; mais cette manière de voir n'est pas adoptée par tous les ophtalmologistes. Il en est, parmi les plus compétents, qui pensent qu'il faut chercher à faire porter au myope son verre correcteur exact. Ceci peut se faire sans difficulté chez les myopes faibles et jeunes ; on n'y arrive chez les myopes forts, c'est-à-dire dépassant 6 à 8 dioptries, suivant les cas, que par une correction progressive de plus en plus parfaite. Un myope ayant une myopie supérieure à celle que nous venons d'indiquer ne tolère généralement pas d'emblée un verre correcteur le ramenant complètement à l'emmétropie.

Les résultats de la correction complète seraient, d'après certains auteurs, très satisfaisants ; la myopie n'irait plus en croissant, comme il arrive souvent, et l'on ne verrait pas se produire certains accidents que l'on rencontre dans les fortes myopies incomplètement corrigées.

Pour les ophtalmologistes qui défendent la correction totale de la myopie, ce ne serait pas à cette correction qu'il faut attribuer la progression de l'amétropie. En effet, le myope corrigé se trouve dans les mêmes conditions que l'emmétrope, chez lequel il ne se produit aucun accident du fait de son accommodation. Ce qu'il faut incriminer, c'est l'astigmatisme, lequel, de l'avis unanime, doit toujours être parfaitement compensé, et enfin le défaut de convergence. La convergence des yeux est, ainsi que nous le verrons plus loin, liée à l'accommodation. Chez le myope non corrigé et n'ayant aucune tendance à accommoder dans la plupart des cas, la convergence convenable des deux yeux ne se fait que grâce à des efforts anormaux, et de là vient tout le mal.

Il en est tout autrement chez le myope corrigé et par suite ramené à l'emmétropie. Chez lui la convergence se fera convenablement suivant la distance à laquelle il regarde et accommode. On doit donc toujours, suivant cette théorie, ramener le myope à l'emmétropie, et, contrairement à l'opinion du camp adverse, cette correction doit surtout se faire pour la vision rapprochée, où une convergence notable des yeux est indispensable.

La correction incomplète et la correction totale comptent donc également des partisans parmi les praticiens les plus distingués; cela montre combien il est difficile de se faire une opinion sur une question que seules des statistiques très étendues et soumises à une sérieuse critique pourront trancher.

Enfin une dernière question se pose, *le myope peut devenir presbyte*. Le myope devient plus tardivement presbyte que l'emmétrope, et seulement dans le cas de faibles myopies. On donnera toujours le verre permettant de voir à environ 30 centimètres; ce verre sera forcément plus faible que le verre de l'emmétrope de même âge.

Exemple : A soixante-dix ans, il reste pour l'accommodation $0^D,25$: à un emmétrope on donnera 3 dioptries, ce qui lui fera $3^D,25$. Si on a affaire à un myope de 1 dioptrie, il suffira de lui donner 2 dioptries pour faire $3^D,25$, car il se comporte comme l'emmétrope précédent, muni déjà d'un verre de 1 dioptrie.

D'une façon générale, on n'a qu'à retrancher la puissance de la myopie de la puissance du verre qu'on donnerait à un emmétrope du même âge.

HYPERMÉTROPIE

Il peut arriver que le plan focal de l'œil se trouve en arrière de la rétine; on dit alors que l'œil est hypermétrope. Cette hypermétropie est souvent *axile*, c'est-à-dire que l'axe antéro-postérieur de l'œil est trop court; toutefois il peut aussi arriver que la cornée ne soit pas assez courbée, et alors l'hypermétropie est dite *de courbure*.

Quelle que soit la cause de l'hypermétropie, lorsqu'un pareil œil regarde sans accommodation à l'infini, les rayons qui arrivent parallèlement à l'axe, après la réfraction, se coupent en arrière de la rétine. Mais ici l'œil peut, dans la plupart des cas au moins, suppléer à ce défaut de convergence en accommodant. Donc l'œil hypermétrope voit nettement à l'infini, mais à la condition d'accommoder. Si l'objet se rapproche de l'œil, l'accommodation intervient de plus en plus jusqu'à une certaine limite, c'est-à-dire jusqu'à ce que l'objet soit au *punctum proximum*.

Au moment où l'œil hypermétrope regarde à l'infini, nous pouvons lui faire relâcher son accommodation en conservant la vision nette, à la condition de remplacer cette accommodation par un verre convergent; nous opérerons alors la correction de l'hypermétropie.

Il est aisé de voir quel doit être le verre correcteur d'un œil hypermétrope déterminé. En effet cet œil hypermétrope n'est pas assez puissant pour faire converger sur la rétine des rayons parallèles à l'axe ; il faut que ces rayons arrivent déjà en convergeant sur

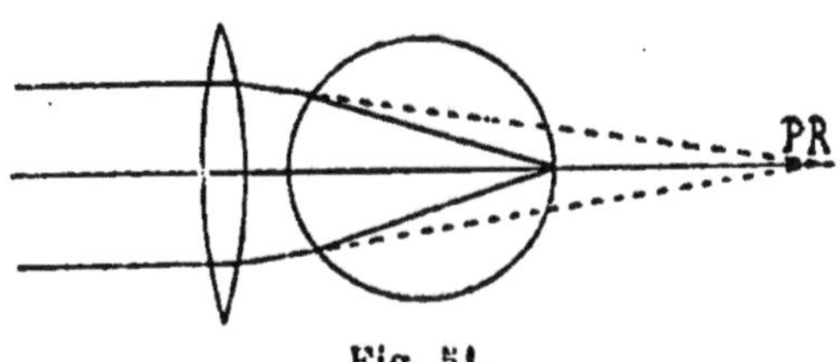

Fig. 51.

l'œil, leur point de convergence étant situé en PR. Pour que des rayons parallèles à l'axe, venant de l'infini, prennent cette convergence, il faut les faire passer à travers une lentille convergente ayant son foyer en PR.

Si nous prenons une lentille moins puissante, les rayons ne convergeront pas assez, et il faudra l'intervention de l'accommodation pour voir nettement à l'infini. Si, au contraire, nous prenons une lentille plus puissante, l'image se fera en avant de la rétine, et nous aurons donné à l'œil armé de son verre une certaine myopie, il ne pourra plus voir à l'infini. Le point PR, virtuel, est appelé *punctum remotum* de l'œil hypermétrope. L'hypermétropie est d'autant plus forte que ce *punctum remotum* est plus près de l'œil, c'est-à-dire que les rayons doivent avoir une plus forte convergence avant de pénétrer dans l'œil.

On pourrait faire, à propos de la place du verre correcteur, les mêmes remarques qu'à propos de la myopie ; on arriverait aux mêmes conclusions. Il serait rationnel de supposer toujours le verre correcteur à la surface du dioptre de l'œil réduit; mais, pour la pratique d'oculistique, il vaut mieux exprimer la valeur de l'hypermétropie par le verre correcteur placé en avant de l'œil, sensiblement au foyer.

Il y a seulement lieu de faire remarquer que, lorsqu'on déplace le verre devant l'œil, l'influence sur la correction est contraire de ce qu'elle était chez le myope. — Supposons un œil hypermétrope armé de son verre correcteur exact, c'est-à-dire faisant converger les rayons venant de l'infini au *punctum remotum*. Si nous rapprochons le verre de l'œil, les rayons ne convergent plus en PR, mais en un point situé plus en arrière, ce qui revient au même qu'une diminution de puissance de la lentille; il faudra faire intervenir l'accommodation, car la correction ne sera plus suffisante. On verrait au contraire que l'œil est surcorrigé par l'éloignement du verre, car cela amène le foyer du verre en avant, effet que produirait aussi une augmentation de puissance; c'est juste le contraire de ce que nous avions trouvé pour la myopie.

Une fois que l'œil hypermétrope est corrigé, il se comporte comme un œil emmétrope : si l'objet part de l'infini pour se rapprocher de plus en plus, l'œil accommodera jusqu'à ce qu'il soit arrivé à la limite de son accommodation. De même si, corrigé, il regardait à l'infini à travers des verres divergents de de plus en plus forts, il accommoderait de plus en plus, et le verre divergent le plus puissant à travers lequel il pourrait voir à l'infini *mesurerait son amplitude d'accommodation*. Généralement, pour trouver cette amplitude d'accommodation, on débarrasse l'hypermétrope de son verre correcteur, et on le fait regarder à travers des lentilles divergentes de plus en plus puissantes. Que donne alors la lentille la plus puissante L à travers laquelle il puisse voir à l'infini ? Nous pouvons, sans rien changer, superposer à cette première lentille deux autres lentilles qui sont :

1° La lentille correctrice de l'hypermétrope l;

2° Une lentille divergente de même puissance l'.

Or, la lentille convergente l sert à conférer l'emmétropie à l'œil ; l'ensemble des deux autres est compensé par l'accommodation qu'elles mesurent. Donc, pour avoir l'amplitude d'accommodation, il faut ajouter la puissance du verre correcteur à la puissance de la lentille divergente la plus puissante à travers laquelle l'œil peut voir à l'infini.

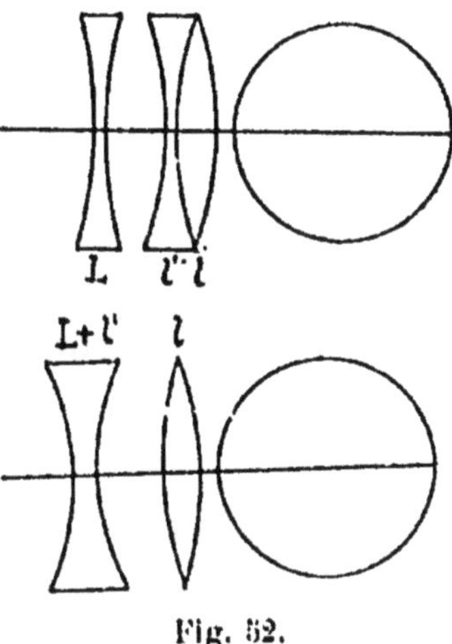

Fig. 52.

Dans le cas de la myopie, c'était une soustraction qu'il fallait faire.

Ici encore on trouve que l'amplitude d'accommodation est conforme au tableau de Donders.

Bien entendu aussi, après correction, le *punctum proximum* n'est plus ce qu'il était auparavant ; il se rapproche de l'œil par suite de l'aide que le verre correcteur apporte à l'accommodation.

En effet, supposons que *p* soit le *punctum proximum*
de l'œil non corrigé : cela veut dire que l'œil étant
au maximum d'ac-
commodation ver-
ra nettement les
rayons *semblant*
venir de *p*. Or, si
ces rayons ont tra-

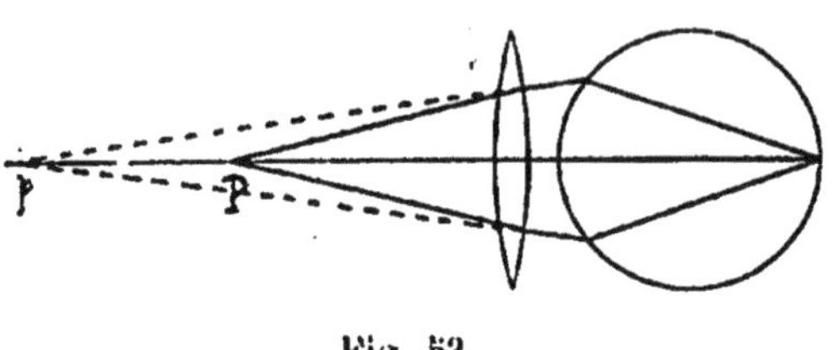

Fig. 53.

versé une lentille convergente, ils ne viendront pas
en réalité de *p*, mais de P, plus rapproché de l'œil.

Il résulte de ce qui précède que, pour trouver le
verre correcteur de l'hypermétropie, on essaye d'abord
des verres convergents faibles, puis de plus en plus
puissants ; l'œil hypermétrope relâche de plus en
plus son accommodation ; lorsqu'on arrive à un verre
qui trouble la vue, on s'arrête : le verre précédent est
le verre correcteur ; sa puissance mesure l'hypermétropie. Il y a toutefois une chose qui trouble un peu
cette détermination.

L'hypermétrope accommode dans toutes les cir-
constances où il désire voir un objet, que cet objet
soit éloigné ou rapproché ; il prend ainsi l'habitude
de faire un usage constant de cette accommodation et
ne peut que très difficilement la relâcher complètement. Il en résulte que, dans de la détermination de
l'hypermétropie, quand il semble que l'on est arrivé
au verre correcteur, en réalité l'œil examiné n'est pas
complètement relâché ; il met encore en usage une
partie de son accommodation ; le verre trouvé est trop
faible. L'hypermétropie ainsi déterminée est ce que

l'on nomme l'*hypermétropie manifeste* ; elle est moindre que l'*hypermétropie totale*, et en diffère par ce que l'on nomme l'*hypermétropie latente*. L'hypermétropie totale d'un œil est donc égale à la somme de l'hypermétropie manifeste et de l'hypermétropie latente.

L'insuffisance de cette détermination par l'essai de verres n'a pas grand inconvénient pratique. L'expérience montre en effet qu'il suffit de corriger l'hypermétropie manifeste ; c'est le verre compensateur de cette hypermétropie manifeste que l'on prescrira, au moins pour la vision rapprochée, car le plus souvent il est inutile de corriger l'hypermétropie pour la vision éloignée. A partir d'un certain âge, il faudra bien entendu forcer ce verre pour tenir compte de la presbytie.

Si l'hypermétropie était gênante pour la vision éloignée, on se guiderait, pour la prescription des verres, sur la lecture du tableau de lettres dont il sera question plus loin, et on donnerait le verre qui permettrait cette lecture de la façon la plus agréable pour le sujet.

PARCOURS D'ACCOMMODATION. — Ce qui intéresse la personne qu'il y a lieu de corriger, c'est de savoir dans quelle région elle peut voir nettement un objet. L'emmétrope peut voir cet objet depuis l'infini jusqu'à son *punctum proximum*, en accommodant plus ou moins. On dit alors que l'espace compris entre son *punctum proximum* et l'infini est le parcours d'accommodation de l'œil emmétrope.

Le myope voit au *punctum proximum* et en relâchant son accommodation peut voir jusqu'à son *punctum remotum* ; son parcours d'accommodation s'étend entre ces deux points.

Enfin l'hypermétrope voit depuis son *punctum proximum* jusqu'à l'infini ; mais de plus, à partir de l'infini, il peut encore relâcher son accommodation et former sur sa rétine l'image nette correspondant à des rayons qui viennent en convergent. Le point de convergence de ces rayons est en arrière de la rétine et correspond à des points virtuels ; le plus rapproché de la rétine correspond aux rayons les plus convergents que l'œil puisse voir, c'est le *punctum remotum*. Il faut donc encore comprendre dans le parcours d'accommodation toute la région de l'espace qui s'étend derrière l'œil entre l'infini et le *punctum remotum*.

Les points ou objets correspondant à cette partie du champ n'ont pas d'existence réelle, cela se conçoit ; mais souvent, quand on regarde dans un instrument d'optique, cet instrument fournit une image qui occuperait pareille position ; dans ces conditions, le myope ou même l'emmétrope ne voient pas nettement ; mais l'hypermétrope le fait encore ; il regarde alors un objet virtuel.

Verres correcteurs chez les opérés de cataracte. — L'ablation du cristallin prive l'œil de son accommodation. S'il ne produisait pas d'autre effet, nous nous trouverions dans le cas du vieillard de soixante-quinze ans, et il n'y aurait rien à ajouter à ce que nous avons déjà dit. Mais la disparition du cristallin abaisse la puissance de réfraction de l'œil au repos ; nous n'avons plus que la réfraction par la cornée. Il en résulte que l'emmétrope devient hypermétrope. Occupons-nous d'abord de ce cas; après cela, le reste sera fort simple.

L'expérience montre qu'en enlevant le cristallin à un emmétrope on lui donne environ *10 dioptries d'hypermétropie*, c'est-à-dire que, pour voir à l'infini, il aura besoin de mettre devant son œil un verre de *10 dioptries*.

Quand ce même opéré voudra voir de près, n'ayant plus son accommodation à sa disposition, il faudra lui donner un verre plus fort. Pour l'indication de ce nouveau verre, on devra se laisser guider par les habitudes de l'opéré, et, suivant que ses occupations nécessitent une vision de détail plus ou moins grande, on lui ajoutera 3, 4, ou même 5 dioptries, ce qui lui permettra de voir à 33, 25 ou 20 centimètres.

Toutefois, rappelons-nous que, même avec ses lunettes destinées à la vision éloignée, cet opéré aura à sa disposition un certain parcours d'accommodation. Nous avons vu en effet, à propos de la presbytie, que, lorsqu'un verre correcteur était insuffisant pour la vision rapprochée, il suffisait d'éloigner ce verre de l'œil pour améliorer cette vision. Le calcul et l'expérience montrent qu'avec son verre de 10 dioptries l'opéré peut, en l'éloignant jusqu'au bout de son nez, accommoder jusqu'à environ *50 ou 60 centimètres*.

Cette démonstration est facile à faire.

Considérons un œil privé de son cristallin et

ramené à l'emmétropie par un verre de 10 dioptries,
c'est-à-dire dont le foyer F est à 10 centimètres en
arrière de la lentille. Pour voir à 50 centimètres, il
faudra ajouter devant cette lentille une autre lentille
de 2 dioptries ; car alors des rayons venant d'un
point A situé à 50 centimètres en avant de la lentille
seront parallèles après l'avoir traversée et tomberont

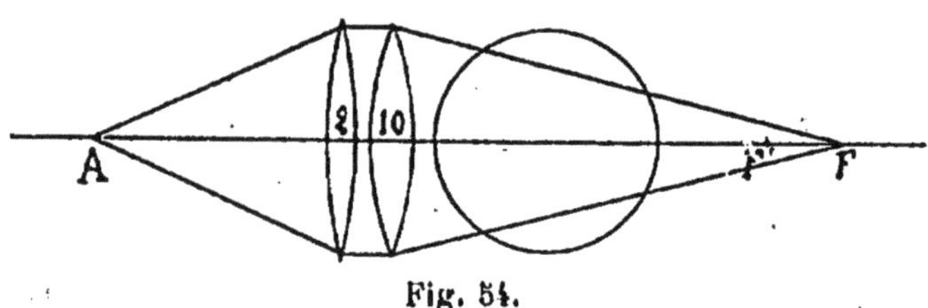

Fig. 54.

sur l'œil muni de son verre de 10 dioptries, comme
s'ils venaient de l'infini. Au lieu de cela, on peut
fusionner les deux lentilles en une seule de 12 dioptries,
dont le foyer sera à 0,083 en arrière de la lentille.
Tout revient donc à porter en avant le foyer de la
lentille correctrice de $0,10 — 0,083 = 0,017$, c'est-à-
dire d'écarter les verres de l'œil de 17 millimètres,
ce qu'il est aisé de faire en portant les lunettes vers le
bout du nez.

Si l'opéré était autrefois hypermétrope ou myope,
la valeur de son amétropie doit entrer en compte
dans la détermination du verre correcteur ; mais,
contrairement à ce que l'on pourrait penser au premier
abord, il ne s'agit pas de faire une simple addition ou
soustraction. En effet, j'ai déjà dit que cette loi simple
ne s'appliquait qu'aux lentilles au contact, ou aux
lentilles en contact avec le dioptre représentatif de

l'œil, ce qui n'est pas dans la pratique. Le calcul et l'expérience montrent que dans ce cas, lorsqu'il s'agit d'un *hypermétrope, le verre à donner est un peu plus faible* que celui qu'indiquerait la loi d'addition, et l'écart est d'autant plus grand que l'hypermétropie antérieure à l'opération était plus forte. Ainsi, si avant l'opération l'hypermétrope portait un verre de 6 dioptries, la loi d'addition donnerait 16 dioptries ; en réalité un verre de 14 dioptries suffira. Pour le myope, c'est l'inverse ; le verre correcteur sera plus fort que ne l'indique la règle d'addition. Ainsi un myope portant — 5 donnerait après l'opération un verre convergent + 5 ; en réalité, il lui faudra + 8.

La loi d'addition ne donnera donc qu'une indication approximative ; pour l'hypermétrope, on essayera des verres plus faibles ; pour le myope, des verres plus forts. On peut se laisser guider par la formule théorique de Landolt $a = 11 + \dfrac{c}{2}$, qui donne la puissance du verre correcteur après ablation du cristallin, c étant la puissance du verre correcteur avant l'opération. On abrègera ainsi les tâtonnements.

Dans des cas de très grande myopie, il peut arriver que, même après l'opération, l'œil reste encore myope ; on a proposé ce moyen comme palliatif d'une myopie exagérée. Pour les raisons exposées plus haut, il ne faudrait pas croire qu'un myope de 10 dioptries, débarrassé de son cristallin, devient emmétrope. L'expérience montre qu'il faut 20 dioptries environ pour que l'œil aphake devienne emmétrope

Bien entendu, le myope ou l'hypermétrope opérés peuvent aussi accommoder artificiellement en déplaçant leurs lunettes; mais l'effet utile est d'autant moindre que le verre correcteur est plus faible; cet artifice sera donc plus avantageux pour l'hypermétrope que pour le myope.

PRINCIPAUX OPTOMÈTRES. — Il y a un grand nombre d'optomètres; mais la plupart d'entre eux ne sont pas d'usage courant; nous en citerons seulement deux, parce que l'un sert encore dans l'armée et que l'autre est le plus répandu dans la pratique d'ophtalmologie; ils peuvent rendre quelques services en donnant une indication rapide des amétropies.

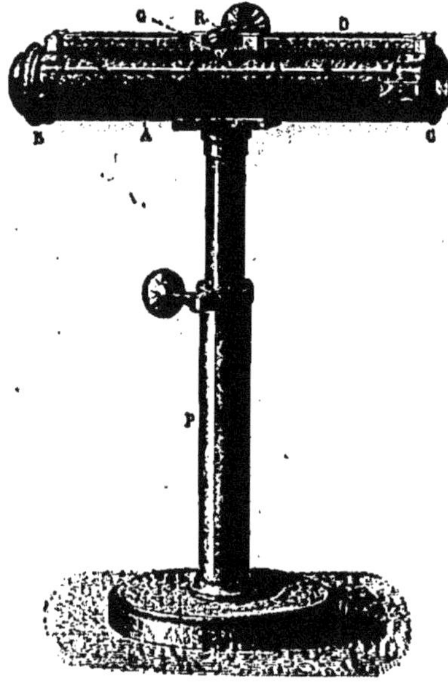

Fig. 55.

L'optomètre de Perrin et Mascart se compose essentiellement de deux lentilles, l'une convergente, l'autre divergente, à travers lesquelles on regarde un objet. Cet objet consiste en un petit écran en verre portant des caractères transparents sur fond noir; il est placé à l'extrémité d'un tube en laiton portant à son autre bout une lentille convergente de 12 dioptries. Le foyer de cette lentille est au milieu de l'intervalle qui la sépare de l'écran; cet intervalle est par conséquent de $\frac{1}{6}$ de mètre, c'est-à-dire environ $0^m,166$.

Entre la lentille convergente et l'écran, peut se mou-

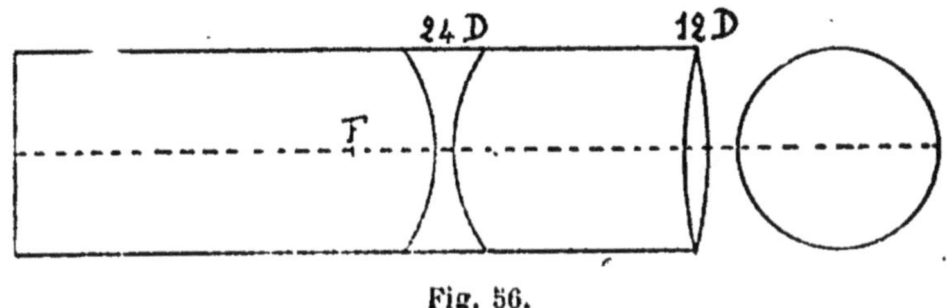

Fig. 56.

voir, à l'aide d'un bouton, de l'un à l'autre, une lentille divergente de 24 dioptries, dont la position est repérée sur une graduation portée par le tube.

Quand la lentille divergente se trouve à l'extrémité de sa course du côté de l'écran, l'image formée par l'objet regardé à travers cette lentille coïncide sensiblement avec cet objet, puisque tous deux se trouvent dans le plan principal de la lentille, ou peu s'en faut, les deux plans principaux étant supposés confondus en un seul. Tout se passe donc comme si l'œil observait l'objet à travers une lentille de + 12 dioptries. Cette lentille de 12 dioptries peut être considérée

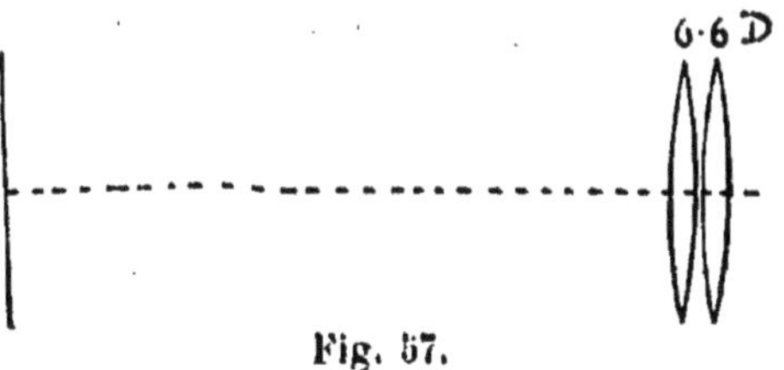

Fig. 57.

comme équivalente à deux lentilles de 6 dioptries superposées à travers lesquelles on observe un objet situé à $\frac{1}{6}$ de mètre. Dans ces conditions, l'objet se trouve au foyer de la lentille la plus rapprochée de lui et donne à travers cette lentille une image à l'infini, qui va jouer le rôle d'objet pour la seconde lentille. Finalement c'est comme si on regardait, à travers une lentille de 6 dioptries, un objet à l'infini.

Supposons maintenant la lentille divergente à l'autre bout de sa course, appliquée contre la lentille convergente. Leur ensemble constitue une lentille divergente de 12 dioptries, à travers laquelle on regarde l'objet. Cet objet est à $\frac{1}{6}$ de mètre des lentilles. On pourrait le remplacer par un objet à l'infini, à la condition d'appliquer encore contre les lentilles une lentille divergente de 6 dioptries, car cette lentille donnerait pour un objet à l'infini une image située à son foyer, c'est-à-dire à $\frac{1}{6}$ de mètre, autrement dit, encore à la place de l'écran. Tout se passe donc dans ce cas comme si l'on regardait un objet à l'infini à travers une lentille divergente de $12 + 6 = 18$ dioptries.

Donc, en transportant la lentille divergente d'un bout du tube à l'autre, tout se passe comme si l'œil examinait un objet à l'infini à travers une lentille de $+ 6$ ou de $- 18$ dioptries. Il est aisé de concevoir que, dans l'intervalle, on a des effets intermédiaires et que l'on peut, par suite, déterminer toutes les amétropies comprises dans ces limites. Il faut remarquer que l'on verra nettement l'image pour toute une série de positions de la lentille convergente, suivant que l'on accommodera plus ou moins ; on devra donc chercher les limites extrêmes dans lesquelles la vision nette est possible; l'une correspondra à l'œil complètement relâché, l'autre à l'œil au maximum d'accommodation. L'une donnera le verre correcteur; la différence entre les deux, l'amplitude d'accommodation. Le maximum d'accommodation correspond d'ailleurs évidemment à la valeur lue la plus négative ou moins positive, le relâchement à la valeur la plus positive ou moins négative.

L'optomètre de Perrin et Mascart a été l'objet de diverses critiques. En premier lieu, la division sur laquelle on lit la valeur de l'amétropie n'est pas composée de lignes équidistantes; il en résulte que la lecture ne se fait pas avec la même précision à tous les degrés de l'échelle. Mais cet instrument offre un inconvénient encore plus grave, c'est que, lors du déplacement de la lentille divergente, l'image vue dans l'optomètre varie de grandeur. Ceci est une cause d'erreur importante, beaucoup de sujet s'attachant plus à voir des images grandes que des images nettes et induisant de ce chef l'opérateur en erreur.

L'optomètre de Badal n'a pas ces inconvénients. Il se compose uniquement d'une lentille convergente ayant 15^p,5 de puissance, c'est-à-dire 0^m,063 de distance focale. Cette lentille est fixe dans un tube, et l'œil regarde les signes tracés sur un petit écran transparent E mobile dans le tube portant la lentille L (fig. 59).

La lentille est disposée de telle sorte que, l'observateur se plaçant le plus près possible de l'œilleton, le centre optique de son œil se trouve au foyer F' de L. Le foyer antérieur f de l'œil, qui est à $0^m,02$ en avant de son centre optique, se trouve donc à $0^m,043$ de la len-

Fig. 58.

tille L. Quand l'objet E est contre la lentille L, l'image de E s'y trouve aussi, et tout se passe comme si l'œil observait un objet situé à l'infini à travers une lentille divergente placée en f, où se met pratiquement le verre correcteur, et ayant

$$\frac{1}{0,043} = 23 \text{ dioptries}$$

environ. En réalité, on ne peut aller que jusqu'à 20 dioptries, parce qu'il est impossible d'amener E jusqu'au plan principal de L. Quand on éloigne E

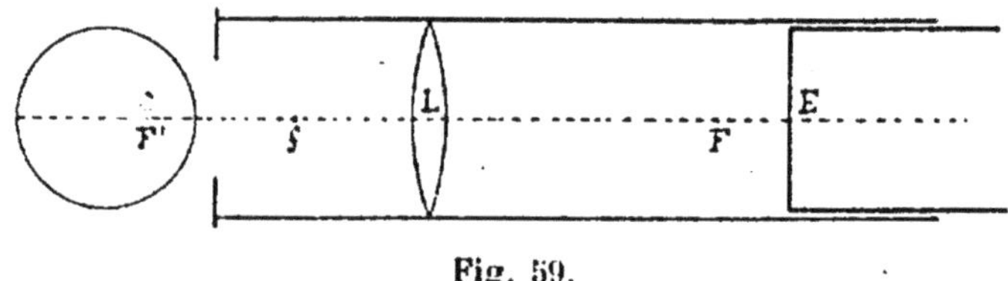

Fig. 59.

de la lentille, en arrivant au foyer F, c'est comme si l'œil regardait un objet à l'infini. Si l'objet continue à se déplacer dans le même sens, les rayons qui en partent seront après réfraction de plus en plus convergents. Dans la pratique, on a donné au tube une

longueur telle qu'en amenant l'écran au bout de
sa course cela correspond à l'infini à travers un
verre de + 15 dioptries. On peut donc, avec cet
instrument, mesurer les amétropies de — 20 à + 15.
Les mêmes remarques que pour le Perrin et Mascart sont à faire au sujet de la détermination du
verre correcteur et de l'amplitude d'accommodation.
Mais il se trouve, du fait de la constitution du
système, que les divisions de l'échelle sont équidistantes. Un même déplacement, — qui est de 4 millimètres, — de l'écran correspond toujours à une
variation de valeur de l'amétroprie de 1 dioptrie. De
plus, il est aisé de montrer que l'image vue à travers
l'instrument ne varie pas de grandeur quand on déplace
l'objet E. Considérons en effet un rayon parallèle à

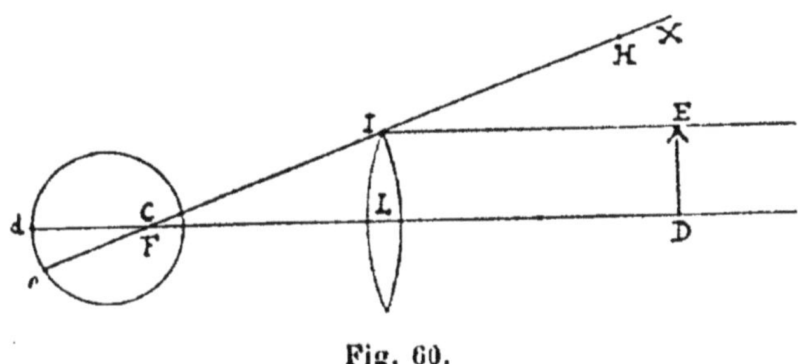

Fig. 60.

l'axe partant de cet objet E. Ce rayon, après réfraction,
passera par le foyer F de la lentille, lequel coïncide
par hypothèse avec le centre optique C de l'œil. L'image
de E regardée par l'œil se fait quelque part sur CIX ;
mettons que ce soit en H, pour obtenir l'image
rétinienne ; nous devrons joindre H au centre optique C
de l'œil et prolonger la droite ainsi obtenue jusqu'à

la rétine en *e*; *ed* sera l'image rétinienne de ED vu à travers l'instrument.

Or il est évident que, lorsque ED se déplace, s'éloignant ou se rapprochant de L, EI reste toujours le même, par conséquent aussi CIX, et que finalement l'image rétinienne *ed* ne varie pas.

Divers auteurs se sont mépris sur la théorie de cet optomètre et y ont fait apporter des modifications consistant en déplacements de l'œilleton par rapport à la lentille. En commettant cette erreur, ils ont enlevé à l'optomètre de Badal toutes ses qualités; il faut toujours vérifier que les modèles dont on se sert n'ont pas subi pareille altération ; l'œilleton doit être disposé de façon que le centre optique de l'œil observateur soit au foyer de la lentille F. On vérifie que cette condition est respectée en regardant à travers l'instrument et constatant que le déplacement de l'écran E n'altère pas la grandeur de l'image, mais uniquement sa netteté quand elle sort du parcours d'accommodation de l'observateur.

Il faut aussi se méfier des optomètres, où l'observation se fait à travers des petits trous ; tel est l'optomètre de Young, basé sur l'expérience de Scheiner. Dans ces instruments, de type variable, au lieu de regarder si on voit nettement une image, on ajoute devant les lentilles d'observation un diaphragme percé de deux petits trous. Si, à travers ces deux petits trous, l'image du test est unique, on considère que l'on est au point sur l'objet; sinon il doit apparaître double, comme dans l'expérience de

Scheiner. En principe, la méthode paraît excellente, mais la pratique montre qu'en regardant à travers de petits orifices on voit toujours les objets nettement, quel que soit le degré d'accommodation; cette accommodation n'est donc sollicitée ni à s'exercer, ni à se relâcher, et l'on peut commettre de graves erreurs si l'on n'observe pas avec beaucoup de soin. Les instruments basés sur ce principe peuvent être très bons pour des recherches de laboratoire, mais il faut s'en méfier dans la pratique habituelle.

La même observation s'applique à la méthode de Holth, où l'on n'observe les objets qu'à travers un seul trou, que l'on déplace devant l'œil. Si l'image se déplace sur la rétine, l'on n'est pas au point, sinon l'image doit être immobile. Il n'y a pas lieu d'insister sur cette méthode, qui est très défectueuse.

QUATRIÈME LEÇON

Messieurs,

Nous avons supposé jusqu'ici que l'œil était de révolution autour de son axe. Ceci signifie que, lorsque nous faisions un dessin comme celui de la figure 61, représentant la réfraction dans l'œil, ce dessin pouvait représenter ce qui se passait dans un plan quelconque, passant par l'axe optique. Ainsi, supposons que la figure soit la représentation de la réfraction dans l'œil de tous les

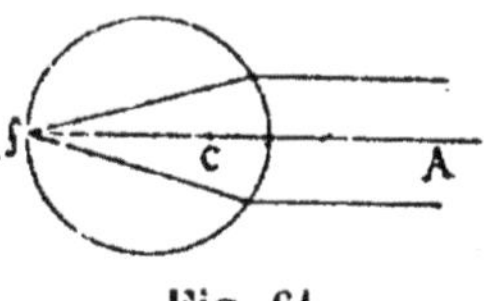

Fig. 61.

rayons venant de l'infini, parallèlement à l'axe optique de cet œil et situés dans un plan vertical passant par l'axe ; cette figure ne changera pas, si on fait une section horizontale de l'œil, ou une section inclinée, pourvu qu'elle passe d'avant en arrière, par l'axe de l'œil. Cela revient encore à dire que la figure peut tourner autour de l'axe CA sans cesser d'être exacte.

Mais il peut arriver qu'il n'en soit plus ainsi. Il se peut que tous les rayons situés dans un plan *vertical* et se coupant après réfraction en un point *f*, situé sur la rétine, en avant, ou en arrière de cette rétine, tous les rayons situés dans un plan *horizontal* passant par l'axe se coupent en un autre point *f'* de cet axe, et de même pour les rayons situés dans un plan oblique. Il n'y a plus alors un foyer unique, où passent après réfraction tous les rayons composant le faisceau tombant sur l'œil. Un point à l'infini ne donne plus comme image un point.

Cela arrive quand les surfaces à travers lesquelles se réfracte le faisceau ne sont plus assimilables à des portions de sphère ayant leur centre sur l'axe CA, c'est-à-dire quand la courbure de ces surfaces n'est plus la même suivant les divers méridiens, vertical, horizontal, obliques. On dit alors que le système réfringent est astigmate; il ne donne pas d'images nettes des objets.

Il y a un cas de systèmes astigmates particulièrement intéressant, c'est celui où un certain méridien a une courbure maxima, le méridien perpendiculaire ayant une courbure minima avec un changement progressif dans l'intervalle de ces deux positions. Dans ce cas, il n'y a plus de foyer, mais il y a deux droites focales; le système est dit astigmate régulier, et on peut le corriger par des verres convenablement choisis. L'œil est souvent affecté d'astigmatisme régulier; aussi nous allons étudier ce cas avec détails.

Pour bien saisir les effets de l'astigmatisme et sa correction, il faut d'abord examiner la réfraction à travers les lentilles cylindriques.

Quand un faisceau partant d'un point lumineux tombe sur une lentille sphérique, après la réfraction tous les rayons passent par un point P. Tout se passe comme si les rayons étaient rigides et articulés au niveau de la lentille, et que l'on ait placé en P un lien enserrant tous les rayons

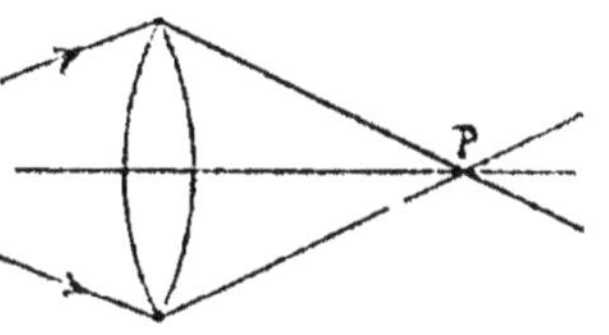

Fig. 62.

et les ramenant tous vers P. Voyons maintenant ce qui se passe pour une lentille cylindrique.

Comment, tout d'abord, peut-on se figurer une pareille lentille. Considérons un cylindre à génératrices verticales, un morceau d'un tronc d'arbre bien régulier par exemple, limité par deux plans horizontaux, l'un supérieur, l'autre inférieur.

Dans un pareil bloc, coupons une tranche verticale ; nous séparerons de la masse une lentille cylindrique convergente, ombrée sur la figure pour la faire ressortir.

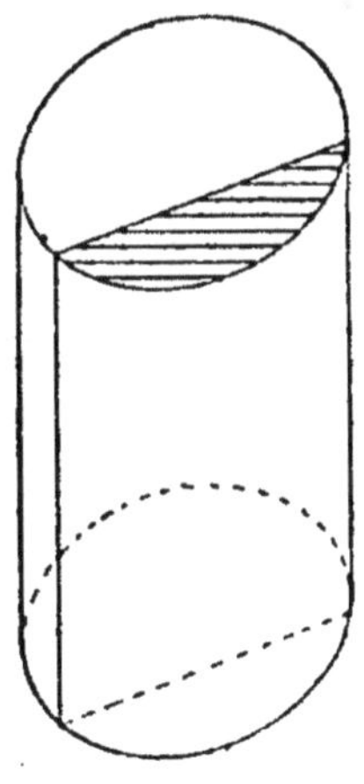

Fig. 63.

Prenons une pareille lentille et faisons tomber sur elle un faisceau de rayons parallèles venant de gauche à droite. Le plan de la lentille, étant perpendiculaire à ces rayons, représentons en perspective ce qui va se passer.

Si nous ne prenons d'abord que ce qui se passe dans
le plan supérieur XYAB, nous aurons une figure
analogue à celle qui représente la réfraction à travers
une lentille convergente sphérique. Tous les rayons
après réfraction viendront passer par un certain
point F. Si ensuite nous nous transportons au plan
inférieur, nous retrouverons encore la même figure ;

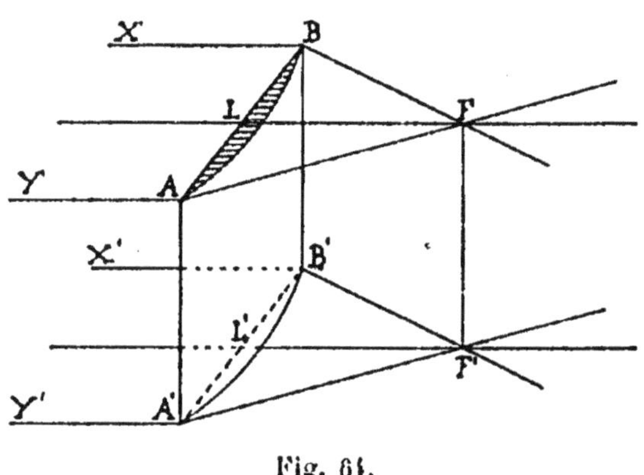

les rayons après
ré action se
coupent en un
point F' à une
distance de la
lentille F'L' =
FL ; aucun élé-
ment de la fi-
gure n'a changé.
Nous trouve-

Fig. 64.

rons encore la même chose en prenant un plan horizontal intermédiaire entre XYAB et X'Y'A'B', c'est-à-
dire que, toujours après réfraction, les rayons se coupent en un point de la droite FF'. Pour l'ensemble du
faisceau, il y aura donc non plus un foyer, mais une
droite focale parallèle aux génératrices. Tout se passera comme si, au lieu de mettre un lien circulaire sur
les rayons réfractés, on les avait pris entre les mors
d'une pince verticale pour les ramener tous vers FF'.
Bien entendu, après s'être coupés en FF', les rayons
vont en divergeant indéfiniment.

Si l'on coupait la figure précédente par le plan
LL'FF', la lentille cylindrique serait coupée suivant

un rectangle allongé verticalement. Dans ce plan vertical, les rayons lumineux ne subissent aucune déviation; la lentille cylindrique a, dans cette direction, une puissance nulle.

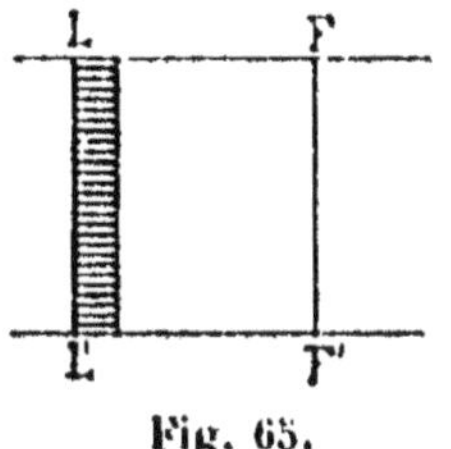
Fig. 65.

Si au contraire on considère ce qui se passe dans un plan horizontal XYAB par exemple, on voit que la lentille cylindrique produit le même effet qu'une lentille sphérique ayant pour distance focale LF. Donc, perpendiculairement aux génératrices, la lentille cylindrique a une puissance mesurée par l'inverse de la distance focale, la distance focale étant la distance de la droite focale à la lentille. Pour abréger le langage, on nomme puissance d'une lentille cylindrique la puissance de son méridien perpendiculaire aux génératrices.

D'après ce qui vient d'être dit, il est aisé de prévoir ce qui se passera dans le cas d'une lentille cylindrique divergente; il y aura encore une ligne focale, mais une ligne focale virtuelle, comme il y a un foyer virtuel dans les lentilles sphériques divergentes.

Il importe maintenant d'examiner deux cas de superposition de lentilles cylindriques.

Considérons d'abord deux lentilles cylindriques, l'une convergente, l'autre divergente, que nous appliquons l'une sur l'autre, les génératrices étant parallèles. Le résultat auquel nous arriverons découle de la façon même dont nous pourrons faire une lentille cylindrique divergente. Prenons une lame de verre dans laquelle nous découperons un bloc ABCD, A'B'C'D', à faces parallèles. Dans ce bloc,

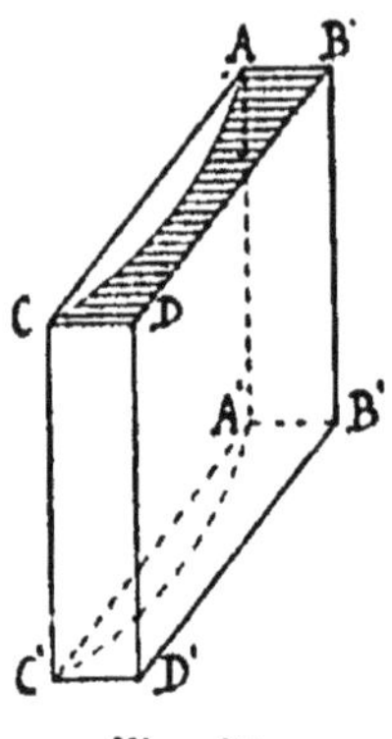

Fig. 66.

taillons une lentille cylindrique convergente représentée sur la gauche de la figure; la masse qui restera, et qui est ombrée sur cette figure, sera une lentille cylindrique divergente. Ces deux lentilles auront même puissance. Il résulte de là que, si l'on applique l'une contre l'autre deux lentilles cylindriques de même puissance, l'une convergente, l'autre divergente, les génératrices étant parallèles, elles s'annulent réciproquement; l'ensemble forme une lame à faces parallèles.

Superposons maintenant deux lentilles cylindriques convergentes; mais orientons les deux axes perpendiculairement entre eux comme sur la figure 67. Si un faisceau de rayons parallèles entre eux tombait sur la lentille ABCDMN seule, nous savons qu'il se formerait une ligne focale en FF',

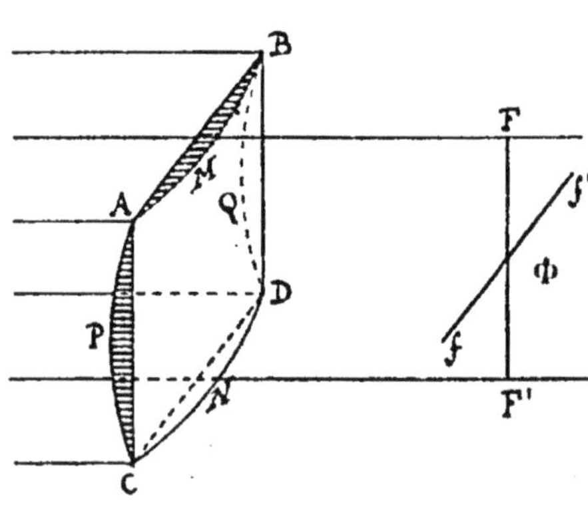

Fig. 67.

comme si les rayons, après réfraction, étaient pincés horizontalement pour être ramenés vers cette ligne. Superposons maintenant à ABCD la lentille de même puissance ABCDPQ, dont

les génératrices sont horizontales; elle va produire
sur les rayons lumineux un effet analogue à celui
de la lentille précédente, les rayons subiront encore
une sorte de pincement; mais il s'exercera de haut
en bas, pour ramener tous les rayons vers la ligne
horizontale ff' située à la même distance des deux
lentilles superposées que FF, puisque ces deux lentilles ont même puissance. Il est évident que ces deux
effets étant combinés, les rayons étant tous ramenés
vers FF' et vers ff' devront passer par l'intersection Φ de ces deux droites. Autrement dit, l'ensemble
des deux lentilles produira sur le faisceau le même
effet qu'une lentille sphérique dont le foyer sera
en Φ. Deux lentilles cylindriques placées en croix
constituent donc une lentille sphérique de même
puissance que chacune des lentilles cylindriques.

Superposons maintenant une lentille sphérique
convergente et une lentille cylindrique convergente.

Si la lentille sphérique était interposée seule sur
le trajet d'un faisceau de rayons parallèles entre
eux, nous savons qu'il se formerait un foyer en F. L'ensemble des rayons après réfraction aurait l'apparence
d'un cône dont la

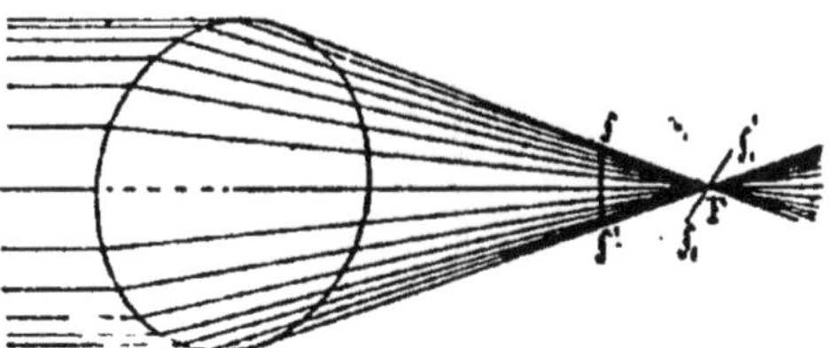

Fig. 68.

base serait le contour de la lentille et dont le sommet
serait en F. Ajoutons maintenant la lentille cylindrique, dont nous supposerons les génératrices verti-

cales ; nous savons qu'il se produira un pincement pour ramener tous les rayons vers une droite verticale ff'. En même temps, les rayons ne pourront plus tous passer par F ; du fait même du pincement en ff', il se produira en F un étalement horizontal suivant les divers points de f_1f_1'. Il n'y aura donc plus de foyer, mais deux droites focales. La droite la plus éloignée des lentilles, perpendiculaire aux génératrices du cylindre, se trouvera dans le plan de l'ancien foyer ; l'autre, parallèle aux génératrices du cylindre, sera entre cet ancien foyer F et.les lentilles. .

Si l'on coupe la figure 68 par un plan vertical, on obtient la fi-

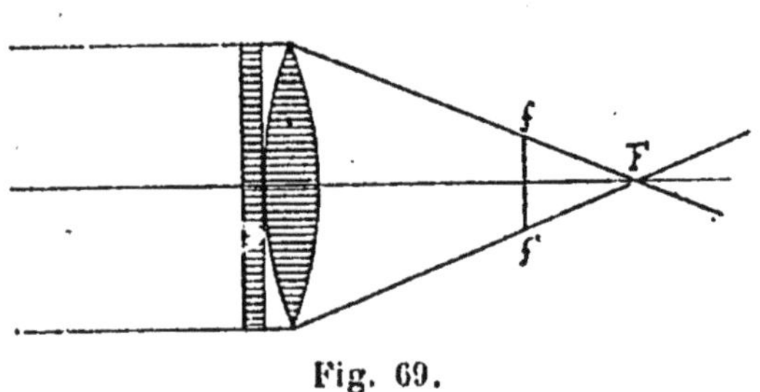

Fig. 69.

gure 69. La lentille cylindrique est coupée suivant deux droites parallèles ; tous les rayons contenus dans ce plan vertical se coupent après réfraction en F ; la puissance dans ce méridien est la même que celle de la lentille sphérique seule.

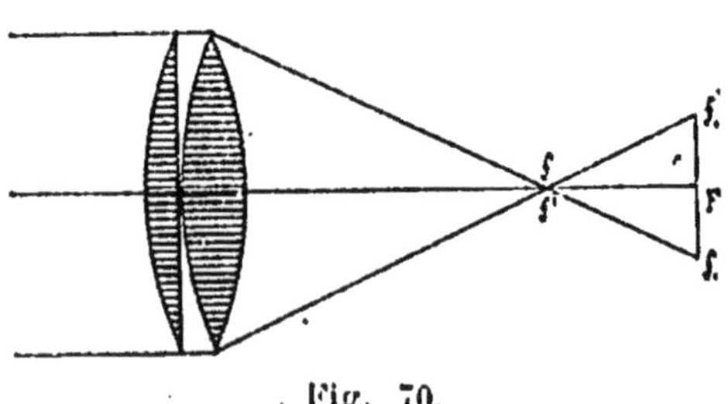

Fig. 70.

Si l'on fait une section par un plan horizontal, la lentille cylindrique est coupée suivant un méridien de courbure maxima. Tous les rayons situés dans ce plan passent par le point marqué *ff'* où le plan horizontal coupe la droite focale *ff'* de la figure 69. La puissance dans ce méridien horizontal est égale à la somme des puissances des deux lentilles.

Supposons que l'on veuille détruire l'astigmatisme d'un pareil système. On peut y arriver par deux procédés.

On peut introduire dans le système une lentille cylindrique de même puissance que la lentille cylindrique convergente, d'espèce contraire, *c'est-à-dire divergente*, les génératrices étant parallèles à celles de la lentille convergente, *c'est-à-dire parallèles à ff'*. On sait alors que les deux lentilles cylindriques se détruisent. Tout se passe comme s'il ne restait que la lentille sphérique ; on aura un foyer en F, *c'est-à-dire à l'endroit où se trouvait la droite focale la plus éloignée*.

On peut aussi introduire dans le système une lentille cylindrique de même puissance que la lentille donnant l'astigmatisme, de même espèce, *c'est-à-dire convergente*, les génératrices étant placées perpendiculairement à celle de la lentille convergente, *c'est-à-dire parallèlement à $f_1 f_1'$*.

On sait qu'alors les deux lentilles cylindriques forment ensemble une lentille sphérique de même puissance que chacune des lentilles cylindriques ; la puissance de cette lentille s'ajoutera à celle de la entille sphérique du système ; on aura un foyer *à l'endroit où se trouvait la droite focale la plus rapprochée*.

Au lieu de former un système astigmate avec une lentille sphérique et une lentille cylindrique, on peut arriver au même résultat avec un dioptre et une lentille cylindrique. Cela est bien évident, il n'y a qu'à répéter ce qui vient d'être dit. On aura encore deux droites focales perpendiculaires entre elles, et l'on pourra détruire l'astigmatisme de ce système en y introduisant une lentille cylindrique divergente à génératrices parallèles à la ligne focale la plus rapprochée, ce qui donnera un foyer à la ligne focale la plus éloignée. Ou bien on pourra se servir d'une lentille cylindrique convergente à génératrices parallèles à la ligne focale la plus éloignée, et le foyer se formera à la ligne focale la plus rapprochée.

Un système astigmate régulier donne donc comme image d'un point à l'infini deux droites focales perpendiculaires entre elles. Si le point lumineux se rapproche, on a toujours comme images deux droites perpendiculaires entre elles, inégalement éloignées du système optique, et en aucune région on n'a d'image nette ayant la forme d'un point.

Voyons maintenant ce qui se passe quand on cherche à former l'image d'une droite. Je représente le système optique astigmate simplement par un carré ABCD vu en perspective. A travers ce système, un point O donne les deux droites *mn* verticale et *pq* horizontale. Supposons que le point lumineux O se déplace pour décrire la droite verticale RS; les images de O se déplaceront aussi suivant une ligne verticale, et la superposition de ces diverses images constituera l'image de la droite RS.

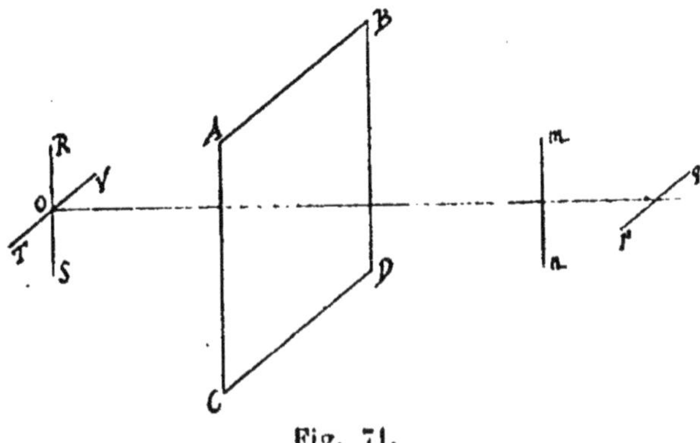

Fig. 71.

Or, si nous considérons, de face, ce qui se passe dans le plan de la droite focale *mn*, à chaque point de RS correspondra une petite droite verticale analogue à *mn*; toutes ces droites seront dans le prolongement les unes des autres, et l'ensemble constituera évidemment encore une 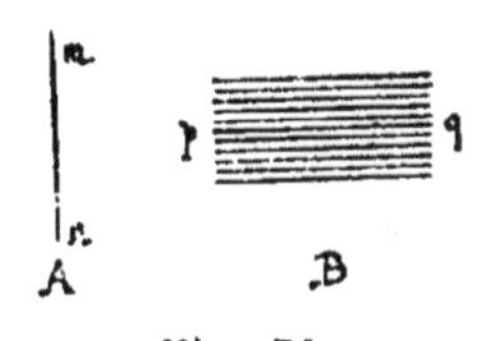 droite verticale ; c'est ce qui est représenté sur la figure 72 A.

Fig. 72.

Dans le plan de la droite focale $_{p\,q}$, l'image de O est la droite *pq* ; mais, quand O se déplace de bas en haut et de haut en bas pour décrire la droite RS, *pq* se déplace de même, et le résultat de ces superpositions est représenté sur la figure 72, B. On voit que, si dans le premier plan focal l'image d'une droite verticale est encore une droite verticale, il n'en est plus de même dans le second plan focal.

Supposons maintenant que le point O, au lieu de se

déplacer verticalement pour décrire la droite RS, se déplace horizontalement pour décrire la droite TV, les images *mn* et *pq* suivront des déplacements analogues. Dans le plan de la droite *mn*, on aura une série de petites droites verticales placées les unes à côté des autres, tandis que, dans le plan de la droite *pq*, on aura une série de droites horizontales placées

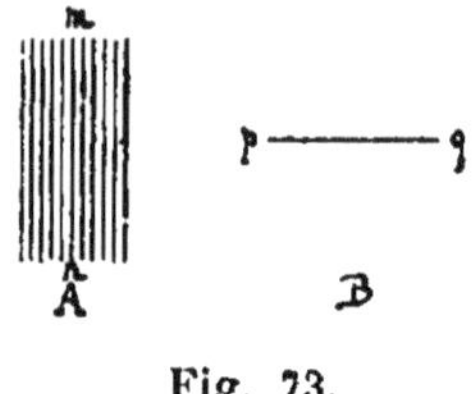

Fig. 73.

les unes à la suite des autres. Ceci est représenté sur la figure 73 en A et en B. On a donc le contraire de ce que l'on avait précédemment, une image convenable dans le second plan focal, mais déplorable dans le premier. On ne peut donc avoir à la fois une bonne image d'une droite verticale et d'une droite horizon-

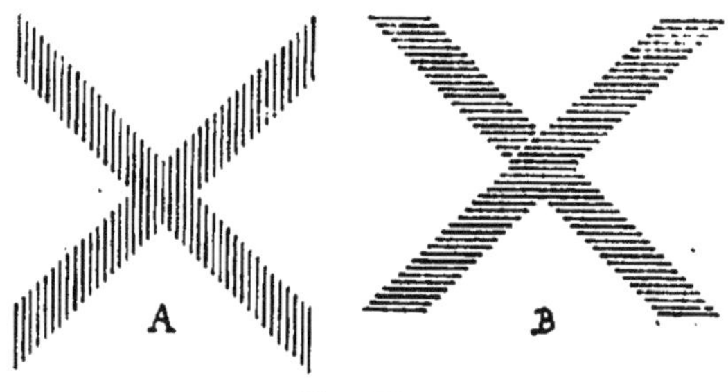

Fig. 74.

tale dans un même plan. On peut avoir l'une ou l'autre, mais pas les deux à la fois. Quant à des droites obliques, il est aisé de voir que l'on aura les apparences représentées sur la figure 74 en A et B. Ces images seront d'autant plus mauvaises que l'on s'éloigne plus pour A de la verticale, pour B de l'horizontale. Si donc, avec un système astigmate régulier,

on cherche à former l'image d'une étoile telle que O
(fig. 75), on ne pourra jamais arriver à une image

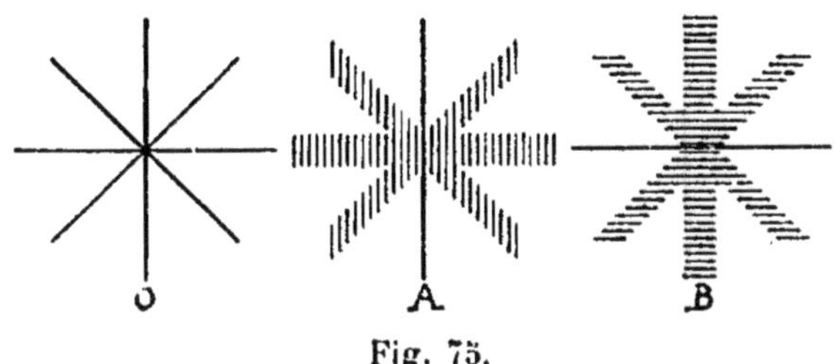

Fig. 75.

nette pour toutes les parties de l'étoile ; on aura A
dans le plan d'une des droites focales, B dans l'autre,
mais jamais et nulle part une bonne image comme
celle que donne un système non astigmate.

CINQUIÈME LEÇON

Résumé des effets et de la correction de l'astigmatisme régulier. — Détermination pratique de l'astigmatisme de l'œil. — Astigmatisme myopique simple. — Astigmatisme myopique composé. — Astigmatisme hypermétropique simple. — Astigmatisme hypermétropique composé. — Astigmatisme mixte. — Règle pratique pour arriver dans tous les cas, le plus rapidement possible, à la correction la plus simple.

Messieurs,

Nous avons vu qu'un système astigmate régulier se caractérise par ce fait qu'il possède deux droites focales perpendiculaires entre elles, inégalement distantes du système optique. On ne peut, à l'aide d'un pareil système, faire une image nette d'une étoile. Suivant le plan focal dans lequel se trouve l'écran sur lequel se forme l'image, la direction de la branche nette de l'étoile variera ; elle sera parallèle à la ligne focale correspondante, le minimum de netteté d'image se produisant pour la direction perpendiculaire à cette ligne focale. On pourra détruire l'astigmatisme d'un pareil système à l'aide d'une lentille cylindrique divergente dont les générations seront parallèles à la ligne focale la plus rapprochée du système ; l'image nette se fera alors dans le plan focal le plus éloigné. Ou bien on pourra détruire l'astigmatisme par une lentille cylindrique convergente à générations parallèles à la droite focale la plus éloignée, l'image nette se faisant alors dans le plan focal le plus rapproché. Bien entendu, il faudra que la puissance de ces lentilles cylindriques correctrices soit convenablement choisie.

Nous allons appliquer ces principes au diagnostic et à la correction de l'astigmatisme de l'œil.

Pour reconaître si un sujet est astigmate, on lui fait regarder, avec l'œil examiné, un cadran horaire comme celui qui est représenté sur la figure 76. Dans le cas où il n'y a aucun astigmatisme, toutes les lignes diamétrales diversement inclinées sont vues avec une égale netteté. Si au contraire il y a astigmatisme, il ne peut en être ainsi. Quelles que soient les positions des lignes focales par rapport à la rétine, il ne peut y avoir qu'une seule direction qui soit vue nettement à la fois. Il se peut qu'en modifiant l'accommodation on voie deux lignes perpendiculaires entre elles, mais ce ne sera jamais simultanément.

Fig. 76.

Il est évident que divers cas peuvent se présenter

suivant que l'astigmatisme est accompagné ou non de myopie et d'hypermétropie; nous allons successivement examiner ces cas, voir comment on les corrige, et nous arriverons à cette conclusion que : *la correction la plus simple de l'astigmatisme s'obtient toujours avec une lentille cylindrique dont l'axe est perpendiculaire à la ligne la mieux vue par le sujet examiné.*

PREMIER CAS : ASTIGMATISME MYOPIQUE SIMPLE. — Supposons que les deux droites focales de l'œil astigmate non accommodé soient ff' et $f_1 f_1'$, avec la rétine en R. En nous reportant à ce qui a été dit précédemment à propos de la formation de l'image d'une étoile, nous re-

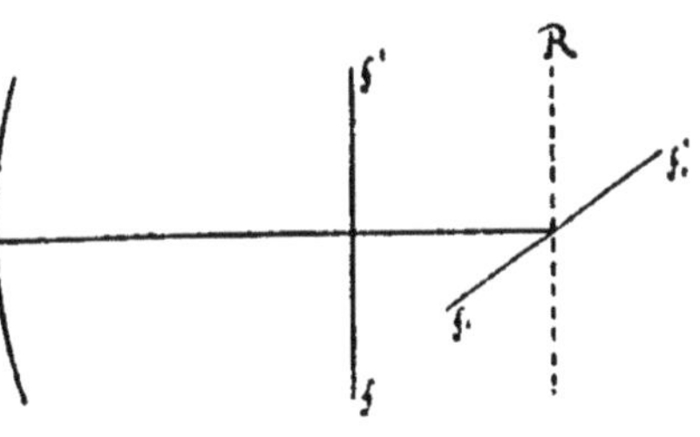

Fig. 77.

connaîtrons immédiatement que l'œil de la figure 77 ne peut voir nettement que la ligne horizontale du cadran horaire. S'il vient à accommoder, la puissance de tout le système augmentant, les lignes focales se porteront en avant, de droite à gauche, sur la figure, et aucune ligne ne sera plus vue nettement. Le sujet questionné répondra donc de toute façon qu'il voit le mieux les lignes horizontales. En réalité, ce qui le frappera le plus, c'est moins la netteté que la teinte. Le flou ayant pour effet d'atténuer l'intensité de ces teintes, le sujet répondra que les lignes horizontales lui paraissent plus noires que les autres.

Comment se fera la correction. Nous avons vu

qu'en plaçant une lentille cylindrique divergente, de puissance convenable, à génératrices parallèles à *ff'*, le foyer du sytème corrigé se faisait dans le plan de *f₁f₁'*. Nous pouvons donc, à l'aide de cette seule lentille, ramener de foyer de l'œil non accommodé en R, c'est-à-dire ramener l'œil à l'emmétropie ; cet œil est ainsi complètement corrigé.

Retenons de cela seulement ce fait que l'œil est corrigé de son astigmatisme *par une lentille cylindrique, dont les génératrices sont perpendiculaires à la ligne du cadran horaire la mieux vue.*

Deuxième cas : Astigmatisme myopique composé. — Ce cas est représenté sur la figure 78. Les deux droites focales sont en avant de la rétine. Dans aucune condition, l'œil ne peut voir nettement même une seule ligne du cadran horaire ; plus il accommode et moins bien il voit, les droites focales se portant de plus en plus en avant. La première des choses à faire est de permettre la vision d'une ligne ; pour cela on place devant l'œil des verres sphériques divergents, de puissance croissante ; les lignes focales reculent de plus en plus de gauche à droite sur la figure. A un moment donné, la droite *f₁f₁'* se trouve sur la rétine R, et nous sommes ramenés au cas précédent. La personne soumise à l'examen dira qu'elle ne voit que la ligne horizontale du cadran ou qu'elle la voit plus noire que les

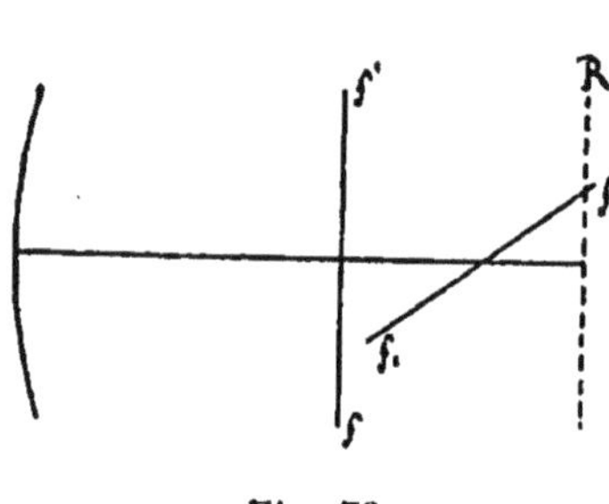

Fig. 78.

autres. La lentille cylindrique qui détruira l'astigmatisme et complétera la correction *sera encore à génératrices perpendiculaires à la ligne mieux vue.*

Troisième cas : Astigmatisme hypermétropique simple. — Dans ce cas, c'est la première ligne focale qui se trouve sur la rétine, la deuxième étant en arrière. Le système optique débarrassé de son astigmatisme ne serait pas assez convergent. L'œil astigmate de la figure 79 voit nettement sans accommodation les lignes verticales du cadran horaire ; c'est en R qu'il faut d'ailleurs ramener le foyer de l'œil corrigé. Nous savons que ce résultat est obtenu par une lentille cylindrique

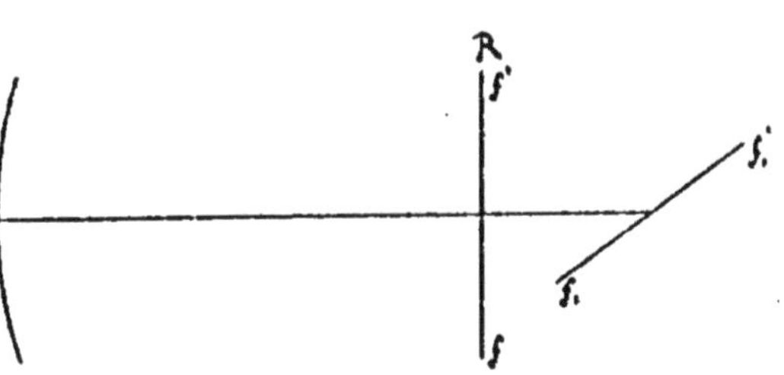

Fig. 79.

convergente de puissance convenable, à génératrices perpendiculaires à *ff'*. Donc ici encore l'œil est corrigé de son astigmatisme et ramené à l'emmétropie *par une lentille cylindrique dont les génératrices sont perpendiculaires à la ligne du cadran la mieux vue.* Il importe de remarquer que l'œil de la figure 79 peut aussi voir nettement les lignes horizontales ; mais il a besoin pour cela d'avoir recours à l'accommodation. En accommodant, la puissance totale de l'œil augmente ; les deux lignes focales se portent en avant, de droite à gauche sur la figure, et l'on peut ainsi amener $f_1 f_1'$ sur la rétine.

Supposons l'œil ainsi accommodé ; le sujet dira voir le plus nettement les lignes horizontales ; on le corrigera alors comme on aurait corrigé un astigmate myopique simple ; on lui donnera une lentille cylindrique divergente à génératrices verticales de puissance convenable, et l'astigmatisme sera supprimé. Mais, muni de ce verre correcteur, le sujet accommodera pour voir ; il aura de l'hypermétropie, que l'on compensera par un verre sphérique convergent, lequel, superposé au verre cylindrique divergent, produira le même effet que la lentille cylindrique convergente trouvée par la première méthode.

En effet, supposons que le premier verre trouvé soit un cylindre + 2 à génératrices horizontales ; nous savons que dans le méridien horizontal la puissance de ce verre est O et dans le méridien vertical + 2 ; c'est ce qui est représenté sur la figure 80, A. Superposons maintenant le verre cylindrique divergent — 2 à

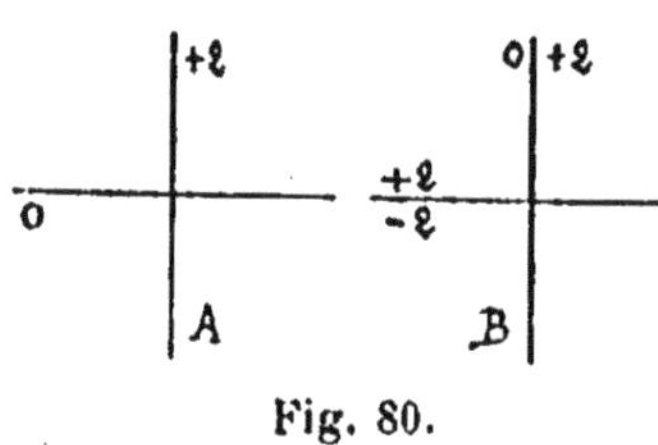

Fig. 80.

génératrices verticales au verre sphérique + 2. Dans le méridien vertical, nous avons O pour le cylindre, + 2 pour le verre sphérique. Total + 2. Dans le méridien horizontal, — 2 pour le cylindre, + 2 pour le verre sphérique. Total O. Le résultat figuré en B est donc finalement le même qu'en A.

Si donc, par suite d'une erreur, le sujet accommodant, on faisait la deuxième correction, on s'en apercevrait finalement, et, après réduction des lentilles, on arriverait au même résultat.

QUATRIÈME CAS : ASTIGMATISME HYPERMÉTROPIQUE COMPOSÉ. — Les deux droites focales sont en arrière de la rétine. L'accommodation étant relâchée, le sujet ne voit nettement aucune ligne du cadran horaire ; lorsqu'on l'interroge, il accommode de façon à amener ff' sur la rétine, et il répond qu'il voit plus noires les lignes verticales. C'est là-dessus que l'on

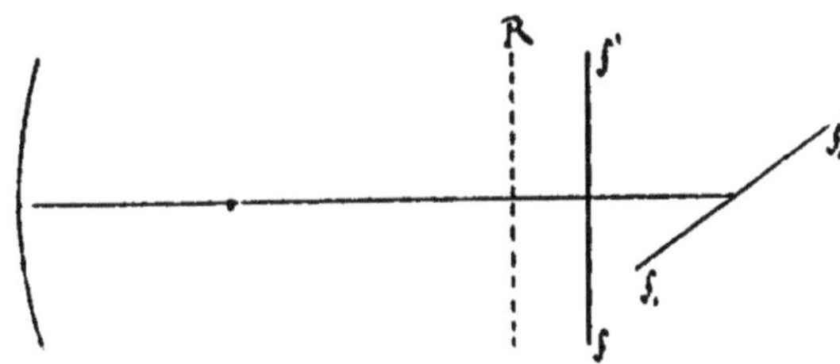

Fig. 81.

fera la correction ; on cherchera à amener le foyer de l'œil corrigé dans le plan ff'. Nous savons que pour cela il faudra placer devant l'œil une lentille convergente à génératrices horizontales, et dans ces conditions l'œil sera débarrassé de son astigmatisme ; il verra nettement à la condition d'accommoder, c'est-à-dire qu'il lui restera de l'hypermétropie dont on pourra le débarrasser par un verre sphérique convergent.

Donc, dans ce cas encore, la lentille cylindrique correctrice *sera à génératrices perpendiculaires à la ligne la mieux vue.*

On pourrait faire les mêmes remarques que dans

le cas de l'astigmatisme hypermétropique simple.
C'est-à-dire que, grâce à une accommodation plus
grande, le sujet peut voir nettement les lignes horizontales; on ferait alors une correction qui augmen-
terait l'hypermétropie; mais en fin de compte, après
réduction, on arriverait au même résultat que par la
méthode basée sur la correction d'après la vision des
lignes verticales.

Cinquième cas : Astigmatisme mixte. — Il n'y a plus
qu'un seul cas qui puisse se présenter, c'est celui où
la rétine se trouve entre les deux droites focales,
comme cela est représenté sur la figure 82. Cet œil

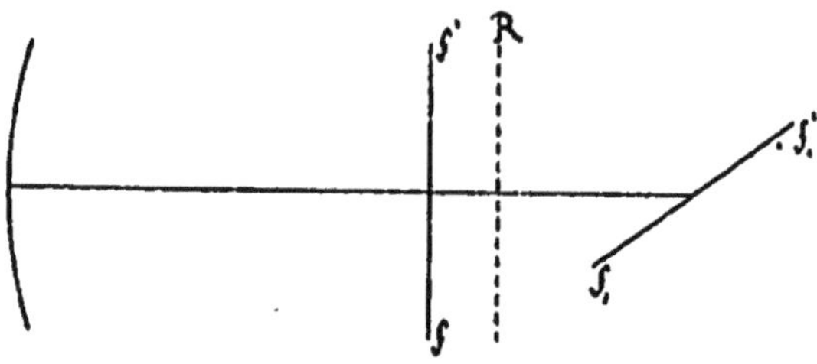

Fig. 82.

ne peut pas voir les droites verticales; l'accommodation, portant les deux droites focales de droite à
gauche sur la figure, ne lui sert à rien pour cela; mais
il peut ainsi amener sur la rétine la droite $f_1 f_1'$ et voir
nettement les lignes horizontales.

A ce moment, on le corrigera comme on le fait
dans l'astigmatisme myopique simple; on donnera
un verre cylindrique divergent de puissance convenable à génératrices verticales. L'œil sera débarrassé
de son astigmatisme, mais il ne verra nettement que

grâce à une légère accommodation correspondant au transport de $f_1 f_1'$ sur la rétine R. Autrement dit, l'œil corrigé de son astigmatisme conservera une légère hypermétropie, dont on pourra le débarrasser par un verre sphérique convergent.

Il portera donc par exemple un cylindre divergent à génératrices verticales — 2 et un verre sphérique convergent + 1, ce qui fera dans le méridien vertical 0 pour le cylindre et + 1 pour le verre sphérique. Total + 1. Dans le méridien horizontal, — 2 pour le cylindre et + 1 pour le verre sphérique. Total — 1.

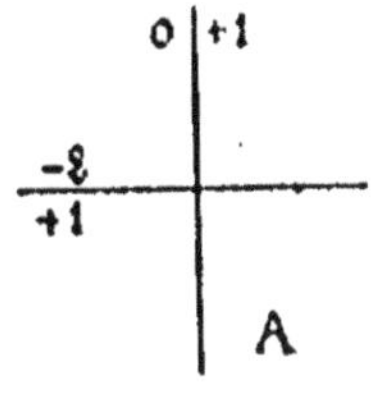

Fig. 83.

Cette même correction peut se faire avec deux cylindres, + 1 à génératrices horizontales et — 1 à génératrices verticales. Ou encore un cylindre + 2 à génératrices horizontales et un verre sphérique — 1. Il est aisé de le vérifier en faisant la somme des puissances dans les différents méridiens.

Toutefois, on voit que la correction méthodique et sûre se fait encore en plaçant *le cylindre correcteur à génératrices perpendiculaires à la ligne la mieux vue.*

En résumé, ce qu'il importe de retenir, c'est que dans tous les cas l'on arrive *méthodiquement et sûrement* à la correction la plus simple de l'astigmatisme en plaçant devant l'œil *un verre cylindrique à génératrices perpendiculaires à la ligne la mieux vue.*

Suivant les cas, ce cylindre sera convergent ou divergent.

Pratiquement, on placera donc le sujet vis-à-vis du cadran horaire, à 5 mètres, et on lui dira de regarder le centre de ce cadran avec l'œil soumis à l'examen. On lui demandera si certaines lignes lui paraissent plus nettes et plus noires que les autres. S'il voit tout également bien, il n'a pas d'astigmatisme. S'il ne voit rien, c'est que sa myopie ne lui permet pas de voir le tableau : il faudra donc lui donner un verre sphérique divergent dont on augmentera peu à peu la puissance jusqu'à ce qu'une ligne au moins du cadran horaire soit vue nettement.

Dans ces conditions, s'il voit tout également bien, c'était un simple myope. Si, au contraire, il ne voit nettement qu'une ligne, c'était un astigmate myopique composé, que l'on ramènera à l'emmétropie en superposant à son verre divergent sphérique un verre cylindrique également divergent, à génératrices perpendiculaires à la ligne vue nettement. Si, dès le début, sans verre sphérique divergent, le sujet voyait une ligne mieux que les autres, nous sommes dans un des quatre autres cas d'astigmatisme, mais nous ne savons pas lequel. La réponse du sujet nous indique seulement comment doit être orienté le verre cylindrique correcteur; ses génératrices doivent être perpendiculaires à la ligne la mieux vue. Ce renseignement est extrêmement précieux, car il évite bien des tâtonnements.

Pour faire la correction, il faudra se livrer à des essais. On prendra dans la boîte d'optique un verre cylindrique divergent faible; on le placera devant

l'œil examiné, en l'orientant, comme il vient d'être
dit. Si le sujet déclare que sa vision s'améliore, on
est dans la bonne voie ; on prend des verres cylindriques divergents, de plus en plus forts, et on répète
l'essai jusqu'à disparition de l'astigmatisme. A ce
moment, la correction peut être complète ; on avait
affaire à de l'astigmatisme myopique simple. Sinon,
il peut y avoir un peu d'hypermétropie introduite par
la correction de l'astigmatisme ; on la décèle et on la
corrige par l'essai de verres sphériques convergents.

Si le sujet ayant déclaré voir une ligne mieux que
les autres dit que sa vision devient plus défectueuse
par l'essai des verres cylindriques divergents, on
essaye les verres convergents, les génératrices étant
toujours orientées comme il a été dit. Quand l'astigmatisme a disparu, il peut rester ou ne pas rester de
l'hypermétropie. On le décèle et le corrige par les
moyens habituels, et l'on reconnaît si l'on avait affaire
à de l'astigmatisme hypermétropique simple ou
composé.

Cette méthode de détermination et de correction
de l'astigmatisme est très bonne, elle complète la
méthode de Donders de correction des amétropies
par l'essai directe des verres, mais elle suppose que
le sujet fait des réponses exactes ; or, il n'en est pas
toujours ainsi. Très souvent, chez les sujets les plus
intelligents, on obtient, pendant les diverses phases
de l'examen, les réponses les plus contradictoires.
Nous étudierons, dans la prochaine leçon, une méthode
qui n'est pas sujette à de pareilles incertitudes.

Note. — Cette leçon est accompagnée de démonstrations de deux sortes. En premier lieu, tous les cas d'astigmatisme sont reproduits sur un schéma, au moyen de lentilles prises dans la boîte d'optique, et la correction est faite. En second lieu, on donne à un sujet emmétrope les divers astigmatismes au moyen des lentilles prises dans la boîte d'optique, et, se basant sur les réponses de ce sujet, auquel on montre le cadran horaire, on cherche à faire la correction. Les verres correcteurs trouvés doivent, par leur superposition, annuler ceux qui ont donné l'amétropie artificielle. C'est là un très bon exercice pour les débutants, car ils ont un moyen certain de vérifier l'exactitude de la correction trouvée par eux.

SIXIÈME LEÇON

Dioptre à courbures inégales dans ses divers méridiens. — Relation entre la courbure des miroirs et la dimension des images. — Zone utile dans la vision des images formées par les miroirs. — Cas de l'image d'une petite droite. — Images dans les miroirs à courbures inégales. — Méthode pour reconnaître si un miroir est à courbures inégales. — Ophtalmomètre de Javal. — Marche à suivre pour la détermination de l'astigmatisme au moyen de l'ophtalmomètre de Javal.

MESSIEURS,

Nous allons, aujourd'hui, nous occuper d'une méthode de détermination de l'astigmatisme, grâce à laquelle il n'est pas nécessaire d'interroger le sujet soumis à l'examen. Cette méthode consiste à étudier les images qui se produisent par réflexion sur la cornée.

Dans l'œil non astigmate, toutes les surfaces réfringentes que la lumière traverse pour arriver jusqu'à la rétine sont des parties de sphère, ayant leur centre sur le même axe. Dans l'œil astigmate, il n'en est plus de même, et l'observation des faits a montré que, dans un pareil œil, les divers méridiens de la cornée n'ont pas la même courbure. Nous allons examiner ce cas avec détails et voir quelles en sont les conséquences.

Considérons un dioptre sphérique représenté sur

la figure 84 et convexe vers la gauche. La lumière
venant de gauche à droite se réfractera à travers ce
dioptre, en donnant un foyer en F, comme nous le
savons. Supposons maintenant que, saisissant le
dioptre avec deux doigts en D et C, nous le serrions

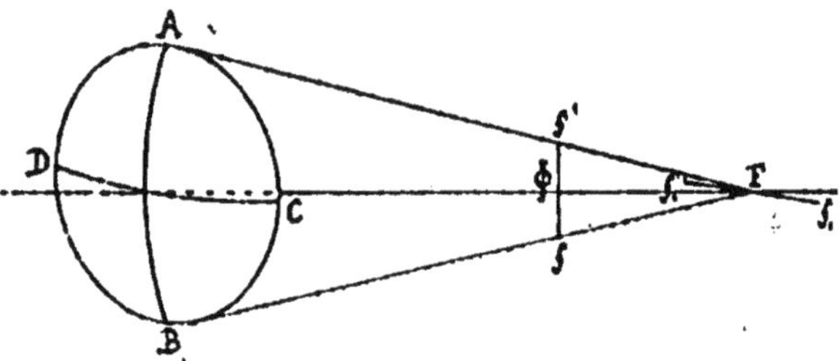

Fig. 84.

horizontalement, de façon à augmenter la courbure
du méridien horizontal CD, sans toucher au méridien
AB : les rayons tels que CF se rapprocheront plus
rapidement de l'axe que dans le cas du dioptre
sphérique, et, si nous exerçons un serrage suffisant,
nous pourrons amener ces rayons à passer par le
point Φ. Tout se passera encore comme si, à la distance
du point Φ, nous prenions tout le faisceau lumineux
entre les mors d'une pince à serrage vertical et que
nous le ramenions vers la droite ff', qui deviendra
une droite focale. Mais, pendant cette opération,
il est évident que tous les rayons ne pourront pas
continuer à passer par F. Par suite du déplacement
horizontal qu'ils ont subi, ils s'étaleront suivant
les divers points de la droite $f_i f_i'$. Nous aurons donc
une seconde droite focale $f_i f_i'$. Par conséquent, pour
un dioptre à courbures inégales, nous avons deux

droites focales, l'une ff', la plus rapprochée du dioptre, parallèle au méridien AB de plus petite courbure, et par suite de plus faible puissance ; l'autre f_1f_1', plus éloignée, parallèle au méridien DC, de plus grande courbure. Ces deux droites focales sont perpendiculaires entre elles, et l'on voit qu'un pareil système optique se comporte comme ceux que nous avons étudiés dans les deux leçons précédentes.

Le problème qui se pose donc, pour savoir si un œil est astigmate et quelle est la valeur de cette astigmatisme, est le suivant : Comment peut-on étudier la courbure des divers méridiens de la cornée et comment peut-on déduire la grandeur de l'astigmatisme de ces différences de courbure.

La surface externe de la cornée forme un petit miroir convexe.

Représentons un pareil miroir par sa coupe sur la figure 85, en A. Un objet O placé vis-à-vis de ce miroir donne une image virtuelle I ; il n'y a pas lieu d'insister sur ce fait élémentaire. Si, sans rien changer à l'objet, ni sa grandeur, ni sa distance au miroir, nous augmentons la courbure de ce miroir comme il est figuré en B, l'image diminue de grandeur et devient I'. Il est aisé de comprendre que, si l'on connaît la dis-

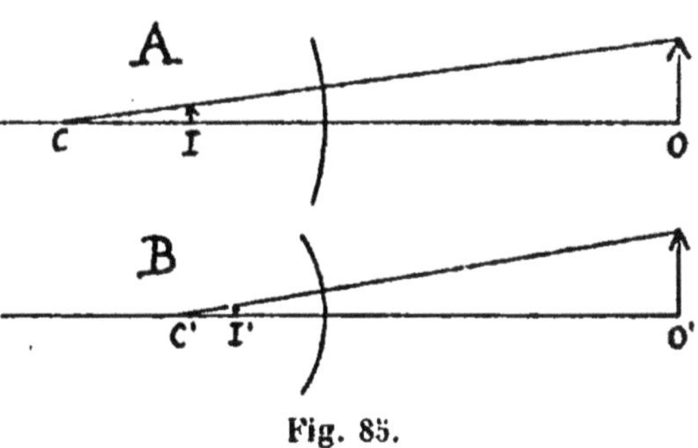

Fig. 85.

lance d de l'objet O au miroir, la grandeur de cet objet et le rayon du miroir, on peut calculer ou déterminer par des constructions graphiques la dimension de l'image I. Ou bien, inversement, puisque toutes ces quantités sont solidaires, si l'on connaît d, la grandeur de l'objet O et celle de l'image I, on peut calculer le rayon du miroir dans lequel se fait l'image.

Donc, ceci est fondamental, et nous en trouverons l'explication plus loin, si on place un objet O vis-à-vis d'un petit miroir concave, à une distance connue d, et si l'on arrive à mesurer la dimension de l'image I, on peut par cela même déterminer le rayon du miroir. Cela fait, si l'on connaît l'indice de réfraction du dioptre formé par la calotte sphérique ayant joué le rôle de miroir, ce dioptre est entièrement connu, puisqu'on a son rayon et son indice ; on peut savoir quelle est sa distance focale, ses effets de réfraction, etc.

Voici maintenant un autre fait important. Je vais montrer que, lorsqu'on regarde l'image d'un point dans un miroir, on n'utilise qu'une portion extrêmement petite de la surface de ce miroir.

Soit un point A, vis-à-vis d'un miroir plan ; il forme dans ce miroir une image virtuelle A', c'est-à-dire que les rayons

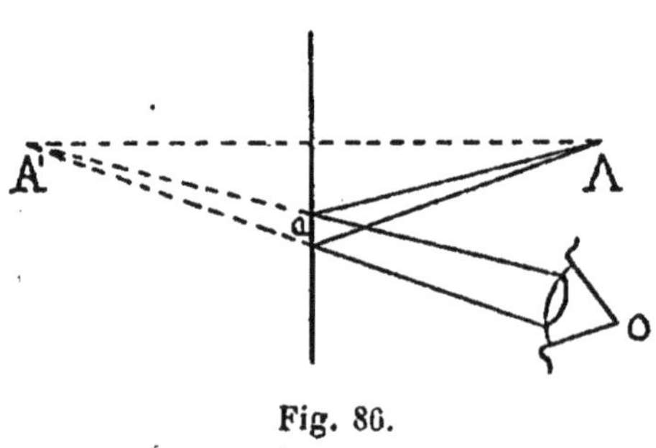

Fig. 86.

qui arrivent à l'œil observateur O semblent venir de A', quoique venant en réalité de A. Comme le montre la figure 86, tous les rayons pénétrant ainsi dans la pupille de l'œil observateur n'utilisent qu'une très petite surface a du miroir, surface plus petite en tout cas que la pupille, d'autant plus restreinte que le point A' est plus près de a et que l'œil observateur en est plus loin. Pour voir A', rien ne serait changé si l'on supprimait ou modifiait une partie quelconque du miroir en dehors de a.

Le même phénomène se produit dans un miroir convexe ; la figure 87 est absolument ana-logue à la figure 86, seule la position de l'image A' diffère en passant d'un cas à l'autre.

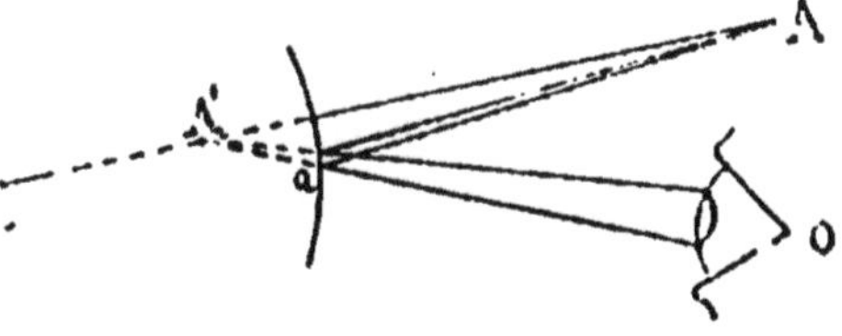

Fig. 87.

Voyons maintenant ce qui va se passer quand on regardera dans un miroir convexe l'image d'une petite ligne droite.

Supposons l'œil observateur placé vis-à-vis du miroir ABCD et sur l'axe (fig. 88). Un point O donnera une image virtuelle quelque part en o, et, pour voir cette image, nous savons que l'œil utilisera uniquement une petite surface voisine du centre du miroir. Dépla-çons maintenant le point O de façon à lui faire décrire la petite droite MN : l'image décrira mn, et l'œil utilisera successivement uniquement les petites régions voisines du méridien vertical AB du miroir. Donc, pour voir l'image d'une droite verticale MN, on n'utilise qu'une petite bande très étroite du miroir au voisinage du méridien vertical. Pour voir maintenant l'image *pq* d'une droite horizontale PQ, le même œil

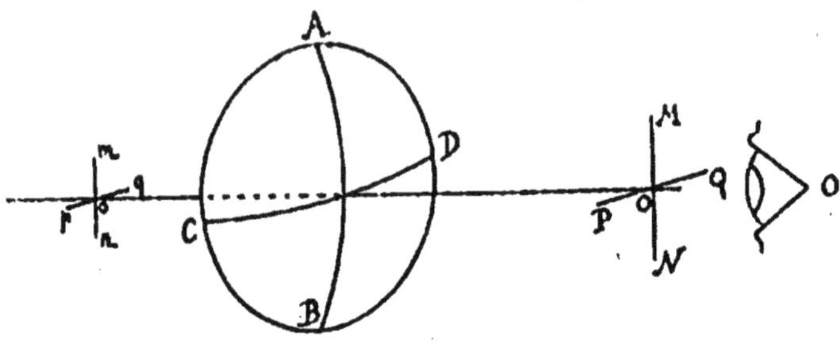

Fig. 88.

n'utilisera qu'une petite bande très étroite voisine du méridien horizontal. De même l'œil n'utiliserait que des méridiens inclinés du miroir pour voir des images de droites inclinées.

Supposons dans la figure 88 les deux droites MN et PQ de longueur égale; si les méridiens AB et CD ont même courbure, les images de PQ et MN vues par l'œil seront évidemment aussi égales. Mais supposons que la courbure de CD soit plus grande que celle de AB, c'est-à-dire que le miroir soit la surface d'un dioptre astigmate, que va-t-il se passer?

Pour voir MN, l'œil n'utilisera qu'une portion du miroir voisine du méridien vertical AB; c'est la courbure du méridien vertical du miroir seule qui réglera la grandeur de l'image vue par l'œil. Pour voir PQ, c'est la courbure du méridien horizontal qui, pour la même raison, réglera la grandeur de l'image vue par l'œil. Dans le second cas, d'après ce que nous avons dit au début de cette leçon sur la variation de grandeur des images avec la courbure du miroir, l'image sera donc plus petite que dans le premier. La croix A de la figure 89 donnera une image analogue à B; la différence entre les deux branches sera d'autant plus accentuée que l'astigmatisme sera plus fort. On peut calculer la valeur de l'astig-

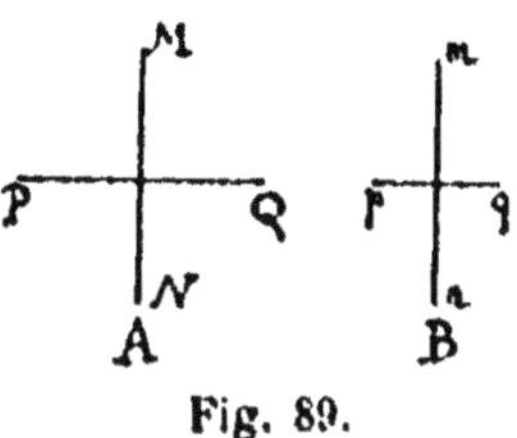

Fig. 89.

matisme si l'on connaît la dimension de l'image *mn* et celle de l'image *pq*, puisque, comme il a été dit plus haut, on peut calculer la distance focale, par suite la puissance de chacun des méridiens correspondants.

Parmi les autres objets dont les images sont déformées dans les miroirs astigmates, il y a lieu de citer plus particulièrement le cercle, le carré à côtés parallèles aux méridiens de plus grande et de plus

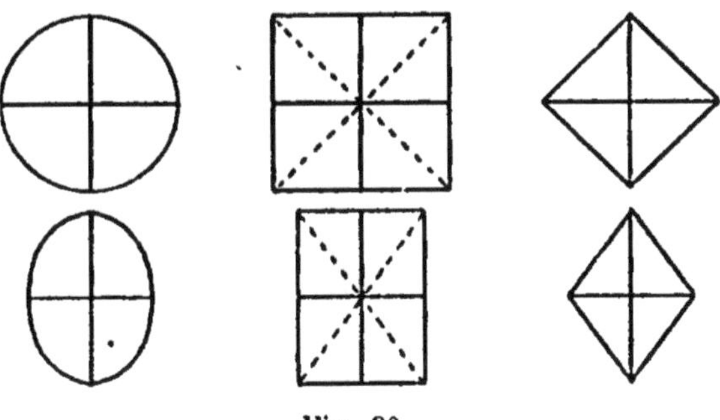

Fig. 90.

petite courbure et le carré à diagonales orientées de cette façon ; la figure 90 représente ces trois cas. On voit que le cercle donne une image elliptique à grand axe parallèle au méridien de plus petite courbure et petit axe parallèle au méridien de plus grande courbure. Le carré donne un rectangle dans le premier cas et un losange dans le second. Ici il est bon de remarquer qu'il y a déformation de l'angle droit des diagonales dans le premier cas et des côtés dans le second, aussitôt que les côtés de cet angle droit ne sont plus parallèles aux deux méridiens principaux.

La simple considération de ces images permet déjà de reconnaître l'astigmatisme et même de le mesurer au moins approximativement. Prenons un cercle de papier blanc au centre duquel nous aurons percé un trou ; plaçons-nous vis-à-vis du sujet examiné, dont le dos sera tourné vers la fenêtre. La surface de papier vue par le sujet sera ainsi éclairée, et on lui demandera d'en regarder le centre. L'observateur verra à travers le trou l'image de ce cercle par réflexion sur la cornée : si cette image est circulaire, il n'y a pas d'astigmatisme ; si elle est elliptique, il y en a, et le grand axe de l'ellipse sera parallèle au méridien de plus petite courbure. Donc on peut de cette façon déceler l'astigmatisme, reconnaître la direction des méridiens principaux ; mais on ne peut mesurer la valeur de l'astigmatisme.

Au lieu de prendre un papier circulaire, prenons maintenant un papier carré ; si l'œil sur la cornée duquel nous regardons l'image du papier est astigmate, cette image ne sera plus un carré, mais un parallélogramme, qui deviendra un rectangle quand les côtés du papier carré seront parallèles aux méridiens principaux.

On pourra donc encore, en faisant tourner le papier

et l'orientant de façon à voir une image rectangulaire, déterminer la direction des méridiens de plus grande et de plus petite courbure ; mais il y a mieux. Faisons, à l'aide d'un artifice que nous allons indiquer à l'instant, croître des dimensions du papier carré dans le sens du plus petit côté de l'image : le papier deviendra un rectangle de plus en plus allongé dans cette direction, et l'image se transformera peu à peu en un carré. Il est évident que, pour arriver à l'image carrée, il faudra allonger le papier d'autant plus que l'œil est plus astigmate. A chaque degré d'astigmatisme correspond un allongement déterminé, et l'on comprend que l'on puisse, sur le bord du papier, faire une graduation indiquant pour chaque allongement l'astigmatisme correspondant. Ce sera une graduation à faire une fois pour toute, et dans la suite l'instrument pourra servir à faire des mesures. Pour opérer d'une façon simple l'allongement en question, le plus simple est de superposer deux papiers blancs carrés et de les faire ensuite glisser l'un sur l'autre parallèlement à une direction pour obtenir un allongement de la figure dans cette direction.

Ce procédé n'est pas susceptible d'une très grande précision, car il faut toujours apprécier le moment où l'image apparaît carrée, et cette appréciation est sujette à erreur.

Il y a des instruments nommés ophtalmomètres permettant au contraire de faire avec une exactitude extrême toutes les mesures relatives à la courbure de la cornée. Le modèle le plus pratique, celui qui est universellement adopté aujourd'hui, est celui de Javal.

Pour bien saisir le fonctionnement de cet instrument, il faut examiner tout d'abord deux petits problèmes fort simples.

PREMIER PROBLÈME. — Ce problème, nous l'avons déjà trouvé plus haut. Considérons un miroir convexe dont le centre est en c et ayant un rayon de courbure R. Si l'on place un objet de grandeur connue O à une distance d du miroir, on peut, soit par une construction graphique, soit par le calcul, déterminer la grandeur de l'image I : cela est évident et conn d'après les études élémentaires sur les miroirs. Donc la dimension de l'objet O; celle

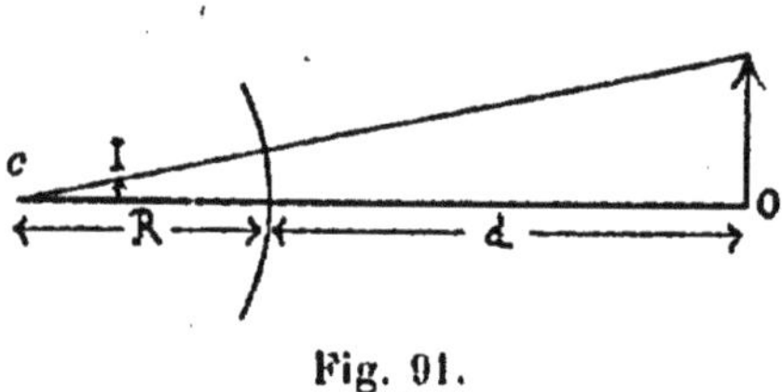

Fig. 91.

de l'image I, les longueurs d et R sont des grandeurs reliées entre elles; si trois de ces grandeurs sont connues, on peut déterminer la quatrième. En particulier, si l'on donne l'objet O, l'image I et la distance d, on peut calculer le rayon du miroir, ou plus exactement le rayon du méridien du miroir parallèle à la petite droite O.

Supposons que le miroir soit la surface de la cornée; si l'on place vis-à-vis de cette cornée, à une distance connue d, une petite droite O, il suffira de pouvoir mesurer l'image I pour pouvoir ainsi calculer le rayon R du méridien parallèle à O. Mais comment mesurer I, qui est derrière la cornée et que l'on ne peut atteindre ? C'est là le deuxième problème à résoudre.

DEUXIÈME PROBLÈME. — Étant donné une image ou un objet AB que l'on ne peut atteindre, comment peut-on mesurer sa longueur. Supposons que l'œil O soit à une distance Δ de AB. Plaçons devant l'œil un prisme, de façon à ne pas couvrir entièrement la pupille par sa base. L'œil verra AB simultanément directement et à travers le prisme.

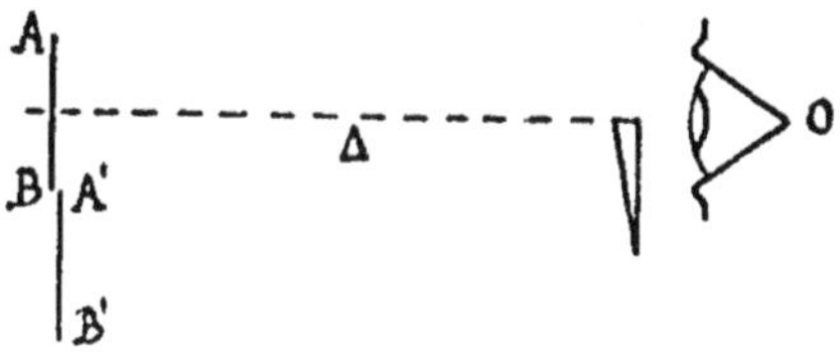

Fig. 92.

Directement il verra AB à sa place réelle; à travers le prisme, il verra une image A'B', déplacée vers le bas dans le cas de la figure 92, et déplacée d'une quantité déterminée pour l'angle du prisme et pour la distance Δ. Supposons que l'on ait reconnu une fois pour toutes qu'à la distance Δ le déplacement de l'image corresponde à 1 centimètre ; si nous voyons A'B' et AB bout à bout, comme le représente la figure 92, il est évident que AB aura 1 centimètre de long ; en effet A' aura dû se déplacer de 1 centimètre pour aller de A en B. On peut donc ainsi, avec ce prisme, vérifier qu'un objet situé à la distance Δ a 1 centimètre. On pourrait, en changeant de prisme, faire des mesures d'objets de diverses grandeurs.

On peut aussi, — cela revient évidemment au même, — arriver au même résultat en prenant deux prismes accolés par la base et donnant chacun un déplacement de 1 demi-centimètre par exemple, l'un vers le haut, l'autre vers le bas. On ne voit alors plus du tout directement l'objet AB, mais deux images $a'b'$ et $a''b''$, comme cela est représenté sur la figure 93.

Le principe de l'ophtalmomètre de Javal est dès lors aisé à comprendre.

Plaçons vis-à-vis de la cornée à mesurer et parallèlement au méridien que l'on veut étudier une droite lumineuse AB ; elle formera une image A'B'. Cette image, nous la regarderons à travers le double prisme PP', et nous verrons deux images $a'b'$, $a''b''$. Suppo-

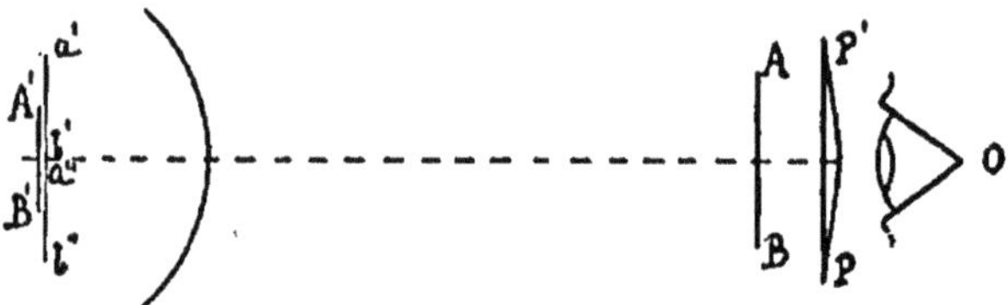

Fig. 93.

sons-les bout à bout : nous connaîtrons la dimension de A'B', si nous nous plaçons toujours à la même distance de l'image A'B' et si nous savons quelle est la valeur du déplacement fourni par le double prisme PP'. Par suite aussi, connaissant A'B', nous pouvons calculer le rayon du méridien étudié. Mais nous allons voir qu'il n'est pas nécessaire de faire ce calcul.

En effet, en général, quand on se placera vis-à-vis d'un œil et qu'on l'examinera, on ne verra pas $a'b'$ et $a''b''$ bout à bout. Ces deux images seront trop séparées ou empiéteront l'une sur l'autre. Faisons alors varier la dimension de AB, A'B' augmentera ou diminuera en même temps que AB ; il en sera de même de $a'b'$ et $a''b''$; il y aura une certaine dimension de AB pour laquelle le contact se fera, et pour laquelle, par conséquent, l'image de AB aura la grandeur correspondant au prisme employé. Pour arriver à ce résultat, il faudra pour chaque rayon de courbure du miroir une certaine dimension de AB ; on peut donc, uniquement d'après la dimension de AB, savoir quelle est la valeur du rayon de courbure, si l'on a en fait une fois pour toutes sur AB une graduation correspondant à ces rayons de courbure.

Bien entendu, au lieu de regarder directement à l'œil nu les images $a'b'$ et $a''b''$, il y a intérêt à les observer à travers une lunette.

Voici finalement comment l'ophtalmomètre de Javal est disposé pratiquement.

L'observateur re-

Fig. 94.

garde l'œil observé à travers une lunette. Cette lunette est munie d'un bras perpendiculaire à l'axe de la lunette, pouvant tourner autour de cet axe et portant

deux mires lumineuses représentant les extrémités A
et B de la droite AB de la figure 93. Ces mires formeront leurs images sur la rétine de l'œil observé;
ces images représenteront les extrémités A' et B' de
l'image A'B' de la figure 93. Ce sont ces images que l'on
regardera à travers la lunette. L'appareil de dédou-
blement se trouve dans le corps de cette lunette.

Au lieu de représenter les extrémités AB par deux
simples points ou traits lumineux, on donne aux deux
mires les formes représentées sur le haut de la figure 95.
La droite AB est comptée entre les limites internes
des deux mires, qui sont ou bien des surfaces blanches
éclairées par le jour ou une lumière artificielle, ou
bien des mires transparentes éclairées par derrière.

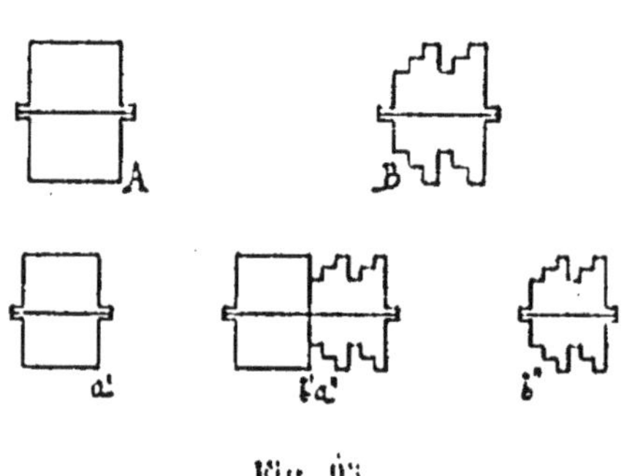

Fig. 95.

Quand on observe
l'image dédoublée à
travers la lunette, on
voit quelque chose
dans le genre de ce qui
est représenté sur le
bas de la figure 95, qui
montre très bien ce qui
correspond à *a'b'* et à
a″b″, dans le cas où les images sont au contact. En général, ce contact n'est pas établi du premier coup; il y
a un certain intervalle entre *a″* et *b'*; les deux droites
ne se touchent pas ou empiètent l'une sur l'autre. On
établit le contact en déplaçant l'une des mires sur le
bras, l'autre étant fixée en un point déterminé. Le
contact *a″b'* établi, il suffit de lire sur une graduation

portée par le bras à quel chiffre correspond la mire mobile; ce chiffre donne le rayon de courbure de la cornée dans le méridien parallèle au bras.

Quand, au lieu de mesurer le rayon de courbure d'un ou plusieurs méridiens, on veut connaître l'astigmatisme de l'œil, on opère un peu autrement.

On place d'abord le bras portant les mires parallèlement à un des méridiens principaux, soit de plus grande, soit de plus petite courbure. Nous verrons plus loin comment on reconnaît que l'on est dans l'une de ces deux positions. Supposons que l'on soit dans le méridien de plus petite courbure. On amène les images des mires au contact, comme il a été dit plus haut. Cela fait, on fait tourner le bras portant les mires à 90°de sa position primitive; si les images des mires sont encore exactement au contact, il n'y a évidemment pas d'astigmatisme. Si au contraire le rayon de courbure du méridien auquel le bras est parallèle en dernier lieu est plus petit que dans le premier cas, l'image A'B' diminue de grandeur; $a'b'$ et $a''b''$ de la figure 95 vont empiéter l'une sur l'autre. On lit cet empiètement grâce à la forme spéciale de la mire en escalier. Or les dimensions de cette mire ont été déterminées de façon à ce qu'une marche de cet escalier corresponde à 1 dioptrie d'astigmatisme. On lit facilement l'empiètement d'un quart de marche; par conséquent on détermine l'astigmatisme à un quart de dioptrie près.

Si primitivement on était dans le méridien de plus petit rayon de courbure, en faisant tourner le bras de 90°, on passe au méridien de plus petite courbure;

les images a'' et b' s'écartent l'une de l'autre; on ne peut lire l'astigmatisme. On ramène alors les mires au contact, et on revient à la position primitive. Ces rotations et les positions se lisent d'ailleurs sur un cadran disposé pour cela en E de la figure 94.

En général, le méridien de plus petite courbure est plus voisin de l'horizontal que l'autre; en cherchant donc à tâtons, par le procédé que nous allons décrire, le méridien principal le plus voisin de l'horizontal, on a un empiètement dans la seconde observation. Dans ce cas, l'astigmatisme est dit *suivant la règle*. S'il y a écartement des mires et nécessité d'une troisième observation, l'astigmatisme est dit *contraire à la règle*.

Comment reconnaît-on qu'on est dans un méridien principal? Remarquons que les mires portent de chaque côté une petite échancrure déterminant une droite qui les divise par leur milieu en deux parties symétriques. Cette ligne se nomme la ligne de foi.

Si nous nous reportons à la déformation des images par réflexion dans un miroir astigmate, nous voyons que, dans le cas seul où les côtés d'un rectangle sont parallèles aux méridiens principaux, la forme rectangulaire est conservée avec allongement dans le sens d'un des côtés, mais conservation des angles droits.

Dans ces conditions, en supposant que nous donnions aux deux mires la forme rectangulaire, — ce qui ne change rien à la démonstration, mais simplifie le raisonnement, — les deux images à amener au contact se présenteront comme sur le haut de la figure 96. Les lignes de foi peuvent être mises dans le prolongement l'une de l'autre. Dans le cas où le bras n'est pas parallèle à l'un des méridiens principaux, les figures prennent la forme de parallélogrammes ; elles n'ont plus leurs angles droits ; on aura beau déplacer la mire mobile, on pourra amener $a''b'$ en contact, mais les lignes de foi des images ne seront pas dans le prolongement l'une de l'autre. C'est donc en faisant tourner le bras jusqu'à ce que l'on puisse mettre les lignes de foi dans le prolongement l'une de l'autre, comme sur le haut de la figure 96, que l'on arrivera à mettre ce bras parallèlement à l'un des méridiens principaux.

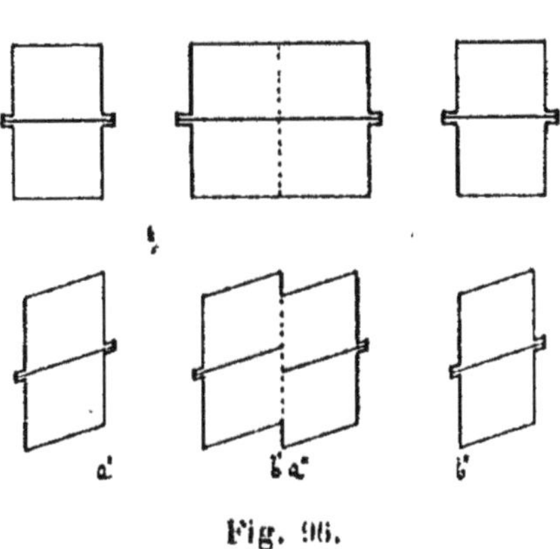

Fig. 96.

En résumé, voici la suite des opérations à faire pour déterminer le degré d'astigmatisme au moyen de l'ophtalmomètre de Javal :

1° On vérifie que les mires sont bien éclairées. Suivant les modèles, ces mires seront de simples surfaces blanches diffusantes, ou des mires transparentes éclairées par derrière. Ces dernières sont de beaucoup supérieures aux premières ;

2° On dit au sujet de placer le menton sur un support disposé pour cela et de regarder dans l'objectif de la lunette placée vis-à-vis de lui ;

3° L'oculaire ayant été au préalable amené au *maximum de tirage permettant la vue nette d'un fil de réticule tendu dans le champ*, on vise l'œil à examiner, et, quand on voit l'image des mires, on éloigne la lunette de l'œil observé *autant que le permet la vision nette des images des mires ;*

4° La mire fixe étant placée à un repère marqué sur l'instrument, on déplace la mire mobile jusqu'à contact des images, comme ce contact est représenté sur la figure 95.

Les lignes de foi devront être dans le prolongement l'une de l'autre ; sinon on incline le bras porte-mire au voisinage de l'horizontale, jusqu'à ce que cette condition soit remplie ;

5° Les images étant au contact, on lit l'inclinaison du bras porte-mire sur l'horizontale, et on le fait tourner de 90°. S'il y a empiètement, on lit l'astigmatisme ; il est suivant la règle et se trouve corrigé par un verre cylindrique divergent à axe parallèle à la première position du bras, à puissance correspondant à l'astigmatisme lu, ou bien par un verre cylindrique convergent de même puissance, à axe parallèle à la deuxième position du bras ;

6° Si, en faisant tourner le bras de la première position à la seconde, les images s'écartent, on les ramène au contact en déplaçant la mire mobile, et on revient à la première position. L'astigmatisme est contraire à la règle ; il est corrigé par une lentille cylindrique de puissance égale à la valeur lue. Cette lentille pourra être divergente à axe parallèle à la deuxième position du bras ou convergente à axe parallèle à la première position du bras.

SEPTIÈME LEÇON

MESSIEURS,

L'acuité visuelle d'un œil est la faculté que possède cet œil de voir séparés l'un de l'autre deux points très rapprochés.

Considérons par exemple deux étoiles paraissant au voisinage l'une de l'autre ; il pourra arriver qu'une personne distingue les deux étoiles, tandis qu'une autre ne verra qu'un seul point lumineux, les deux images étant confondues en une seule. On dira que la première personne a une acuité visuelle supérieure à celle de la seconde.

Il est très important de ne pas confondre la faculté que possède l'œil de distinguer un point unique avec la possibilité de voir deux points séparés. Quelque petit que soit un point, s'il est assez lumineux, l'œil pourra le voir ; il n'en distinguera pas la forme, mais il aura la perception d'une petite tache lumineuse. On peut aisément en comprendre la raison.

Prenons un point lumineux quelconque et regardons-le ; l'image de ce point se fera sur la rétine, et, si le point est très petit, cette image sera localisée sur un élément sensible de la rétine, un cône ou un bâtonnet.

C'est parce que ce cône ou ce bâtonnet reçoit une certaine quantité de lumière que l'on voit un point, et ce point aura beau diminuer, devenir aussi petit que l'on peut se l'imaginer, il restera visible s'il est assez lumineux pour envoyer sur un élément rétinien la quantité de lumière nécessaire pour l'impressionner.

Tout autres sont les choses quand il s'agit de voir deux points séparés l'un de l'autre.

L'impression produite par la vision d'un point est la même, quel que soit l'endroit d'un élément rétinien où se fasse son image.

Ceci résulte de l'expérience suivante. Regardons une grille formée par des fils fins noirs, séparés par des intervalles clairs égaux à leur épaisseur. A une

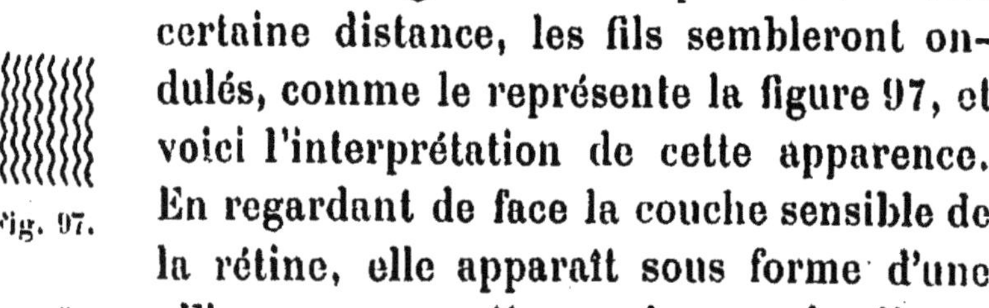

certaine distance, les fils sembleront ondulés, comme le représente la figure 97, et voici l'interprétation de cette apparence. En regardant de face la couche sensible de la rétine, elle apparaît sous forme d'une

Fig. 97.

mosaïque. Figurons sur cette couche par des lignes fines la séparation des images alternativement claires et sombres de la grille ; on voit que certains éléments, quoique touchés par la lumière, le seront beaucoup moins que d'autres, et, si on ombre les éléments les plus impressionnés, on obtient une figure qui ne sera pas une bande à bords rectilignes, mais une bande ondulée. Le même phénomène se reproduit pour chaque intervalle de la grille, et il en résulte l'impression figurée en 98.

De cette expérience et d'autres encore on a tiré la

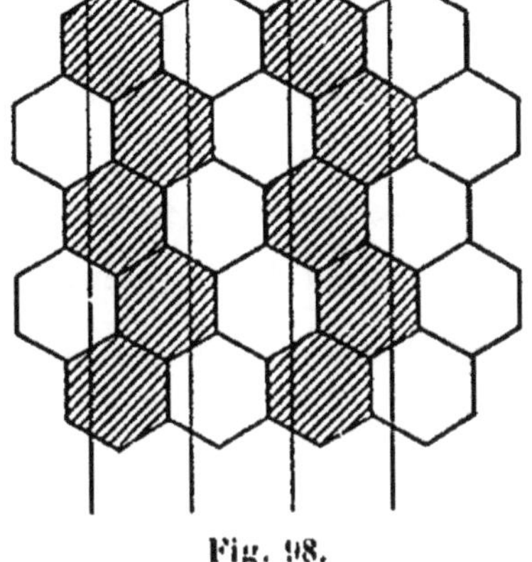

Fig. 98.

conclusion que l'effet produit par la lumière tombant sur un élément rétinien ne dépend pas de l'endroit de l'élément touché, mais de la quantité totale de lumière qu'il reçoit, quelle que soit la forme dont la lumière est répartie sur lui.

Il faut, pour que l'on ait l'impression de deux points différents, que les images de ces deux points tombent sur des éléments différents. Mais cette condition n'est même pas suffisante; il est en effet évident que, pour avoir l'impression de deux points lumineux, on doit percevoir entre eux une zone d'ombre. Il faut donc que les images des deux points lumineux tombent sur deux éléments rétiniens non contigus et séparés par au moins un élément correspondant à l'ombre.

Les deux points lumineux doivent donc être séparés angulairement d'un certain angle. Connaissant la dimension des éléments rétiniens, on a pu calculer la valeur que devait avoir cet angle limite. On a aussi cherché à la déterminer expérimentalement, et de la comparaison des divers résultats on est arrivé à cette conclusion que cet angle est d'environ 1′ en moyenne à l'état normal.

C'est-à-dire que, si l'on observe deux points lumineux très petits, tels que les droites qui joignent ces points au centre optique de l'œil forment entre elles un angle de 1′, on peut encore avoir la perception de deux points séparés; au-dessus, ils semblent confondus en un seul.

De même, si l'on regarde deux droites parallèles, chaque point d'une des droites ne doit pas être plus rapproché d'un point quelconque de l'autre droite d'une valeur angulaire inférieure à celle que nous venons d'indiquer.

En réalité, comme nous allons le voir plus loin, les choses ne comportent pas cette précision. Quoi qu'il en soit, les premiers auteurs, Snellen et Giraud-Teulon, qui ont introduit les mesures d'acuité visuelle dans la pratique, ont pris comme unité l'angle de 1′.

Pour déterminer cette acuité visuelle, il faut un moyen plus pratique que celui qui consisterait à faire regarder deux points et à rechercher l'angle sous lequel ils sont encore vus séparés; un pareil procédé, bon pour les travaux de laboratoire, ne peut être mis en usage dans la pratique courante de l'ophtalmologie. Voici celui qui a été adopté par Snellen.

Considérons un carré divisé en 25 carrés plus petits par 5 divisions équidistantes verticales et 5 divisions horizontales. Nous pouvons, comme l'indique la figure, inscrire dans ce carré la lettre E, par exemple, les pleins étant égaux aux vides. Suppo-sons que cette lettre ait une hauteur de 7^{mm},27 : le calcul montre qu'à une distance de 5 mè-tres la hauteur totale de la lettre apparaîtra sous un angle de 5′. Un vide ou un plein appa-raîtra donc dans sa lar-geur sous un angle de 1′. Par conséquent, en se reportant à ce que

Fig. 99.

j'ai dit précédemment, on voit que cette lettre E devra être distinguée, dans tous ses détails, à 5 mètres par un œil ayant l'acuité visuelle égale à l'unité dont nous avons parlé plus haut.

Donc l'œil qui lira et verra nettement cette lettre à 5 mètres, *mais pas plus loin*, aura l'acuité visuelle 1.

Si l'acuité visuelle est inférieure à l'unité, il faudra s'approcher jusqu'à ce qu'on arrive à lire ; l'angle visuel aura augmenté ; il sera d'autant plus grand que la distance sera plus petite, et par suite l'acuité visuelle sera d'autant plus petite aussi. A 1 mètre, elle sera $\frac{1}{5}$ de l'acuité prise pour unité ; à 2 mètres, elle sera $\frac{2}{5}$.

D'une façon générale, on aura sa mesure en divisant la distance, en mètres, à laquelle on se trouve du tableau par 5.

Si l'acuité visuelle est supérieure à l'unité, l'œil pourra lire à une distance supérieure à 5 mètres ; on s'éloignera à la limite, et, en divisant cette distance par 5, on aura l'acuité visuelle. Ainsi, si la limite est à 7 mètres, l'acuité visuelle correspondante est 7/5, c'est-à-dire 1,4.

Au lieu de se déplacer pour chercher la limite à laquelle se fait encore la lecture, on peut faire varier l'angle sous lequel les caractères sont lus en variant leur grandeur. Ceci a encore l'avantage de ne pas causer de changements d'accommodation.

On emploiera donc une série de caractères de grandeur croissante, que l'on fera lire au sujet placé à 5 mètres ; le caractère le plus fin qui pourra être lu donnera l'acuité visuelle du sujet. Il suffira de mesurer combien de fois ce caractère est plus grand que celui qui correspond à l'unité. Ces mesures se font une fois pour toutes, et, sur le tableau de lettres, on inscrit, à côté de chaque dimension de caractère, l'acuité visuelle correspondante.

Bien entendu, l'on ne se contente pas de la seule lettre E ; mais elle est accompagnée de toutes sortes d'autres caractères, et il faut pouvoir les lire tous pour avoir l'acuité visuelle correspondant à leur dimension. Parmi ces caractères, il y en a dont la confusion avec d'autres est facile, par exemple le B et l'R ; d'autres sont trop caractéristiques, et certains auteurs avaient proposé une sélection assez sévère pour ne conserver qu'un petit nombre de lettres. Mais, en éliminant les caractères trop typiques qui ne donneraient aucun renseignement, comme l'I, il y a lieu de conserver la plupart d'entre eux, même ceux d'une confusion trop facile, comme B et R, O et D.

C'est à l'opérateur à tenir compte de ces difficultés, et elles lui permettent, par la considération des lettres d'une même grandeur, lues ou non lues, de prévoir le voisinage du point critique cherché.

Pour déterminer l'acuité visuelle clinique, on se sert donc de tableaux de lettres placés à une distance déterminée du sujet observé. Ce tableau porte des lignes de lettres à lire, de dimensions variables, chaque ligne correspondant à une acuité visuelle donnée pour la distance marquée sur ce tableau.

Reste à savoir suivant quelle loi on fera varier les dimensions des caractères, et par suite la notation de l'acuité visuelle.

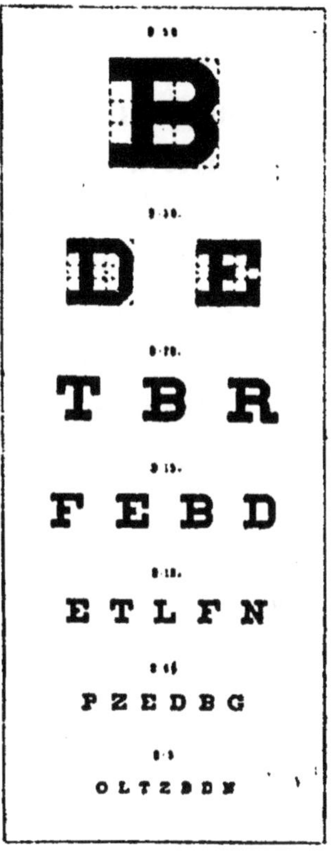

Fig. 100.

Dans les échelles les plus répandues et introduites dans la pratique par Snellen, la série des caractères croît suivant la loi suivante :

$$1, \quad \frac{3}{2}, \quad 2, \quad 3, \quad 4, \quad 6, \quad 8, \quad 10.$$

En restant à la distance constante de 5 mètres, l'acuité visuelle varie comme :

$$1, \quad \frac{2}{3}, \quad \frac{1}{2}, \quad \frac{1}{3}, \quad \frac{1}{4}, \quad \frac{1}{6}, \quad \frac{1}{8}, \quad \frac{1}{10}.$$

Pour faire usage du tableau de Snellen, on place le sujet examiné à 5 mètres de ce tableau bien éclairé ; à cette distance, l'accommodation est éliminée. On lui fait lire les lignes successives en commençant par les plus grands caractères. La ligne la plus fine lue donne la mesure de l'acuité visuelle, qui est inscrite à côté de cette ligne.

Si l'on désire une plus grande approximation, on s'éloigne du tableau en cherchant la distance à laquelle est lu le dernier caractère lisible à 5 mètres, et, par la connaissance de cette distance, on a l'acuité visuelle. En effet, à côté de chaque ligne est inscrit un nombre indiquant la distance à laquelle elle doit être lue pour correspondre à l'acuité visuelle 1. En divisant par ce nombre la distance à laquelle la ligne est lue réellement, on a l'acuité visuelle.

Prenons, par exemple, la cinquième ligne : elle doit être lue à 20 mètres pour donner l'acuité visuelle 1 ; mais supposons qu'elle ne soit lue qu'à 6 mètres, l'acuité visuelle sera $\dfrac{6}{20}$.

En général, ces opérations sont inutiles, et l'on peut parfaitement se contenter de l'approximation fournie par la lecture du tableau à 5 mètres, sauf le cas où l'acuité visuelle est supérieure à l'unité et où l'on doit faire lire la ligne la plus fine en s'éloignant du tableau.

Cette détermination de l'acuité visuelle n'offre

aucune difficulté théorique quand l'œil observé est emmétrope. Il n'en est plus de même lors d'une amétropie. Dans ce cas, il ne faut faire la mesure de l'acuité visuelle qu'après correction. Cette correction altère plus ou moins la grandeur des images rétiniennes, sauf dans des cas très particuliers. Dans la pratique, il est difficile de tenir compte des variations d'acuité résultant de ce chef, et l'on est conduit à n'en pas tenir compte. Giraud-Teulon avait proposé de tourner la difficulté en se servant du trou sténopéique. On sait que dans ces conditions, comme on réduit considérablement l'amplitude du faisceau lumineux pénétrant dans l'œil, les taches de diffusions se formant sur la rétine sont extrèmement petites, même quand le faisceau qui les produit converge en un point situé notablement en arrière ou en avant de cette rétine ; par suite, les images sont toujours sensiblement nettes, quelle que soit l'amétropie ou quel que soit l'état d'accommodation. Ce procédé a cependant divers inconvénients, entre autres il diminue beaucoup l'éclairement apparent des tableaux et ne ramène pas les images à la même dimension dans les divers yeux ; il est donc peu employé. Cependant il peut rendre service quand on veut se rendre un compte rapide des causes de défaut d'acuité visuelle. Ainsi un abaissement d'acuité peut tenir à une anomalie de la réfraction, ou à une diminution de transparence des milieux de l'œil, ou encore à une altération de la rétine. Le trou sténopéique permet immédiatement de reconnaître si l'on a affaire au premier cas ; car alors l'emploi du trou donne lieu à une amélioration immédiate de l'acuité, ce qui n'a pas lieu dans les autres cas.

Il faut absolument, dans les déterminations d'acuité visuelle, faire porter au sujet examiné un verre correcteur.

Diverses causes peuvent encore influer sur les déterminations d'acuité visuelle, entre autres les variations de diamètre de la pupille et l'éclairage du tableau de lettres.

Voici, d'après Bordier, quelle est la relation, sur un même sujet, entre l'acuité visuelle et le diamètre de la pupille :

Diamètre de la pupille.	Acuité visuelle.
$1^{mm},80$	2,00
$3^{mm},90$	1,85
$4^{mm},40$	1,80
$6^{mm},00$	1,75
$6^{mm},60$	1,70

On voit que cette influence est très nette ; c'est une des raisons pour lesquelles il y a intérêt à ne pas éclairer directement le sujet soumis à l'examen.

L'éclairement du tableau est également très important. Il doit correspondre à un bon éclairage moyen diurne, le tableau étant sur papier blanc propre. Il y a intérêt, pour s'affranchir des grandes variations de lumière, à employer une source artificielle, que l'on masque à la vue de l'observé par un réflecteur convenablement disposé. De cette façon, on peut assurer l'éclairage toujours identique du tableau de lettres, l'observé ne recevant directement aucune lumière. L'expérience montre qu'avec un éclairage pareil les petites variations n'ont pas d'influence sensible sur les déterminations d'acuité visuelle. Un inconvénient grave des tableaux sur papier est qu'ils se couvrent rapidement d'une poussière

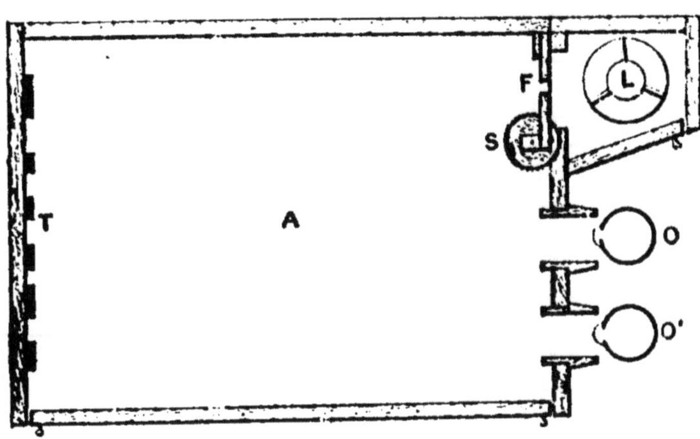

Fig. 101.

grise; celle-ci en altère la blancheur et leur fait prendre une couleur jaune grisâtre qui en rend la lecture plus difficile. M. Landolt recommande l'emploi de tableaux émaillés aisés à entretenir dans le même état par des lavages; c'est évidemment là une très bonne mesure.

Il peut y avoir intérêt, pour l'examen de la sensibilité rétinienne, à faire des mesures d'acuité visuelle avec un éclairage variable à volonté, dont on peut graduer et évaluer la grandeur. On peut alors employer le photoptomètre de Fœrster.

Il consiste essentiellement en une caisse ABCD, représentée en projection horizontale, sur la figure 101, et close de toute part, sauf en O et O', où se trouvent deux orifices permettant au sujet examiné de regarder un tableau d'acuité placé au fond de la caisse en AB. Ce tableau est éclairé par une lampe L, dont la lumière passe à travers l'ouverture d'une fente F, réglée par un bouton S, que l'on peut ma-

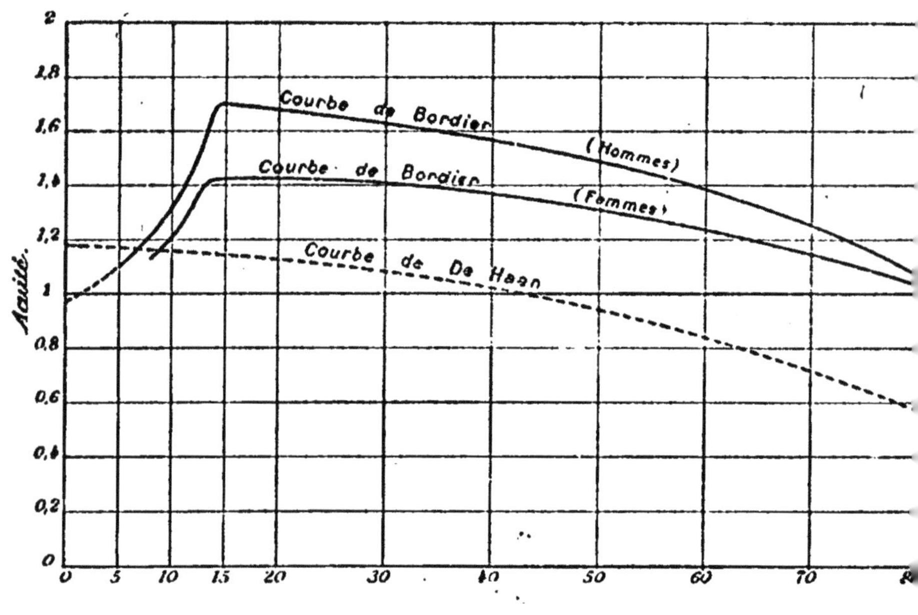

Fig. 102.

nœuvrer de l'extérieur de la boîte. On peut donc, à l'aide du bouton S, graduer l'éclairement du tableau et faire les déterminations d'acuité correspondantes. Dans certains cas, on interpose même devant l'ouverture F des verres diversement colorés pour faire les déterminations d'acuité dans les diverses régions du spectre.

L'acuité visuelle normale varie avec l'âge. D'après

de Haan, elle irait constamment en diminuant; d'après Bordier, il y aurait un maximum vers l'âge de quinze ans. Les résultats de ces deux expérimentateurs sont représentés sur le tableau graphique ci-contre. La courbe de Haan est plus basse que celles de Bordier; mais elles sont parallèles entre elles à partir de la quinzième année. Cela tient évidemment à des conditions expérimentales différentes, probablement de tableau employé, et montre une fois de plus l'incertitude qu'il y a dans ce genre de déterminations et la nécessité qu'il y a à suivre des règles bien déterminées, si l'on veut que les mesures des divers ophtalmologistes puissent se comparer, ce qui est de la plus haute importance.

Les difficultés que l'on rencontre dans ces études ont provoqué bien des essais d'amélioration de technique, portant surtout sur le choix des caractères. Certains auteurs ont voulu changer la forme des lettres adoptées par Snellen; mais il ne semble pas qu'il y ait avantage à introduire une modification pareille, parce que c'est avec les égyptiennes de Snellen que l'on se rapproche le plus des conditions théoriques de l'acuité visuelle. En se servant de lettres, on se heurte à une difficulté; les tableaux ainsi constitués ne peuvent être employés pour les illettrés; de plus, il est évident que leur lecture dépend du degré de culture des sujets examinés. Telle personne lit plus facilement qu'une autre, et, à acuité égale, devinera des caractères plus fins. Il faut donc chercher à éliminer cette cause d'erreur et employer des tests accessibles à tout le monde. Dans ce but, Snellen a proposé l'emploi de ce que l'on nomme des crochets, figurés en 103. Le sujet doit dire de quel côté le crochet est ouvert. Snellen a adopté cette forme, parce qu'elle se rapproche beaucoup des lettres adoptés dans ses tableaux. Dans les échelles de Burchardt, on doit compter le nombre de points se trouvant dans un carré (fig. 104). Ici les choses se compliquent encore : il est certain que distinguer des points séparés les uns des autres et les compter ne revient pas au même ; aussi l'expérience prouve qu'une personne ayant l'unité d'acuité visuelle définie par un tableau de Snellen ne compte pas les points séparés par un angle de 1′; mais cet angle devra

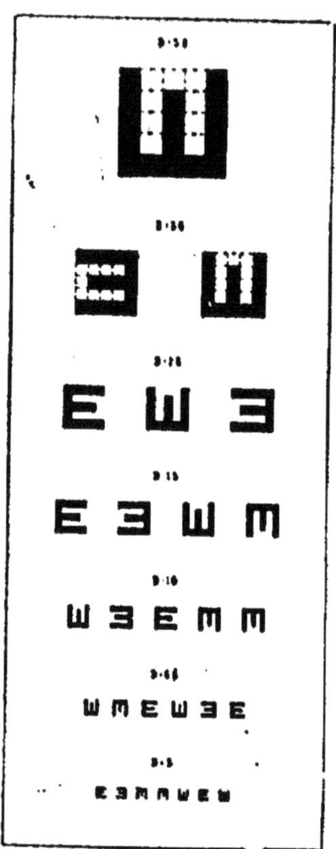

Fig. 103.

croître jusque vers 2′ 15‴ environ. Ce sera cet angle qui devra correspondre à l'unité d'acuité pour que les deux échelles soient à peu près comparables.

Cette multiplicité d'échelles diverses est des plus regrettables; il faudrait absolument arriver à ce que tous les ophtalmologistes se servent du même pro-

cédé de détermination, faute de quoi ces mesures
ne sont qu'illusoires.

Un autre sujet de discussion est la loi suivant laquelle

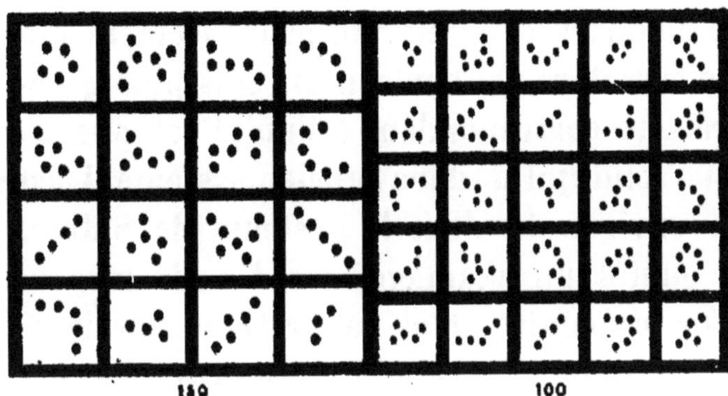

Fig. 101.

doit varier la dimension des caractères successifs.

Monoyer a proposé une suite de caractères correspondant à la série décimale :

$$0,1 \quad 0,2 \quad 0,3 \quad 0,4 \quad 0,5 \quad 0,6 \quad 0,7 \quad 0,8 \quad 0,9 \quad 1$$

Comme l'intervalle entre 0,1 et 0,2 lui a paru trop
grand, l'acuité variant du simple au double quand on
passe de l'un à l'autre des caractère correspondants,
il a intercallé entre eux 0,15. De plus, pour mesurer
les acuités élevées, il a ajouté 1,25, 1,50, 1,75, 2.
Le tableau de Monoyer doit être lu à 5 mètres. Cette
série paraît très bonne; les variations y sont très
régulières, et, d'après les ophtalmologistes les plus
versés dans ces questions, elle se prête bien à tous
les besoins de la pratique dans les déterminations
les plus délicates d'acuité visuelle.

Sulzer a aussi proposé, au lieu de prendre une unité

d'acuité visuelle basée sur l'angle de 1', de relier cette mesure à la division décimale du cercle. Le caractère dont la lecture correspondait dans ce système à l'unité d'acuité serait vu sous un angle mesuré par la centième partie du quart de cercle. On peut aisément montrer que ce caractère est environ dix fois plus grand que le caractère correspondant à l'unité actuelle, c'est-à-dire que celui qui a, dans l'ancien système, l'acuité 1, aurait environ 10 dans le système de Sulzer. Ceci serait plutôt un avantage, car les diverses acuités que l'on rencontre dans la pratique seraient alors représentées par des nombres entiers au lieu de l'être comme maintenant par des nombres fractionnaires.

Jusqu'ici, cette proposition de Sulzer ne semble toutefois pas être adoptée par la majorité des ophtalmologistes.

M. Javal, reprenant une idée de Vierordt, a proposé de déterminer l'acuité visuelle d'après des tableaux contenant des carrés noirs sur fond blanc. Cette détermination ne reposerait plus du tout sur la faculté de l'œil de séparer les images de deux points très voisins. De plus M. Javal pense qu'il y a lieu, pour la graduation des échelles, de considérer non pas la distance linéaire des points, mais la surface des tests. Ainsi supposons un tableau composé comme le propose l'auteur en question de carrés de dimension croissante, et, pour simplifier l'exposition, nous supposerons que les côtés de ces carrés augmentent comme la suite des nombres 1, 2, 3, etc.

Fig. 105.

La personne voyant sur le fond blanc le carré 1 ayant l'acuité visuelle 1, celle qui ne verra dans les mêmes conditions que le carré 2 aurait, d'après M. Javal, non pas $\frac{1}{2}$ mais $\frac{1}{4}$, la surface de ce carré étant quadruple de celle du premier ; celle qui ne verrait que le carré 3 aurait non pas $\frac{1}{3}$ mais $\frac{1}{9}$, et ainsi de suite. Ces deux propositions de M. Javal, emploi du carré sur fond blanc et graduation des échelles suivant la surface des tests, ne ressemblent pas, jusqu'ici, avoir beaucoup de succès auprès des ophtalmologistes. Mais une autre idée soutenue par le même auteur et émise pour la première fois par Green, réunit plus de partisans.

Considérons d'abord l'échelle de Snellen. La loi de variation de dimension des caractères est telle que les acuités successives correspondant à la lecture du tableau à 5 mètres sont :

$$1, \quad \frac{2}{3}, \quad \frac{1}{2}, \quad \frac{1}{3}, \quad \frac{1}{4}, \quad \frac{1}{6}, \quad \frac{1}{8}, \quad \frac{1}{10}.$$

Supposons que, pour une raison ou pour une autre, nous changions la distance du sujet au tableau, que nous le placions par exemple à la distance de $7^{mm},50$, pour laquelle l'acuité correspondant à la lecture d'une ligne sera multipliée par $\dfrac{7,50}{5} = \dfrac{3}{2}$, les différentes lignes du tableau correspondront à des acuités :

$$\frac{3}{2}, \quad 1, \quad \frac{3}{4}, \quad \frac{1}{2}, \quad \frac{3}{8}, \quad \frac{1}{4}, \quad \frac{3}{16}, \quad \frac{3}{20}.$$

A partir de la ligne unité, la loi de variation n'est plus du tout la même que lors de la lecture à 5 mètres. Dans un des cas, un sujet ne lisant que la seconde ligne à partir de l'unité aura une acuité $\frac{2}{3}$; dans l'autre $\frac{3}{4}$. Autrement dit, la perte d'une ligne ne correspond pas à la même perte d'acuité. Certains ophtalmologistes pensent qu'il y a là un inconvénient lorsqu'il s'agit de s'entendre avec des personnes non familiarisées avec ces évaluations, par exemple en médecine légale. Il serait plus simple d'avoir une évaluation telle que la diminution d'acuité corresponde, dans tous les cas, à l'incapacité de lire le même nombre de lignes à partir de celle que l'on prend pour unité.

On obtient ce résultat en faisant varier la dimension des caractères suivant une progression géométrique, c'est-à-dire que la dimension des caractères d'une ligne quelconque sera toujours obtenue en multipliant la dimension des caractères de la ligne précédente par un même nombre.

Pour bien faire saisir ce principe, prenons un nombre simple : supposons que le facteur de multiplication soit 2. A partir de la première ligne, les dimensions seraient :

$$1, \quad 2, \quad 4, \quad 8, \quad 16, \quad 32, \quad 64, \quad \text{etc.}$$

Si à la distance à laquelle on place le sujet la première ligne correspond à l'acuité 1, les lignes suivantes correspondront aux acuités :

$$\frac{1}{2}, \quad \frac{1}{4}, \quad \frac{1}{8}, \quad \frac{1}{16}, \quad \text{etc.}$$

Supposons que l'on change de distance et que ce soit la troisième ligne qui corresponde à l'acuité 1; comme les lignes suivantes ont été déduites de cette troisième ligne en multipliant la dimension des caractères de cette ligne par 2, 4, 8, etc., les acuités correspondantes seront encore $\frac{1}{2}, \frac{1}{4}, \frac{1}{8}$, etc., c'est-à-dire les mêmes que dans le premier cas.

Quelle que soit la ligne que l'on prenne comme unité, les lignes successives donneront la même suite de valeurs d'acuité. Il est certain qu'en multipliant toujours par 2 on aurait une variation trop rapide des caractères; mais le facteur 0,8 proposé par Sulzer convient bien. En arrondissant les produits pour avoir des nombres simples pour les acuités successives, on arrive alors à la série suivante :

$$1 \quad 0,8 \quad 0,6 \quad 0,5 \quad 0,4 \quad 0,3 \quad 0,25 \quad 0,2 \quad 0,15 \quad 0,125 \quad 0,1,$$

et l'on retrouve la même série, quelle que soit la ligne que l'on prenne comme départ d'unité, en se plaçant à une distance convenable. On a répondu à cela que dans les déterminations d'acuité il est inutile de pouvoir partir d'une ligne quelconque prise comme unité, qu'il n'y a qu'à se placer toujours à 5 mètres, et toute difficulté de ce genre disparaît. De plus, d'après les mêmes critiques, la progression géométrique aurait un grave défaut; elle ne donne pas une série assez sensible au voisinage de l'acuité 1 et trop sensible pour les faibles acuités ; la progression arithmétique de Monnoyer est exempte de ce défaut.

Mais le point sur lequel les ophtálmologistes semblent avoir le plus de peine à s'entendre reste toujours le choix de la forme du test dont seront faits les tableaux. Landolt propose un anneau brisé de la forme représentée sur la figure 106. Le sujet doit reconnaître de quel côté cet anneau est ouvert. Il fait remarquer à juste titre que l'emploi des lettres

Fig. 106.

conduit à des résultats défectueux. Les lettres d'une même ligne sont d'une lisibilité par trop différente. Un sujet pourra parfaitement, dans une ligne, distinguer A, V, T, O, etc., et ne pas voir E, R, H, etc., de deux lignes correspondant à une acuité plus faible. Il faut, dit Landolt, que le test reste toujours semblable à lui-même, c'est ce que réalise l'anneau brisé avec une grande perfection. Quand l'intervalle compris entre les bords de la fente sera vu sous un angle de 1′, la lecture correspondra à l'unité d'acuité visuelle.

Sulzer a aussi choisi une forme particulière de test, dans laquelle il a cherché à éliminer toute influence autre que le pouvoir séparateur de l'œil. C'est-à-dire qu'il a voulu supprimer toute difficulté de lecture ou d'acte cérébral quelconque, pour lequel l'éducation pourrait favoriser un sujet plus ou moins instruit. Ce test consiste en cercles couverts de hachures. La dis-

lance de ces hachures varie suivant la loi de progression
géométrique énoncée plus haut, et le sujet doit simplement dire si le disque sur lequel il est interrogé est

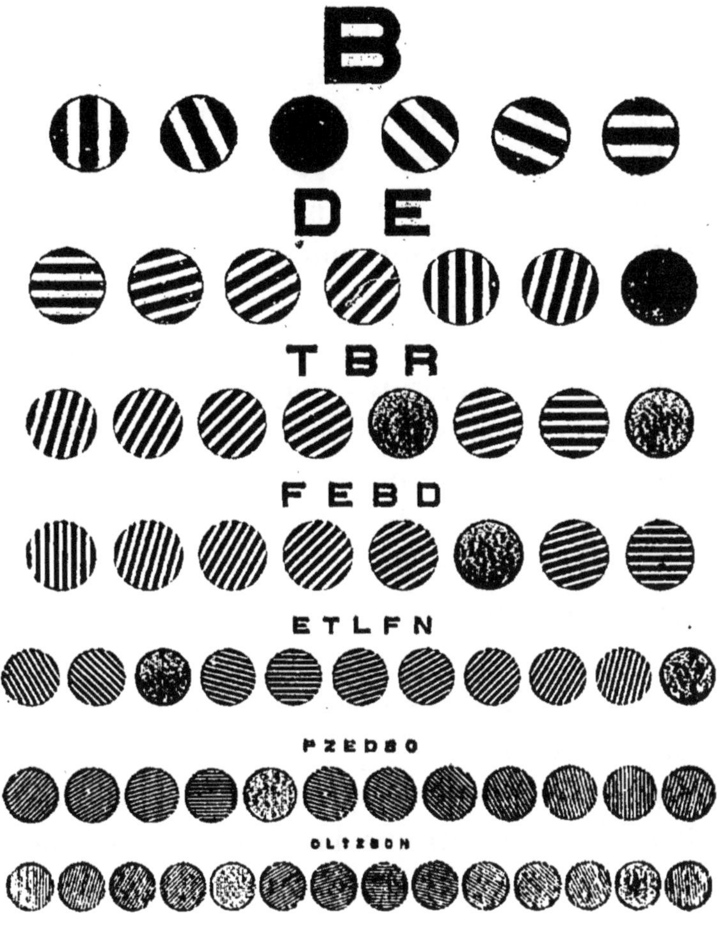

Fig. 107.

rayé ou à teinte plate. Ceci permet en même temps de déceler des traces d'astigmatisme si le sujet voit mieux les
rayures pour certaines disques d'une même ligne que
pour d'autres de la même ligne, différemment orientés.

L'examen de ces disques, dans la détermination desquels l'éducation n'a aucune influence, sert à mesurer ce que Sulzer nomme l'acuité visuelle vraie. Le même tableau porte une échelle de lettres servant à mesurer en même temps l'acuité conventionnelle, et l'on peut constater l'écart qu'il y a entre les deux. On a objecté au tableau de Sulzer que les tests des diverses lignes ne sont pas comparables; tantôt on a un cercle contenant un grand nombre de hachures fines, tantôt un cercle contenant seulement quelques grosses barres; cette objection pourrait, semble-t-il, se lever par une légère modification du tableau de Sulzer.

La question des mesures d'acuité visuelle a pris une importance nouvelle depuis que, par suite des lois sur les accidents du travail, une perte d'acuité résultant d'un accident doit s'évaluer par une indemnité à accorder à la victime.

Dans une question de ce genre interviennent des considérations qui ne sont pas précisément du domaine de l'ophtalmométrie pure, mais qu'il n'est pas possible cependant de passer sous silence.

Il s'agit moins de savoir quelle est la perte d'acuité résultant d'un accident que d'évaluer l'état d'infériorité dans lequel se trouve placé la victime, et la difficulté plus grande qui en resulte pour elle de gagner sa vie.

Prenons un exemple. Un terrassier, à la suite d'un accident de chantier, n'a plus qu'une acuité visuelle de 0,8, au lieu de 1, qu'il avait auparavant. Il est évident que ce terrassier ne sera nullement gêné dans l'exercice de sa profession par cette diminution d'acuité ; il est aussi apte à l'exercer que s'il avait l'acuité normale. On exprime cela en disant que son *acuité professionnelle* est normale.

On distingue donc dans cet ordre de question une *acuité dite professionnelle*, différente de l'acuité physiologique, et qui est considérée comme normale tant qu'elle ne tombe pas au-dessous d'une valeur gênante pour l'exercice de la profession.

On conçoit que l'*acuité professionnelle normale* correspondra à une acuité physiologique très différente suivant la profession envisagée.

Les Allemands, chez lesquels l'assurance contre les accidents du travail est obligatoire depuis assez longtemps, se sont préoccupés de la détermination de cette acuité professionnelle et de ses dégradations, et ils ont construit des tableaux donnant pour les diverses professions les acuités professionnelles correspondant aux diverses acuités physiologiques.

Voici la manière dont ces tableaux sont faits et comment on les emploie. Dans un carré, on porte en abscisses les acuités physiologiques évaluées en dixièmes. Les acuités professionnelles seront en ordonnées. Pour avoir la courbe de ces acuités professionnelles, on marque en A le point représentant l'acuité physiologique la plus basse, 0,6 dans le cas de la figure, correspondant encore à l'acuité professionnelle normale de la profession envisagée. En B, on marque l'acuité physiologique ne permettant plus du tout l'exercice de la profession, et on joint AB. Quand on

veut évaluer une acuité professionnelle au moyen de
ce tableau, on mesure l'acuité physiologique par les
procédés habituels du tableau de lettres ; on la porte
en abscisse, et on prend l'ordonnée correspondante.
On voit que, tant que l'acuité sera supérieure à 0,6,

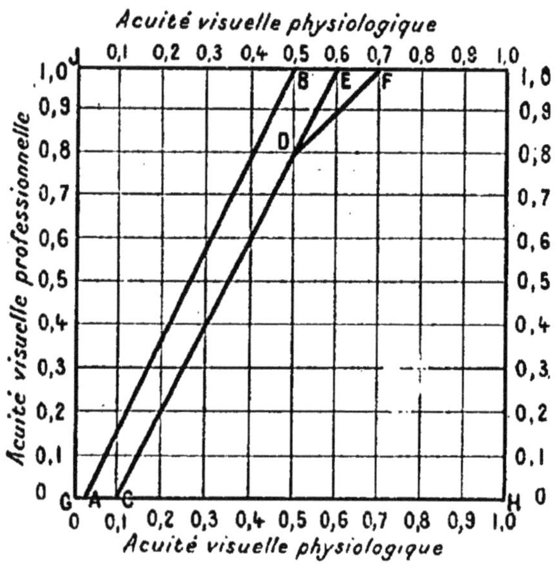

Fig. 108.

AB. Métiers qui nécessitent une acuité visuelle ordinaire.
CE. Métiers qui nécessitent une acuité visuelle supérieure.
CDF. Professions visuelles.

l'acuité professionnelle sera considérée comme égale
à l'unité. Si l'acuité physiologique tombe à 0,1 ou
au-dessous, elle est nulle au point de vue profes-
sionnel. Pour une valeur intermédiaire 0,4, par
exemple, on trouvera 0,6 comme acuité professionnelle.

Mais la question est plus complexe encore que ne
peut le faire supposer ce rapide résumé. La perte

d'acuité peut ne pas être la même pour les deux yeux ; quelle est alors la dépréciation ?

C'est encore au moyen de tableaux que cette dépréciation s'évalue ; mais ici, en insistant, nous nous écarterions encore davantage de l'ophtalmométrie. Ces questions très importantes sont d'ailleurs encore étudiées d'une façon très insuffisante.

En terminant cette leçon, je crois bon d'indiquer quelles sont les conditions dans lesquelles un sujet est placé au point de vue militaire, par suite de l'état de sa vision. Ces conditions sont déterminées par les articles 77, 78, 79 et 80 du règlement sur l'aptitude physique au service militaire ; il est important pour l'ophtalmologiste de les connaître, car il peut être consulté à cet égard dans sa pratique. Voici comment on peut résumer ces articles 77, 78, 79 et 80.

Les conditions d'aptitude se déterminent par une mesure d'acuité visuelle, sans corriger l'*astigmatisme*. Il se présente alors deux cas.

PREMIER CAS. — Le sujet a une myopie supérieure à 7 dioptries ou est hypermétrope. On le corrige. Dans ces conditions de correction :

a. Son acuité binoculaire est plus petite que $\frac{1}{4}$, ou bien l'acuité d'un de ses yeux est plus petite que $\frac{1}{20}$.

Refusé ;

b. Son acuité binoculaire est plus grande que $\frac{1}{4}$ et

l'acuité d'aucun de ses yeux n'est inférieure à $\frac{1}{20}$.
Service auxiliaire.

Deuxième cas. —. Le sujet est emmétrope, à une myopie inférieure à 7 dioptries ou est hypermétrope. On le corrige s'il y a lieu. Dans ces conditions de correction :

a. Son acuité binoculaire est plus petite que $\frac{1}{4}$, *ou* bien l'acuité d'un de ses yeux est plus petite que $\frac{1}{20}$. *Refusé* ;

b. Son acuité binoculaire est comprise entre $\frac{1}{4}$ et $\frac{1}{2}$ et l'acuité d'aucun de ses yeux n'est inférieure à $\frac{1}{20}$. *Service auxiliaire* ;

c. Son acuité binoculaire est supérieure à $\frac{1}{2}$ et l'acuité d'aucun de ses yeux n'est inférieure à $\frac{1}{20}$. *Service actif.*

Champ visuel. — Dans tout ce que j'ai dit jusqu'ici, j'ai supposé que le sujet soumis à l'examen fixait les objets qu'il voulait voir, c'est-à-dire qu'il n'utilisait qu'une très petite région de sa rétine, la fosse centrale. C'est à cette région que correspond l'acuité maxima ; mais il y a une portion plus ou moins étendue de la rétine qui, quoique moins parfaite pour la vision, donne encore en général des images perceptibles.

Si l'on regarde un point déterminé, toute la région de l'espace dans laquelle doit se trouver un autre point pour être vu sans déplacement de l'œil se nomme le champ visuel.

Parfois il suffit, pour déterminer ce champ visuel, de placer le sujet à examiner vis-à-vis d'un tableau noir en lui faisant fixer un point à hauteur de l'œil, puis de déterminer la limite des points vus ou non vus, en déplaçant un petit papier, blanc par exemple, sur le tableau noir. Ce dispositif, dit du campimètre (fig. 109), est défectueux pour diverses raisons, dont les principales sont que très souvent on ne peut marquer sur le tableau la limite de la vision, les points de vision latérale s'éloignant énormément. En second lieu, la courbe limite que l'on a trouvée dépend de la distance de l'œil au tableau, et, par suite, toute variation de cette distance altère les dimensions du champ visuel trouvé.

Fig. 109.

Le véritable appareil pour la détermination du champ visuel est le périmètre, imaginé par Aubert, et dont on a fait depuis divers modèles.

On peut dire que le périmètre le plus simple est le meilleur; il faut donc rejeter les appareils très compliqués, tels que les périmètres enregistreurs, par exemple.

Toutefois il est nécessaire que ces instruments

possèdent certains dispositifs indispensables, qui, dans un but de simplification poussé trop loin, ont été négligés dans certains modèles.

Le périmètre est essentiellement composé d'un arc de cercle gradué, comprenant la moitié ou le quart d'une circonférence, dont le plan peut se placer à volonté soit horizontalement, soit verticalement. Le sujet appuie son menton sur le support F et fixe le point C avec l'œil soumis à l'examen. Une aiguille indicatrice donne sur un cadran D l'inclinaison du plan dans lequel se trouve l'arc de cercle. Cet arc doit être constitué par une bande noire de largeur suffisante pour présenter un fond sur lequel se détacheront les

Fig. 110.

objets à montrer. Il est bon de pouvoir donner à ces objets une grandeur variable et diverses couleurs, le blanc, le rouge, le vert et le bleu. Enfin il est important qu'ils puissent être amenés dans le champ sans que l'attention du sujet ne soit distraite par d'autres mouvements, par exemple par ceux de la main qui les déplacerait.

Ces diverses conditions sont réunies dans le modèle construit sur les indications de M. de Lapersonne et qui est employé à la clinique de l'Hôtel-Dieu.

Pour se servir de cet instrument, on place successivement l'arc dans les divers méridiens que l'on veut explorer, et l'on détermine sur la graduation en degrés portée par cet arc les limites extrêmes auxquelles les objets d'épreuve sont visibles. Ces objets sont de petits ronds ou des carrés de papier coloré.

Une fois que l'on a noté la position extrême de visibilité dans les divers méridiens, il s'agit de représenter sur un papier le champ visuel avec ses divers accidents.

La façon dont se fait cette représentation a une grande importance, car on risque de déformer le véritable champ visuel par le dessin et de donner une idée fausse des accidents de la rétine.

La rétine est appliquée sur une surface sphérique; il est impossible d'en représenter sur un papier plan une image absolument fidèle, de même qu'il est impossible de représenter, sur une surface plane, l'ensemble des continents qui se trouvent sur la terre ; on se trouve en présence de la même difficulté.

Le premier procédé qui vient à l'idée consiste à porter sur diverses droites émanées d'un centre des longueurs représentant les divers degrés, comme si chaque méridien avait été déroulé sur le papier. En reportant sur ce papier les diverses observations et joignant par une ligne continue les points relevés, on obtient une représentation du champ. On n'a ainsi

aucune déformation dans le sens des méridiens, mais
un allongement dans le sens des parallèles, d'autant
plus considérable que l'on s'écarte davantage du

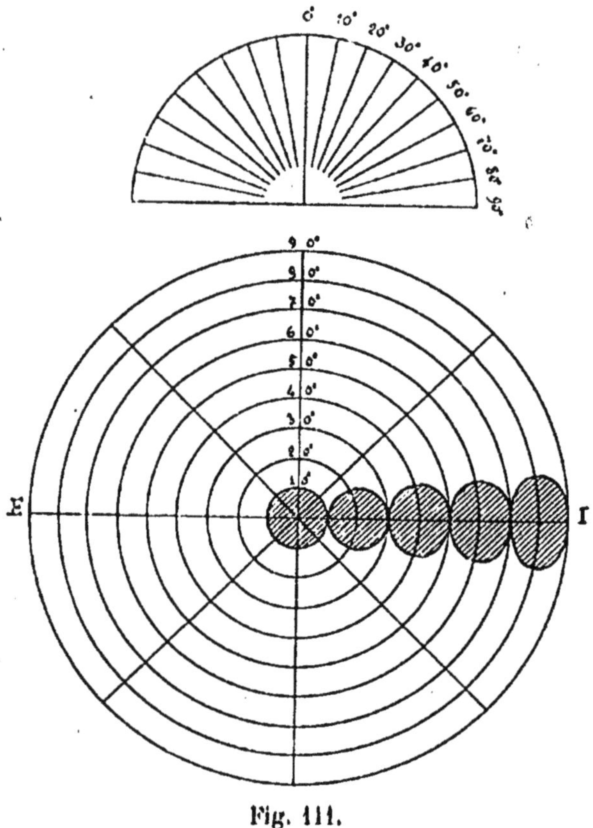

Fig. 111.

centre. De sorte que, si on relevait un accident de la
rétine ayant réellement la forme d'un cercle, sur le
dessin cet accident apparaîtrait comme une ellipse
dont le grand axe serait dirigé suivant les parall-
lèles.

Sur la figure 111, et sur les figures suivantes, j'ai
représenté une tache sphérique de dimension

constante sur la rétine ; on voit alors comment la
forme de cette tache est altérée dans ses diverses

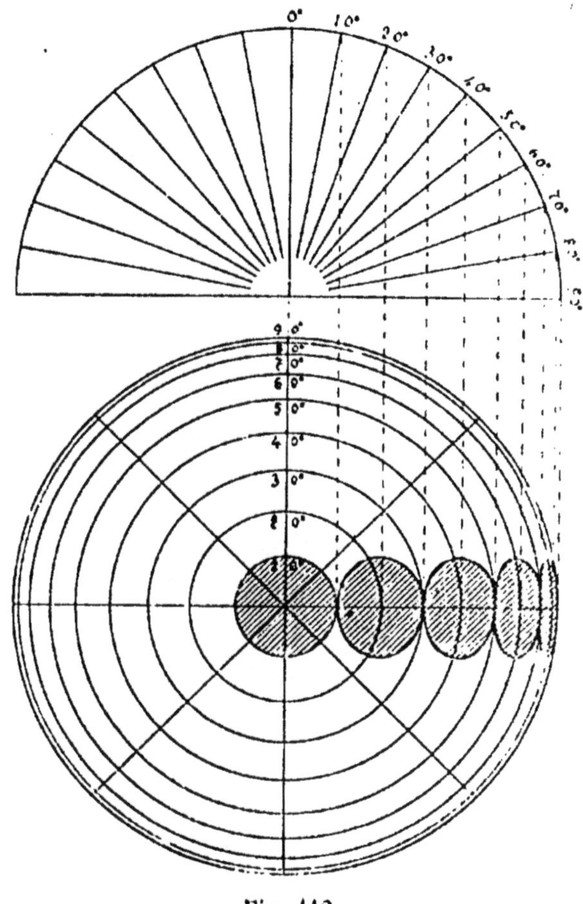

Fig. 112.

positions sur la rétine suivant la méthode de représentation adoptée.

Un autre procédé consiste à laisser aux cercles successifs leur vraie grandeur (fig. 112). Il est facile de
voir que, dans ces conditions, les cercles successifs se
rapprochent de plus en plus les uns des autres à

mesure que l'on s'éloigne du centre, et l'on arrive
à une déformation encore pire que dans le cas
précédent.

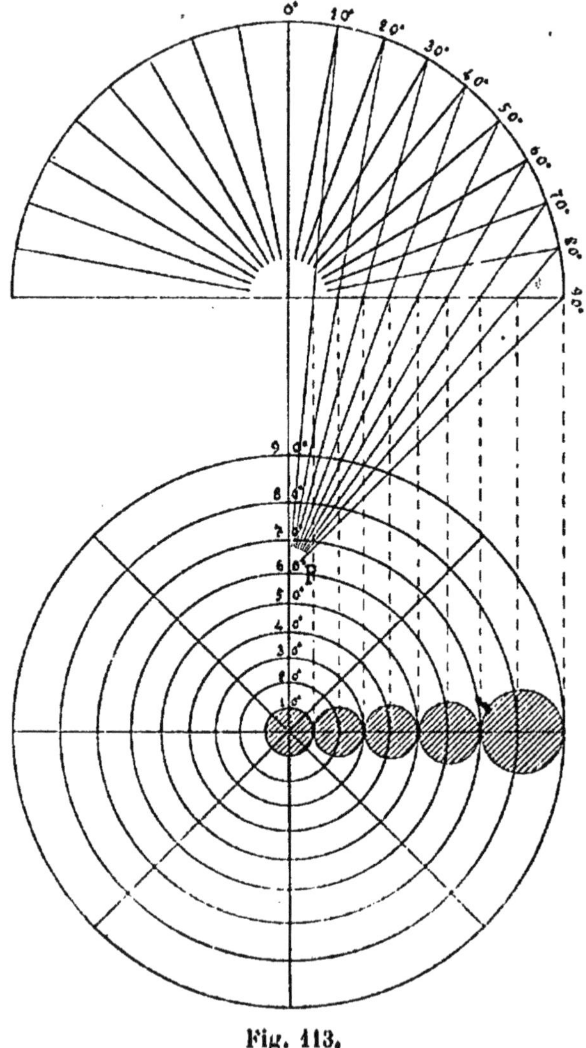

Fig. 113.

Le procédé qui donne la moindre déformation est
connu sous le nom de projection stéréographique
(fig. 113). On joint tous les points au pôle P, le papier

étant supposé placé dans le plan de l'équateur. Les divers méridiens sont ainsi représentés par des lignes droites se coupant en un même point ; les parallèles seront des cercles concentriques ; mais ces cercles concentriques ne seront pas équidistants entre eux.

On voit que c'est avec ce dernier procédé que les figures ont la moindre déformation ; ainsi une tache circulaire, placée en un point quelconque, sera toujours représentée sur la figure par un cercle, et, d'une façon générale en regardant le dessin relevé par points, au moyen du périmètre, on aura une bonne idée de l'aspect de la rétine.

On vend, dans le commerce, des papiers tout préparés pour servir à reporter les champs visuels relevés au périmètre ; il faut demander à ce que ces papiers soient construits d'après les principes que je viens d'exposer en dernier lieu.

RÉSULTATS. — Les résultats obtenus en mesurant le champ visuel chez différentes personnes normales sont assez variables ; cela tient à diverses causes, entre autres à l'état de réfraction de l'œil et à l'intensité de l'éclairement. Bien entendu, il faut tenir compte aussi de la limitation du champ par les parties qui entourent l'œil, le nez en particulier. Si l'on veut mesurer avec précision le champ maximum, il faut, pour chaque mesure, orienter le regard d'une façon spéciale, ou plutôt tourner la tête d'une façon différente, en conservant la même direction du regard. Dans la pratique, il suffit de bien ouvrir l'œil et de tourner légèrement la tête du côté opposé à celui de l'œil examiné pour éviter la limitation du champ par le nez.

Dans ces conditions, on peut voir que le champ est plus étendu avec un fort éclairage qu'avec un éclairage médiocre; on obtient pratiquement un chiffre convenable en prenant l'éclairage d'un jour moyen.

Le champ est généralement plus étendu chez les hypermétropes et le plus réduit chez les myopes.

Les chiffres de la figure 114 se rapportent au champ au-dessous duquel on ne doit pas tomber normalement.

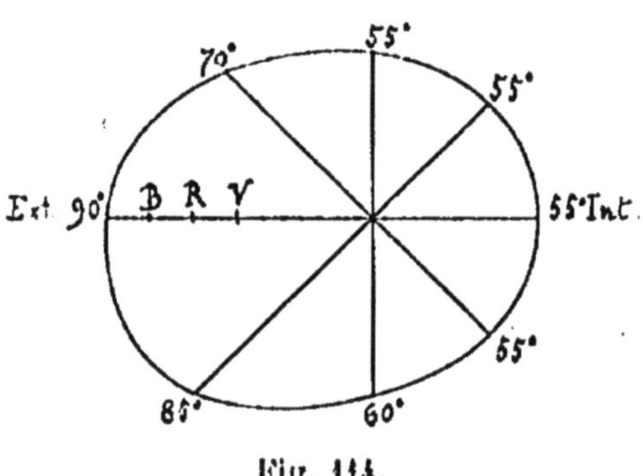

Fig. 114.

Si on réduit ces chiffres de moitié, on a le champ vert, et, en faisant des divisions équidistantes entre ces deux champs, on a les champs rouge et bleu.

Il faut bien remarquer que, généralement, le champ est plus étendu que celui que je figure ici ; lorsqu'on tombe au-dessous de ces chiffres, le champ est certainement anormal.

Retour au campimètre. — J'ai dit, au début, que le périmètre était l'instrument de choix pour la détermination du champ visuel. Cependant, pour la détermination de petites lacunes dans le voisinage de l'axe de l'œil, le campimètre peut rendre des services. Il est, en effet, très facile, en plaçant une personne vis-à-vis d'un tableau noir, de déplacer sur ce tableau un petit papier blanc ou coloré, maintenu au bout d'une tige noircie. On peut de la sorte varier rapidement à volonté les déplacements et multiplier les expériences.

Quand on a fait une opération de ce genre, on dessine en même temps sur le tableau les limites de la lacune mesurée, et il faut ensuite pouvoir les reporter sur le papier habituel, où l'on représente les champs visuels. Or ce papier est gradué en angles; sur le tableau, on mesure au contraire les longueurs. Mais, si l'œil est toujours placé à une distance bien déterminée du tableau, chaque longueur à partir du point de fixation O correspond à un angle déterminé, et il suffit d'avoir une fois pour toutes établi un tableau de transformation pour pouvoir reporter sur le papier préparé pour le périmètre les observations au campimètre. On saura, par exemple, qu'une longueur OA correspond à 30°, OB à 40°, etc.

Ce qu'il y a de plus simple pour faire rapidement cette transformation, c'est de tracer sur le campimètre des courbes correspondant aux divers angles; alors la lecture se fait facilement, sans aucune mesure.

HUITIÈME LEÇON

Messieurs,

Angle α. — Jusqu'ici, nous avons supposé que, dans l'œil sans amétropie aucune, en particulier sans astigmatisme, l'axe optique coïncidait avec l'axe géométrique. Voici ce que cela veut dire :

Le cône lumineux qui entre dans l'œil est limité par la pupille, ouverture circulaire. Nous avons admis implicitement que, lorsque cet œil regarde un point A, la droite qui joint ce point A au centre optique de l'œil C,

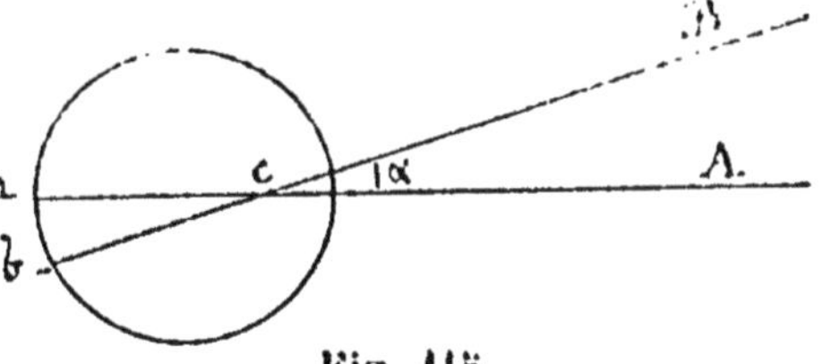

Fig. 115.

et qui détermine en a la position de l'image de A, passe par le milieu de la pupille. Mais la partie de la rétine la plus parfaite par la vision des détails, la fosse centrale, ne se trouve pas au point a, où cette rétine est rencontrée par la droite qui joint C au centre de la pupille; elle se trouve un peu en dehors, par rapport au milieu du corps, en b par exemple. Il en résulte que, dans la position de l'œil indiquée sur la figure, ce n'est pas A le point vu de la façon la plus distincte, mais B; c'est donc en réalité B que l'œil regarde. Cela revient à dire que la ligne de visée ne passe pas par le centre de la pupille, et que, lorsqu'on veut voir nettement un point, ce n'est pas CA, mais CB que l'on dirige vers lui.

Les deux lignes CA et CB forment entre elles ce que l'on appelle l'angle α.

La détermination de cet angle α est très importante. Voici le procédé le plus pratique conseillé par M. Javal.

On place la personne observée vis-à-vis du périmètre,

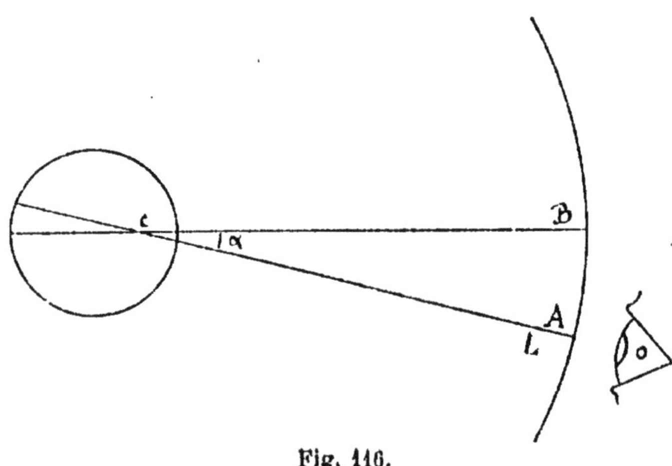

Fig. 116.

et on lui dit de regarder au centre de fixation habituel. C'est la ligne CB qui est alors dirigée vers ce centre.

Il s'agit de savoir vers quel point de l'arc est dirigée la ligne CA. Pour cela, on promène en avant de l'arc de cercle une bougie L, dont l'observateur regarde l'image sur la cornée observée, l'œil O de cet observateur étant exactement derrière la bougie masquée par l'arc de cercle. Au moment où il semble voir l'image de la bougie au milieu de la cornée, cela prouve que la bougie et l'œil observateur se trouvent sur CA; il suffit donc de lire la division correspondante du périmètre.

Comme je l'ai dit, en général, la ligne CB passe en dedans de la ligne CA par rapport à l'axe du corps ; on dit alors que l'angle α est positif. Cet angle α peut atteindre 7 à 8° chez l'hypermétrope ; il est moindre chez l'emmétrope et, chez le myope, peut devenir nul ou négatif.

Nous avons déjà vu que, sans se déplacer, l'œil peut percevoir d'une façon diffuse les objets placés dans une région assez étendue de l'espace, que nous avons appelée champ visuel. Lorsqu'il s'agit de voir des détails, cette vision diffuse ne suffit plus, et l'œil doit se déplacer. Pour cela, il tourne autour d'un centre de rotation qui se trouve à environ $13^{mm},5$ en arrière de la cornée chez l'emmétrope. Cette distance augmente un peu chez le myope, $14^{mm},5$, et diminue chez l'hypermétrope, $13^{mm},2$.

On appelle *champ du regard* toute la région de l'espace dans laquelle l'œil peut voir les objets avec détail, *sans que la tête ne se déplace.* Ce champ dépend uniquement des mouvements que les muscles moteurs de l'œil peuvent imprimer au globe oculaire. Sa détermination a une grande importance pour reconnaître l'intégrité du fonctionnement de ces muscles.

C'est encore à l'aide du périmètre que se fera cette détermination. Pour cela, la tête restant immobile dans la situation habituelle d'exploration du champ visuel, on promène le long de l'arc de cercle un caractère d'imprimerie, et on cherche les limites dans lesquelles le caractère doit se trouver pour être lu nettement. il faut que ladimension de ce caractère ne soit pas trop petite, afin de ne pas faire intervenir une question d'acuité visuelle ; il ne faut pas non plus que sa grande taille le fasse lire dans la vision indirecte.

Normalement, le champ du regard est d'environ 45° dans toutes les directions : un peu plus limité vers le nez, où il ne dépasse pas 38° ; plus étendu vers le bas, où il atteint 50°.

Suivant l'écart trouvé entre le chiffre normal et le chiffre déterminé, il sera facile de reconnaître quel est le muscle dont le fonctionnement est imparfait. Dans les cas douteux, il faut comparer le champ trouvé pour un œil avec le champ de l'œil du côté opposé.

Vision binoculaire. — Quand on voudra voir monoculairement un objet, on dirigera donc vers cet objet l'axe de l'œil que j'ai désigné par CB. Quand on regardera binoculairement, on fera la même opération pour les deux yeux. L'expérience montre que l'on a alors l'impression d'un objet unique. Cela tient à ce que les points des deux rétines sur lesquels se feront les images des objets sont des points dits concordants.

des deux rétines. Si, par un artifice quelconque, on produit les deux images d'un objet sur des points non concordants, on a l'impression de deux objets, c'est-à-dire de la *diplopie*. Il suffit par exemple, pour cela, de dévier un des yeux avec le doigt pour que la diplopie se produise.

Nous avons vu en effet que, lorsqu'il se produit une image sur la rétine, nous restituons à l'extérieur un objet correspondant à cette image, cet objet se trouvant sur la droite qui joint l'image au centre optique de l'œil.

Les deux yeux étant o et o', le point A donne des images en a et a', et l'on restitue à l'extérieur un point pour chaque œil : sur ao pour l'œil gauche, sur $a'o'$ pour l'œil droit. Dans le cas de la figure 117, ces deux points extérieurs coïncident en A. Supposons maintenant que, par un artifice quelconque, nous fassions une image en b'. Outre A, nous aurons

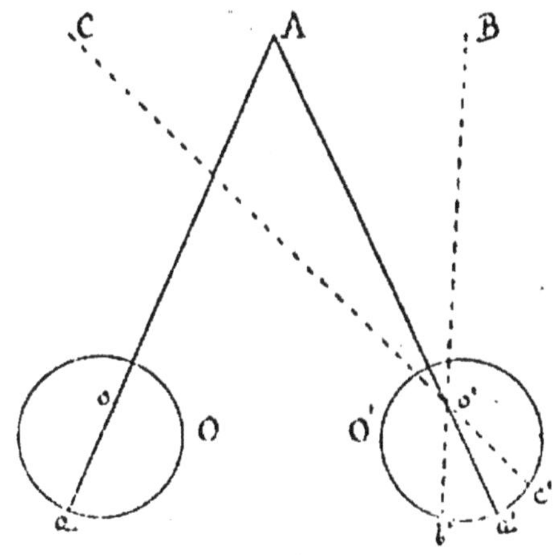

Fig. 117.

l'impression d'un objet extérieur situé sur $b'o'B$, c'est-à-dire en B si c'est à la distance $o'B$ que nous accommodons. Si nous formons une image en c', c'est en C que nous croirons voir un objet avec l'œil droit.

Supposons maintenant que, cherchant à voir le

point A, nous orientons l'axe de l'œil gauche vers A, nous aurons une image en a. Si $o'a'$ est l'axe de l'œil droit, a' étant le point concordant de a, il devra se faire dans l'œil droit une image en a' pour que nous ayons l'impression d'un seul point extérieur A. Mais, si l'axe $o'a'$ est mal orienté, comme il l'est par exemple sur la figure 118, l'image se fera en b'. Or l'expérience prouve que nous n'avons nullement

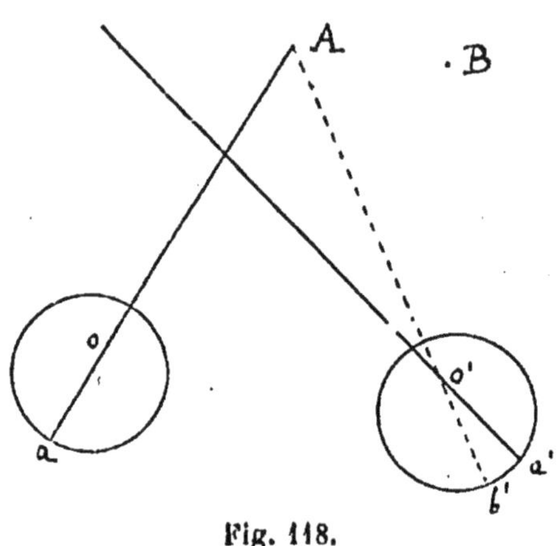

Fig. 118.

connaissance de ce défaut d'orientation ; nous extériorisons un point sur $b'o'$, comme si l'œil était normalement orienté, tel qu'il l'est sur la figure 117, c'est-à-dire que l'on a l'impression d'un point situé en B. Il y a donc diplopie. Si, au lieu de converger trop, l'axe de l'œil droit ne convergeait pas assez, il est aisé de voir par le même raisonnement que l'on aurait l'impression par l'œil droit d'un point un C (fig. 117).

Voyons de plus près comment sont situés les points concordants sur la rétine. Fixons un point A (fig. 119) ; il donne des images en a et a', d'où résulte une impression du point unique A ; a et a' sont des points concordants. L'expérience montre que les points B et C, placés à côté de A, sont, chacun d'eux, aussi vus uniques ; b et b', correspondant à B, sont donc aussi des points concordants, de même c et c' correspondant à C. On voit que les points concordants sont situés du même côté par rapport aux points a, a', qui correspondent aux axes des yeux. Si un point b est à gauche de a, le point concordant b' doit être à gauche de a'. Si c est à droite de a, c' doit être à droite de a' ; c'est là une condition nécessaire. Si, pour une cause quelconque, on avait simultanément

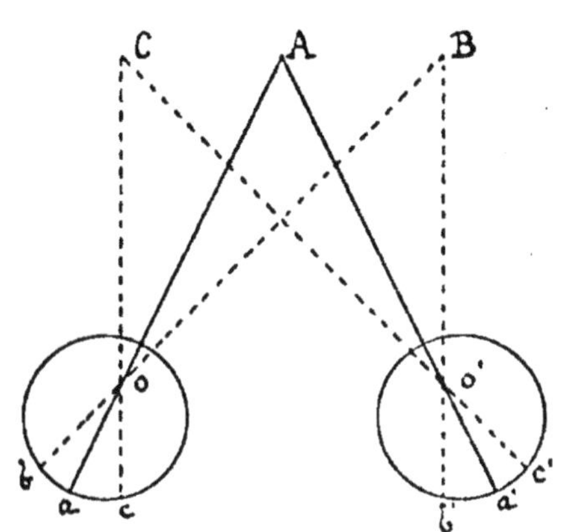

Fig. 119.

une image en b, à gauche de a, et une image en c' à droite de a', on aurait la notion de deux points lumineux, l'un en B vu par l'œil gauche, l'autre en C vu par l'œil droit. Les images seraient *croisées*, c'est-à-dire que, si l'on fermait l'œil gauche, l'image de droite disparaîtrait; si l'on fermait l'œil droit, ce serait l'image de gauche qui disparaîtrait.

Si, au contraire, on avait une image en c et l'autre en b', on aurait aussi la notion de deux objets, mais C correspondrait à l'œil gauche, B à l'œil droit ; les images seraient *homonymes*. Si l'on fermait l'œil gauche, l'image de gauche disparaîtrait; si l'on fermait l'œil droit, ce serait l'image de droite.

Si l'on regarde un point déterminé dans les conditions de vision binoculaire, tous les objets qui ne sont pas dans ce plan sont vus doubles. En général, cela ne gêne pas trop, parce que l'attention n'est pas attirée sur ces objets, qui, d'ailleurs, ne sont pas vus nettement par suite de la non-accommodation sur ces objets.

Mais par exemple, plaçons-nous vis-à-vis d'une fenêtre, à une certaine distance, et regardons les barreaux de la fenêtre : ils nous paraîtront simples ; mais le doigt tenu à une petite distance de la figure paraîtra double.

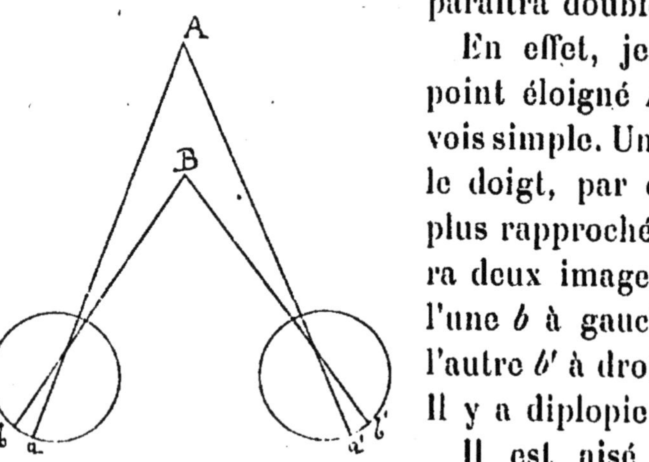

Fig. 120.

En effet, je fixe un point éloigné A que je vois simple. Un objet B, le doigt, par exemple, plus rapproché, donnera deux images situées l'une *b* à gauche de *a*, l'autre *b'* à droite de *a'*. Il y a diplopie croisée.

Il est aisé de voir qu'en fixant le point rapproché, c'est le point éloigné qui donne la diplopie homonyme.

Le but de la vision binoculaire est de donner la sensation du relief par suite de l'inégalité des deux images rétiniennes. Considérons, par exemple, trois points A, B, C, le point B se trouvant en avant des deux autres (fig. 121). En joignant ces points au centre optique de chaque œil, il est facile de voir que l'image gauche et l'image droite ne sont pas identiques, et de cette non-identité résulte la sensation du relief. Ce fait est facile à démontrer au moyen du stéréoscope. Dans cet appareil, on montre aux deux yeux des images différentes d'un même objet. Ces deux images sont produites en déplaçant légèrement le point de vue d'où elles ont été faites. On fait par exemple une première image d'un objet O en se plaçant en un point A (fig. 122), puis une seconde image d'un point B

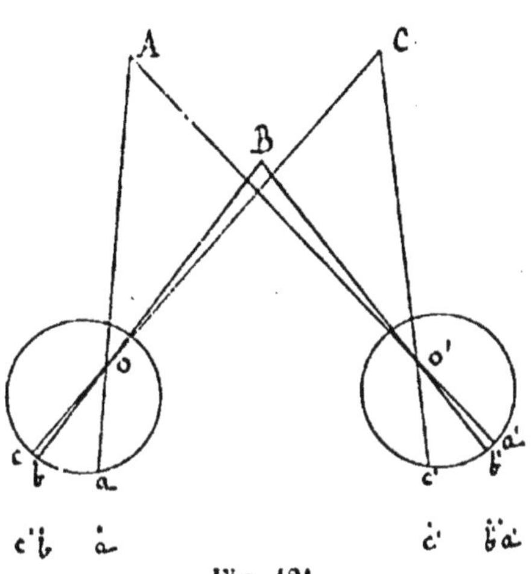

Fig. 121.

distant de A de l'intervalle environ des deux yeux. Quand ensuite on montre simultanément à l'œil gauche l'image faite de A et à l'œil droit l'image faite de B, on a la même impression que si l'on voyait directement l'objet, et on en apprécie le relief. Ce même relief n'existe plus si les deux yeux voient des images identiques de l'objet. Il y a même là une grosse difficulté pour la

A B

Fig. 122.

peinture. Plaçons-nous vis-à-vis d'un tableau ; nos deux yeux forment sur leur rétine la même image. Le faible relief que nous apercevons provient de notre éducation, et en voici la preuve. Les deux images identiques sur nos deux rétines sont à l'encontre de ce que nous sommes habitués à éprouver en présence de la vue représentée sur ce tableau ; cette identité d'image nous gêne pour le relief plus qu'elle ne nous aide. Fermons l'un des yeux et, surtout en regardant à travers un tube, isolons-nous de notre entourage. Aussitôt nous sommes en présence du tableau comme nous serions en présence du paysage ; les deux images identiques ne nous gênent plus, et nous voyons le relief augmenter.

Cette influence de l'éducation ne notre œil sur l'appréciation du relief peut se montrer de diverses façons. Regardons le dessin ci-dessous ; nous pouvons

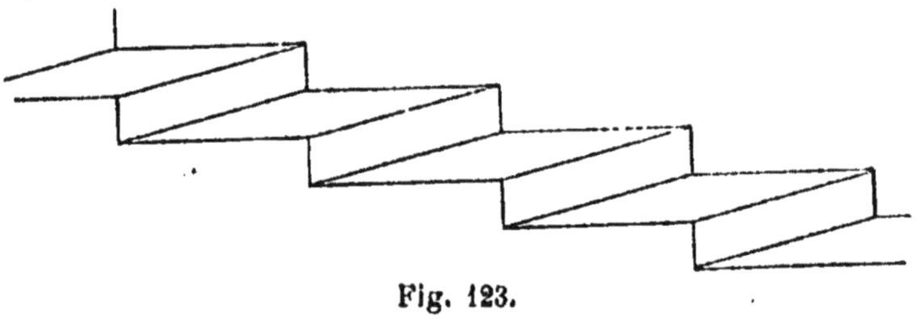

Fig. 123.

à volonté nous le figurer comme représentant un escalier vu en dessus ou en dessous, suivant l'idée que nous nous en faisons.

Diverses causes influent sur cette appréciation du relief : l'accommodation, la convergence des yeux, la connaissance que nous avons des objets ; mais le facteur le plus important est la vision binoculaire.

Nous avons vu que, pour regarder un objet déterminé, il fallait non seulement accommoder sur cet objet, mais qu'il était en plus nécessaire de donner aux deux yeux une orientation convenable, afin que les deux images se forment sur des points concordants de la rétine. Normalement, ces deux phénomènes, accommodation et orientation, sont solidaires l'un de l'autre ; mais il peut arriver qu'il n'en soit plus ainsi : on dit alors qu'il y a strabisme.

Il peut arriver que ce strabisme se produise subitement, un des yeux ne suivant plus que d'une manière imparfaite les mouvements de l'autre. Dans ce cas, il y a diplopie ; mais peu à peu, si le strabisme persiste, il arrive que l'on fasse abstraction de l'image qui se forme dans l'œil dévié, de ce que l'on appelle la fausse image, et l'on voit de nouveau simple ; mais, bien entendu, dans ce cas, on n'utilise en réalité qu'un œil.

Le strabisme peut être convergent ou divergent, c'est-à-dire que les axes des yeux peuvent converger plus qu'il ne faudrait ou ne pas converger assez. Il est facile de voir comment se disposent les images dans chacun de ces cas. Si le strabisme est convergent, comme c'est le cas de la figure 124, les images dans les deux yeux se forment toutes deux en dedans des points correspondants de la rétine ; comme lorsqu'à l'état normal on regarde

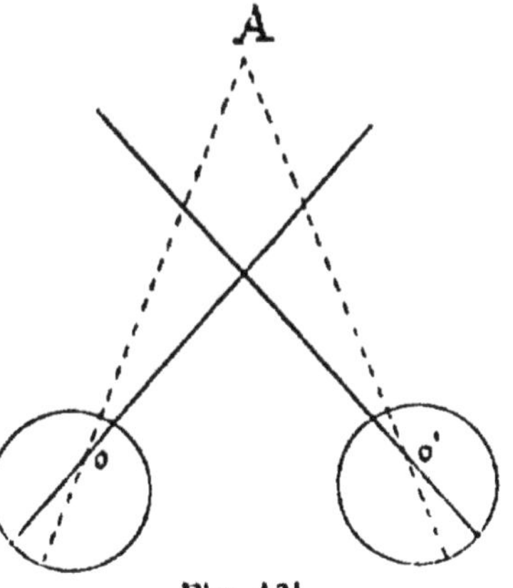

Fig. 124.

un point très rapproché, les images d'un point plus éloigné se forment en dedans des points correspondants. Nous avons vu que, dans ce cas, les images sont homonymes, c'est-à-dire que celle de droite appartient à l'œil droit, celle de gauche à l'œil gauche.

Si au contraire les yeux ne convergent pas assez, les images sont croisées. La distinction des images et leur dénomination par le sujet examiné est facilitée en plaçant devant l'un des yeux un verre de couleur, un verre rouge, par exemple. De plus, il arrive souvent que l'on fasse apparaître de cette façon l'image dont le malade faisait abstraction.

Plaçons par exemple devant l'œil droit du sujet à examiner un verre rouge, et faisons lui regarder une bougie.

Si le sujet est atteint de strabisme, il verra deux images, une blanche et une rouge ; il pourra nous dire si l'image rouge est à gauche ou à droite de l'image blanche.

Si l'image rouge est à droite, les images sont homonymes, le strabisme est convergent.

Si l'image rouge est à gauche, les images sont croisées, le strabisme est divergent.

Il y a intérêt à mettre le verre rouge du côté de l'œil non dévié. En effet, cet œil se sert de sa fosse centrale pour voir la bougie ; sa rétine est plus sensible que la rétine de l'autre œil ; il vaut donc mieux atténuer l'intensité de l'image de ce côté que de l'autre.

Ce procédé permet de reconnaître le strabisme, mais non de le mesurer. Un procédé qui donne déjà une certaine approximation consiste à déterminer le champ du regard de chaque côté. S'il y a stra-

bisme paralytique, c'est-à-dire résultant de la paralysie d'un ou plusieurs muscles moteurs de l'œil, le
champ du regard se trouve limité du côté où ces
muscles font habituellement tourner l'œil. Mais il
arrive que chaque œil ait ses mouvements absolument normaux, et que, malgré cela, le sujet soit atteint
de strabisme, qui est alors dit concomitant.

Le meilleur procédé pour mesurer le strabisme
consiste à se servir du périmètre.

Pour cela l'œil dévié étant placé au centre du périmètre, on fait fixer avec les deux yeux ouverts un
point éloigné situé sur le prolongement du zéro. Puis
on promène le long de l'arc une bougie, et, plaçant
l'œil derrière la bougie, on cherche le point où
l'image se forme au centre de la pupille.

L'angle ainsi trouvé devrait, dans le cas où il n'y
aurait pas strabisme, être égal à l'angle α, dont nous
avons parlé plus haut, sinon il mesure le strabisme,
à condition toutefois de tenir compte de cet angle α,
qu'il a fallu mesurer directement et qu'il faut ajouter
ou retrancher sui-
vant les cas.

Exemple : Sup-
posons que l'on ait
mesuré l'angle α
représenté sur la
figure ci-contre.
Admettons qu'au

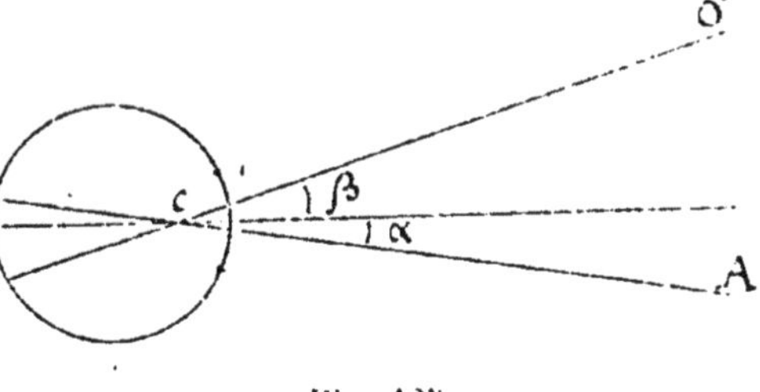

Fig. 125.

moment de la mesure du strabisme nous trouvions
l'angle β, formé par la ligne passant au centre de la

pupille avec le O du périmètre, comme c'est en réalité cA qui devrait être dirigé vers le O, $(\alpha + \beta)$ est la mesure du strabisme.

Ces petits problèmes sont très faciles à résoudre ; le meilleur pour ne pas se tromper est de faire dans chaque cas une petite figure.

Correction du strabisme. — Le but à atteindre est de ramener les images d'un objet sur les points concordants de la rétine.

Cet effet peut être obtenu de diverses manières :

1° Par une opération ;

2° Par des exercices gradués sur lesquels M. Javal a principalement attiré l'attention ;

3° Par l'emploi de verres appropriés.

C'est de ce dernier procédé dont je m'occuperai exclusivement.

Considérons l'œil normal, gauche par exemple, fixant le point A ; l'œil droit dérivé aura son axe optique dirigé vers B ; le strabisme sera convergent et la diplopie homonyme. Plaçons devant l'œil un prisme à base extérieure ; nous savons que les rayons lumineux qui tombent sur ce prisme seront déviés vers la base ; par conséquent, si l'angle du prisme est bien choisi, le rayon A pourra venir à l'œil comme s'il partait de B ; les images dans les deux yeux se

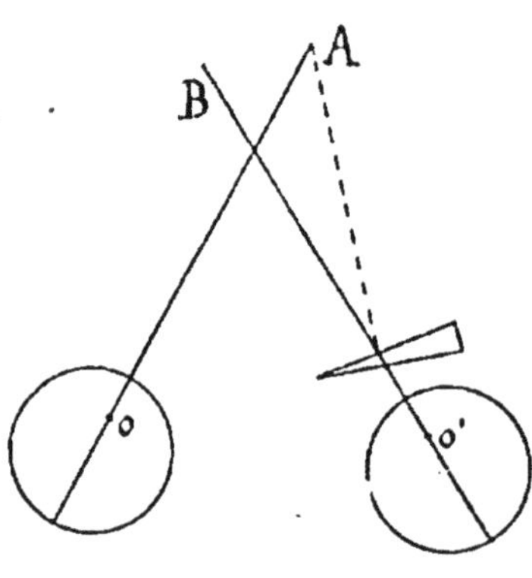

Fig. 126.

feront sur des points concordants ; la diplopie cessera, et la vision binoculaire sera rétablie.

Supposons au contraire le strabisme divergent, l'œil gauche fixe A, et l'axe de l'œil droit est dirigé vers B. Si nous plaçons le prisme à angle externe, le le rayon A sera réfracté vers la base et se propagera comme s'il venait de la direction B ; la vision binoculaire sera encore rétablie.

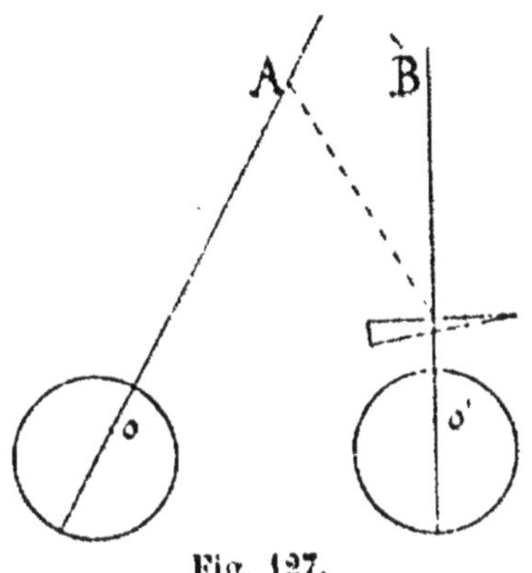

Fig. 127.

Nous voyons que, dans les deux cas, il faut placer l'angle du prisme tourné du côté où l'œil est dévié.

Ce qui revient au même, on peut dire que la base du prisme doit être tournée du côté de la fausse image.

On cherche alors par tâtonnement le verre qui rétablit la vision monoculaire. Dans les boîtes d'optique, ces prismes sont numérotés suivant leur angle. Ce numérotage est très mauvais, car l'effet de ces verres dépend aussi de leur indice de réfraction. De plus, il arrive souvent qu'il y ait une erreur sur la valeur de ces angles.

Il y a un système de numérotage qui remédie à cet inconvénient, mais il n'est pas entré dans la pratique, cela est regrettable, et je l'exposerai, car il est fort simple et nous permettra de bien saisir l'influence du décentrage des verres de lunette.

Considérons un prisme qui à 1 mètre produit une déviation de 1 centimètre. Nous dirons que ce prisme a 1 dioptrie prismatique.

Fig. 128.

Il est évident que la déviation linéaire produite par un pareil prisme sera proportionnelle à la distance du point observé au prisme, c'est-à-dire qu'à 2 mètres il y aura 2 centimètres de déviation linéaire, et ainsi de suite.

Un prisme qui à 1 mètre produira une déviation linéaire de 2 centimètres aura 2 dioptries prismatiques, et ainsi de suite.

Pour chacun de ces prismes, on aura la déviation linéaire exprimée en centimètres en multipliant la distance exprimée en mètres par le nombre de dioptries prismatiques.

Il est aisé de mesurer le nombre de dioptries prismatiques d'un verre ; pour cela, on regarde à travers le prisme, l'arête étant verticale, une échelle graduée horizontale, en tenant le prisme devant l'œil de façon à apercevoir simultanément l'échelle vue directement. On regarde de combien l'image de l'échelle est déplacée à travers le prisme, et on en déduit la valeur de ce prisme en dioptries prismatiques. Il suffit en effet de diviser le déplacement apparent mesuré en centimètres par la distance à laquelle le prisme est de l'échelle, mesurée en mètres. Si, par exemple, on est à 5 mètres, chaque centimètre de déplacement correspondra à $\dfrac{1}{5}$ de dioptrie prismatique.

Voyons maintenant l'effet du décentrage des verres. Considérons un verre divergent placé devant l'œil et ayant un foyer en F (fig. 129), quand il est bien centré devant l'œil, c'est-à-dire quand l'axe optique du verre concorde avec l'axe optique de l'œil.

Déplaçons maintenant le verre vers la gauche, par exemple, parallèlement à lui-même; le foyer se portera de F en F′; un point à l'infini dans la direction X, envoyant un faisceau parallèle à l'axe de la lentille et de l'œil, formera maintenant son image, en F′.

Il y aura donc un déplacement apparent de l'image; tout se passera comme si on avait ajouté un prisme à la lentille, et il est aisé d'évaluer l'effet prismatique ainsi obtenu. Il est d'autant plus fort que le déplacement est plus grand et que la distance de F à l'œil est plus petite, c'est-à-dire qu'il est proportionnel

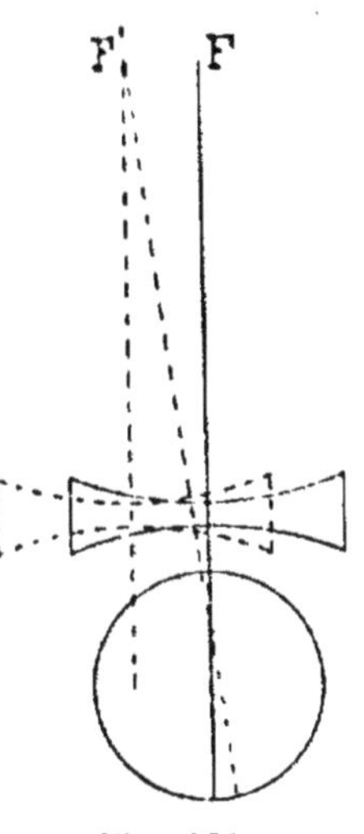

Fig. 129.

au déplacement et à la puissance de la lentille. On a donc le nombre de dioptries prismatiques produit par le décentrage d'une lentille en multipliant sa puissance en dioptries par le décentrage évalué en centimètres.

Le même raisonnement, — il est aisé de le voir, — s'applique à la lentille convergente.

Donc le fait de décentrer un verre de 1 dioptrie, de 1 centimètre par rapport à la pupille, ajoute à l'effet de réfraction sphérique de ce verre l'effet de 1 dioptrie prismatique.

Comme une lentille de 2 dioptries sphériques produit pour un déplacement de la lentille de 1 centimètre le même effet que le précédent, mais à une distance de $0^{mm},50$, cet effet correspond à 2 dioptries prismatiques, etc.

Les verres généralement employés ne sont pas susceptibles d'un décentrage important ; il n'est donc possible de faire des corrections de strabisme par ce procédé que pour les strabismes très faibles. Mais, dans les cas où il n'y a pas de strabisme, il est important de bien centrer les verres pour ne pas obtenir d'effet prismatique que le sujet corrigé serait obligé, sous peine de diplopie, de compenser par une action anormale des muscles moteurs de l'œil.

Il est donc important, non seulement que les verres soient bien centrés dans leur monture, mais que la distance des centres de ces verres soit égale à la distance des deux pupilles, si la correction est faite pour la vision éloignée.

On voit l'importance que peut prendre dans ce cas une bonne monture. En particulier pour les verres forts, même bien choisis, la correction peut être très mauvaise si le pince-nez est plus ou moins ouvert, ou surtout s'il est placé de façon à ce qu'un des verres soit plus haut que l'autre.

Il peut arriver que, sans aller jusqu'au strabisme, il y ait une insuffisance ou un excès de convergence des deux yeux. On a vu en effet que normalement la convergence était liée à l'accommodation, de manière à permettre la vision à toute distance ; mais un hypermétrope ayant, pour voir à la même distance, besoin de faire un effort d'accommodation plus grand que l'emmétrope, il en résultera chez lui un excès de convergence. Pour remédier à cela, il faut soulager son accommodation avec des verres convergents. Le myope, au contraire, pour voir de près, n'accommodera pas, et ses yeux ne convergeront pas. On pourrait solliciter son accommodation à l'aide de verres divergents et provoquer ainsi la convergence des yeux ; nous revenons ainsi à la correction complète

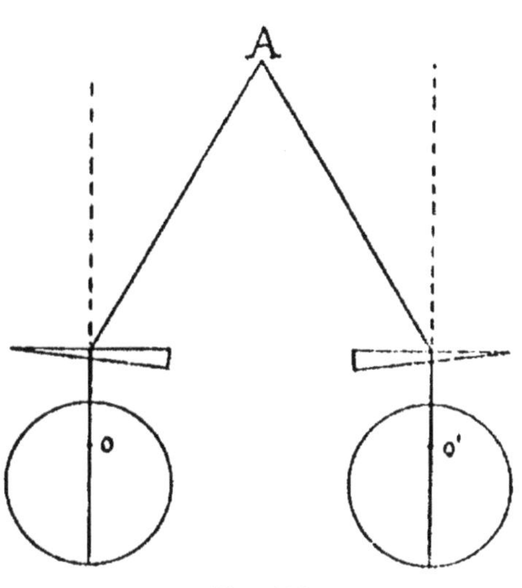

Fig. 130.

de la myopie ; mais il vaut mieux le munir de prismes convenablement placés. Il est aisé de voir que ces prismes devront être à base interne, car c'est ainsi que les rayons partis de A seront ramenés dans la direction des axes des yeux, qui sont parallèles entre eux.

M. Rémy a imaginé un appareil auquel il a donné le nom de diploscope et qui décèle avec une grande précision le moindre défaut ou excès de convergence ; voici la description de cet appareil et son explication :

Le sujet soumis à l'examen est placé de façon à

regarder avec ses deux yeux à travers deux orifices percés dans une paroi opaque. A une certaine distance, sur un carton, se trouve inscrit un mot de quatre lettres, par exemple KOLA. Un sujet normal doit donc lire KOLA, les yeux étant convenablement orientés, la convergence des axes accompagnant l'accommodation dans une juste mesure, c'est-à-dire étant telle que les axes se coupent en un point de l'écran portant le mot KOLA. Plaçons maintenant en EE un diaphragme percé de deux orifices. On conçoit, — et la figure le fait aisément comprendre, — que ces deux

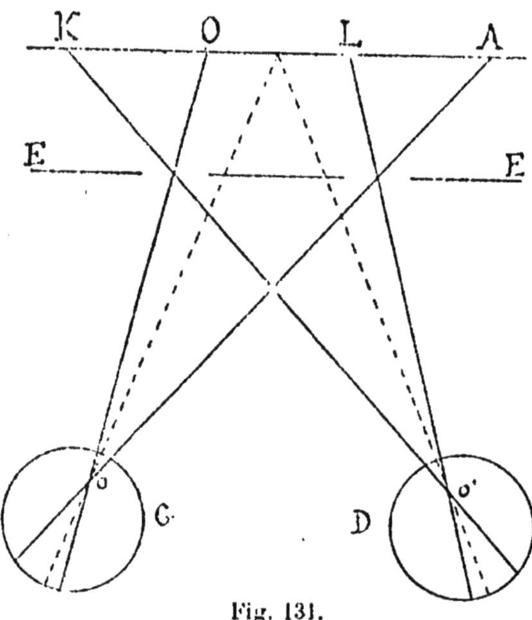

Fig. 131.

orifices puissent être convenablement placés, de façon à ce que l'œil droit D ne voie que les lettres K et L à travers ces orifices, O et A étant masqués pour lui.

De même l'œil gauche ne verra que O et A. Le sujet néanmoins lira encore KOLA. Mais, si les axes optiques viennent à converger plus qu'il ne convient, on sait que l'on éprouvera la même impression (diplopie homonyme) que si l'objet formant image dans l'œil droit se transportait vers la droite, l'objet formant l'image dans l'œil gauche se transportant vers la gauche. Il semblera donc que KL va plus ou moins à droite, OA plus ou moins à gauche ; il y aura un chevauchement d'autant plus prononcé que l'excès de convergence sera plus grand.

Si, au contraire, il y a défaut de convergence (diplopie croisée), il semblera que l'ensemble KL se transporte à gauche, OA allant vers la droite.

On demande donc au sujet ce qu'il voit. Si cela correspond à un transport des consonnes KL vers la droite par rapport aux voyelles, il y a excès de convergence; si au contraire cela correspond à un transport des consonnes vers la gauche, il y a défaut de convergence. Dans le premier cas, le sujet lira par exemple OKAL, ou quelque chose d'approchant; dans le second, KLOA. On ramènera la lecture KOLA soit à l'aide de prismes convenablement placés ou de verres correcteurs décentrés, soit simplement à l'aide de verres soulageant ou sollicitant l'accommodation et par suite la convergence.

Une question également importante est l'obliquité plus ou moins grande que peut prendre le verre par rapport à la position qu'il doit avoir normalement.

Souvent les myopes remarquent qu'ils voient mieux en inclinant leur lorgnon sur le nez qu'en regardant directement à travers les verres. Cela tient à deux effets: d'abord, en inclinant le verre, il se produit des effets d'astigmatisme d'autant plus prononcés que le verre est plus fort et que l'inclinaison est plus grande, et, en second lieu, la puissance du verre paraît augmentée.

Si le porteur du verre a un peu d'astigmatisme selon la règle, cet astigmatisme peut ainsi se corriger. Mais, s'il n'y a pas d'astigmatisme, le verre ainsi posé peut en donner.

Comme exemple de l'importance que peut avoir cet effet, je citerai les résultats suivants :

Une lentille de 10 dioptries inclinée de 30° équivaut à une lentille de 11 dioptries, plus une lentille cylindrique de $3'',5$.

Young, à la fin du siècle dernier, qui avait de l'astigmatisme, avait reconnu ce fait et avait donné des formules permettant de trouver un verre correcteur de cette amétropie.

Lorsqu'un verre cylindrique est incliné en tournant autour de son axe, sa puissance est aussi modifiée ; ainsi il suffit d'une inclinaison de 40° pour doubler la valeur du verre ; pour 30°, elle est multipliée par 1,5.

Enfin il se présente une dernière difficulté pour la correction par les verres. Jusqu'ici, nous avons supposé que l'œil restait immobile derrière son verre correcteur ; mais, en réalité, il n'en est pas ainsi, et, dans ses divers déplacements, il regarde plus ou moins obliquement à travers ce verre, comme nous venons de le dire, et les effets de correction changent en s'accompagnant d'astigmatisme.

On remédie à cet inconvénient à l'aide de verres dits périscopiques. Ces verres ne diffèrent des lentilles ordinaires qu'en ce qu'elles ne sont pas biconcaves ou biconvexes à courbures égales sur les deux faces. Prenons par exemple le cas d'un verre divergent. En général, dans les boîtes d'optique et pour les verres correcteurs fournis d'une façon courante par le commerce, ce verre sera biconcave à courbures égales sur les deux faces, comme le verre inférieur la figure 132 ; mais on peut lui donner bien d'autres formes, tout en lui laissant la même distance focale et par suite la même puissance. Il pourra être biconcave à courbures inégales, plan concave

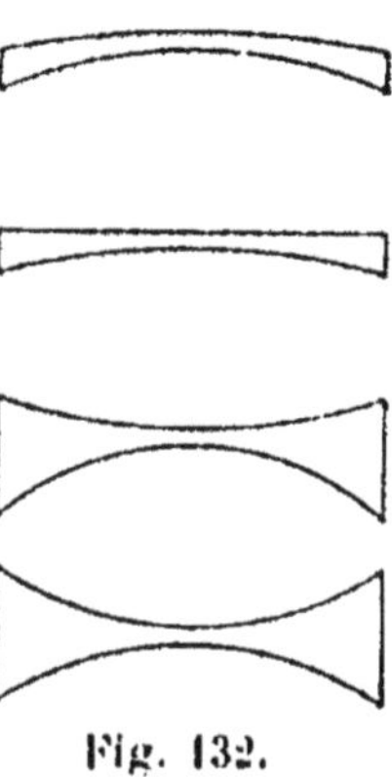

Fig. 132.

ou même convexe-concave. Parmi tous ces verres de même puissance, les uns l'emportent sur les autres, suivant l'effet que l'on veut en tirer ; en particulier, il y en a de plus périscopiques que les autres.

La détermination du meilleur verre périscopique correspondant à une correction donnée est donc délicate. Ostwald a donné une règle représentée sur le tableau suivant pour les verres divergents.

Quand on veut avoir le meilleur verre périscopique d'une puissance donnée, on cherche sur l'axe des abscisses cette puissance, et on lit l'ordonnée correspondante de la courbe pointillée. Cette ordonnée donne la puissance de la face antérieure du verre ; ce qui reste par soustraction de la puissance totale revient à la face postérieure. Ainsi cherchons le verre périscopique de — 5 dioptries. Nous lisons sur la courbe + 2. La courbure de la face antérieure du verre devra donc donner + 2 dioptries et celle de la face postérieure — 7 pour avoir — 5 en tout.

Pour les verres convergents, il n'y aurait aucun avantage d'après Ostwald à recourir à des combinaisons analogues.

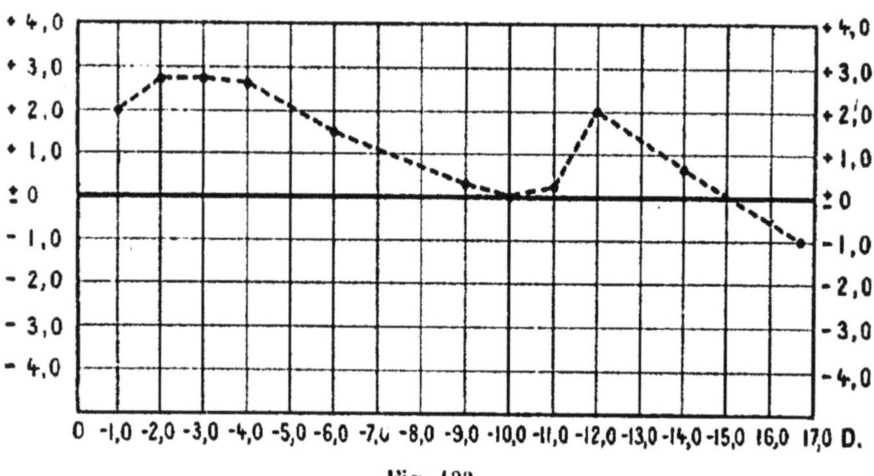

Fig. 133.

Récemment Tscherning a repris cette question. La correction des amétropies entraîne toujours certaines imperfections dans la vision des objets ; les images sont toujours plus ou moins déformées. Ainsi un carré semble tantôt avoir des côtés courbes à concavité externe (en sablier), tantôt à concavité interne (en barillet) ; un objet plan donne une image concave. En plus il s'introduit de l'astigmatisme aussitôt que l'on regarde obliquement à travers les verres pour apercevoir un objet situé latéralement. Tscherning a cherché à établir par le calcul quelle était la forme à donner aux diverses lentilles correctrices pour réduire ces imperfections au minimum, et, comme résultat de ses recherches, on peut conseiller, pour

Fig. 131.

réduire les tâtonnements, les combinaisons suivantes, probablement voisines de la meilleure correction moyenne, aucune forme ne permettant d'éliminer toutes les déformations.

DIOPTRIES.	VERRES DIVERGENTS.		VERRES CONVERGENTS.	
	R_1	R_2	R_1	R_2
1	28	27	28	29
2	29	26	27	31
3	29	25	27	32
4	30	24	27	34
5	31	24	27	37
6	31	23	27	40
7	32	23	28	45
8	33	22	29	53
9	34	22	31	68
10	36	21	30	73
11	37	21	29	78
12	39	20	29	84
13	40	20	28	91
14	42	20	27	101
15	44	20	27	111
16	47	19	26	126
17	54	19	25	164
18	65	19	24	239
19				
20				

R_1 représente le rayon de courbure de la face antérieure du verre, R_2 le rayon de courbure de la face postérieure. — Ces deux faces sont convexes du côté d'où vient la lumière.

Bien entendu, ces combinaisons ne peuvent servir dans les cas où il y a à corriger les yeux astigmates.

En examinant les résultats donnés par la méthode d'Ostwald et celle de Tscherning, on voit qu'il y a un écart énorme entre ces deux auteurs. La question est donc loin d'être élucidée. Le mieux est, provisoirement du moins, d'avoir à sa disposition une boîte de verres plans convexes et plans concaves. En accollant de pareils verres par leur face plane, on peut faire toutes les combinaisons désirables et étudier sur chaque sujet quelle est la forme dont il est le plus satisfait; les essais seront abrégés en se laissant guider par le tableau de Tscherning; il faudra pour cela que les verres, outre leur numérotage en dioptries, portent l'indication de leur rayon de courbure. Dans cette superposition de lentilles, on s'arrangera, bien entendu, toujours de façon à conserver à la somme des puissances des deux lentilles la valeur de l'amétropie à corriger. Ainsi, si l'on veut faire un verre — 10, on prendra successivement les combinaisons : 0, — 10 ; — 1, — 9 ; — 2, — 8 ; etc. Si l'on introduit des verres convergents, on prendra : + 1, — 11 ; + 2, — 12 ; etc. La seule règle que l'on puisse donner actuellement, c'est qu'il faudra toujours tourner vers l'œil la plus grande concavité de la combinaison essayée.

Pour terminer, il n'y a qu'un mot à dire des verres nommés bifocaux, c'est-à-dire donnant une correction différente suivant la région du verre à travers laquelle on regarde.

Les verres bifocaux les plus simples se composent de lentilles coupées par un trait horizontal et rejointes, comme l'indique la figure 135 ; la partie supérieure aura une puissance différente de la partie inférieure.

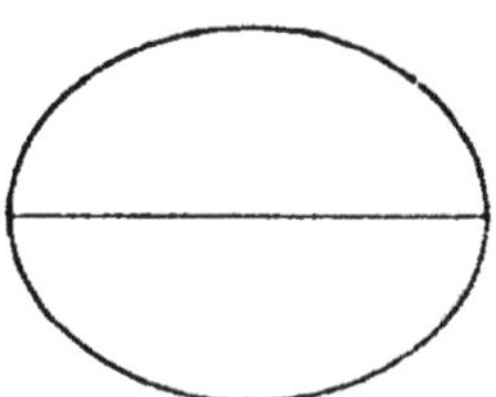

Fig. 135.

Supposons, par exemple, que l'on veuille donner à un hypermétrope de 2 dioptries et devenu presbyte un verre de 4 dioptries pour voir de près ; on lui prescrira une correction bifocale, la partie supérieure ayant 2 dioptries et la partie inférieure 4 dioptries. Lorsque le sujet lèvera les yeux pour regarder à grande distance, il regardera à travers la partie supérieure de sa correction, et à travers la partie inférieure quand il lira ou se livrera à un travail nécessitant la vision à courte distance.

Depuis quelque temps, les constructeurs se sont ingéniés pour donner aux corrections bifocales des formes plus élégantes et plus commodes que celle représentée sur la figure 135. La taille peut se faire en deux fois sur une même lentille ; ou bien on colle sur la lentille la plus faible une deuxième lentille plus petite destinée à renforcer sa puissance,

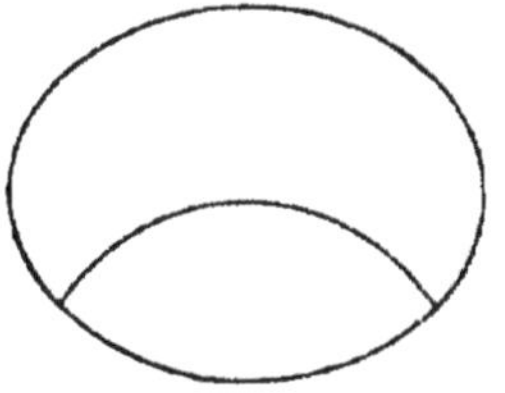

Fig. 136.

comme l'indique la figure 136.

Enfin un artifice très ingénieux (fig. 137) consiste à évider à la meule une partie de la lentille la moins puissante, constituée par une substance à faible indice,

à y enchâsser au baume de Canada une lentille plus
puissante taillée dans un verre à fort indice de
réfraction. Si l'opération est bien faite, les joints sont

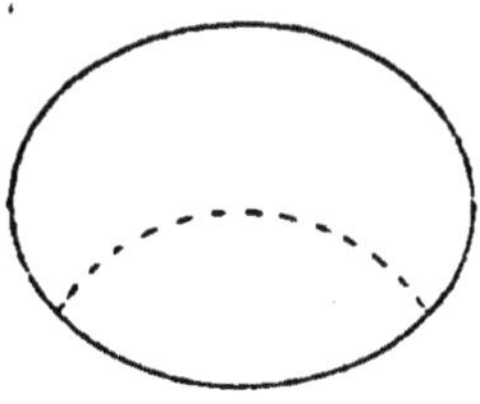

Fig. 137.

à peu près invisibles, il semble que l'on n'ait qu'une
seule lentille, et pourtant le verre est bifocal, grâce à
la différence d'indice de réfraction des parties supérieures et inférieures.

NEUVIÈME LEÇON

MESSIEURS,

L'ophtalmoscope sert à examiner la rétine à travers les milieux transparents de l'œil. Il se compose essentiellement d'un miroir destiné à éclairer le fond de l'œil observé, en y envoyant la lumière provenant d'une lampe. Ce miroir est percé d'un trou à travers lequel se fait l'observation.

Pour bien comprendre les conditions dans lesquelles la vision de la rétine est possible, je rappellerai un principe fondamental, qui contient toute la clef de la question, c'est celui du retour inverse des rayons (page 7).

Considérons dès lors un œil myope, dont le *punctum remotum* est dans le plan PR à une certaine distance de l'œil. Cela veut dire que l'œil n'étant pas accommodé, un objet A se trouvant dans ce plan PR donne une image renversée *a* sur la rétine de cet œil. Mais, d'après le principe du retour inverse des rayons, si la rétine est éclairée, *a* donnera aussi une image renversée en A. Il suffit que l'œil observateur O puisse accommoder sur A pour voir cette image renversée de la rétine. Il faut, pour cela, que la distance de l'œil observateur O soit à une distance de PR supérieure à la distance minima de vision distincte. C'est donc une erreur de s'approcher trop

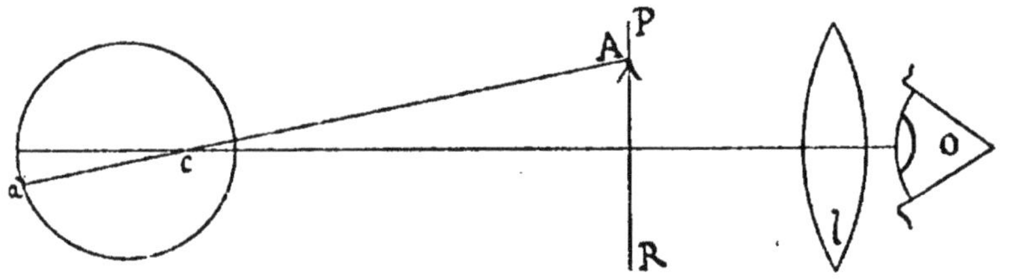

Fig. 138.

de l'œil observé. On facilite beaucoup la vision de l'image A, quand l'observateur est emmétrope et surtout quand il est hypermétrope, en soulageant son accommodation par une lentille convergente *l* placée derrière le trou de l'ophtalmoscope. On regarde alors l'image A à la loupe. Une comparaison fera peut-être mieux comprendre encore ce qui se passe. Quand on regarde au microscope, on forme tout d'abord une image réelle de la préparation à l'aide de l'objectif. Cette image réelle, on peut la regarder à l'œil nu en retirant l'oculaire, se mettant debout, et regardant de haut en bas dans le tube de l'instrument. Mais, pour voir l'image, il faut accommoder sur le plan dans lequel elle se forme, ce à quoi l'on n'arrive qu'avec un peu d'exercice. L'on a en effet toujours une tendance à accommoder sur les objets réels des environs, bords du tube, table, etc. Tandis que, si l'on remet l'oculaire en place, cet oculaire joue le rôle de loupe par rapport à l'image réelle de la préparation, et toute difficulté disparaît. Dans l'observation à l'ophtalmoscope, la rétine est la préparation ; les milieux réfringents de l'œil observé sont l'objectif qui donne une image réelle de la rétine, et cette image réelle, on la regardera soit directement, soit avec une lentille convergente jouant le rôle d'oculaire.

Bien entendu, ce qui vient d'être dit ne s'applique qu'au cas de l'œil observé assez myope pour que le *punctum remotum* ne soit pas très éloigné et que l'observateur ne soit pas obligé de s'écarter par trop de l'observé. Dans la plupart des cas, il n'en est pas ainsi, et, toutes les fois où l'on a affaire à un myope faible, un emmétrope ou un hypermétrope, il faut avoir recours à un artifice.

Cet artifice consiste à ramener toujours l'œil observé à une myopie forte. Pour cela, il suffit de placer devant cet œil une lentille convergente assez puissante, d'une quinzaine de dioptries par exemple. On sait que par cela même tous les yeux, n'étant pas affligés d'une hypermétropie excessive, sont ramenés à la myopie ; on retombe alors dans le cas étudié.

Finalement donc, pour regarder sur un sujet l'image renversée de la rétine, on se met vis-à-vis de lui ; on tient entre le pouce et l'index une lentille convergente, que l'on placera devant l'œil examiné en prenant, sur le front du sujet, un point d'appui avec les trois derniers doigts de la main tenant la lentille, de façon à ne pas trembler. L'ophtalmoscope, tenu avec l'autre main devant l'œil observateur regardant à travers le trou du miroir, servira à envoyer par réflexion sur l'œil observé la lumière d'une lampe placée à côté du sujet.

La lentille convergente placée devant l'œil observé rendra divers services. En premier lieu, si l'image que l'on aperçoit n'a pas une netteté parfaite, on mettra au point en éloignant ou rapprochant légè-rement la lentille de l'œil observé, comme on met au point un microscope en l'éloignant ou l'approchant de la préparation.

En second lieu, la lentille permettra d'explorer les diverses régions de la rétine. Quand, en effet, on regarde le fond de l'œil par la méthode que je viens de décrire, on ne voit pas simultanément toute l'étendue de la rétine. Sur cette rétine, il y a un repère qu'il faut toujours commencer par chercher, c'est la papille. Pour voir cette papille à travers le trou de la pupille, il faut que l'œil observé soit con-venablement orienté. L'expérience montre, — et en se reportant à la position de la papille sur la rétine, il est aisé de voir pourquoi, — que l'orientation est convenable quand le sujet regarde au-dessus de l'épaule de l'observateur, épaule *droite* si on veut regarder l'œil *droit*, épaule gauche si on veut regarder l'œil gauche. Dans ces conditions, l'observateur est bien placé pour voir la papille ; s'il ne l'aperçoit pas immédiatement, il l'amènera dans le champ par quelques légers mouvements latéraux et verticaux de la lentille convergente qu'il tient devant l'œil du sujet.

Valeur approximative du grossissement. — On ne regarde pas la rétine directement, mais on la voit à travers les milieux réfringents ; c'est donc une image que l'on regarde ; cette image n'a pas les mêmes dimensions que l'objet, et il est bon de se rendre compte de la modification qui s'est produite dans ces dimensions.

Prenez un œil myope, l'image de la rétine se fera au *punctum remotum*, comme l'indique la figure ci-contre, C étant le centre optique de l'œil. Le rapport de grandeur de l'image et de la rétine elle-même est égal au rapport $\dfrac{CP}{CR}$.

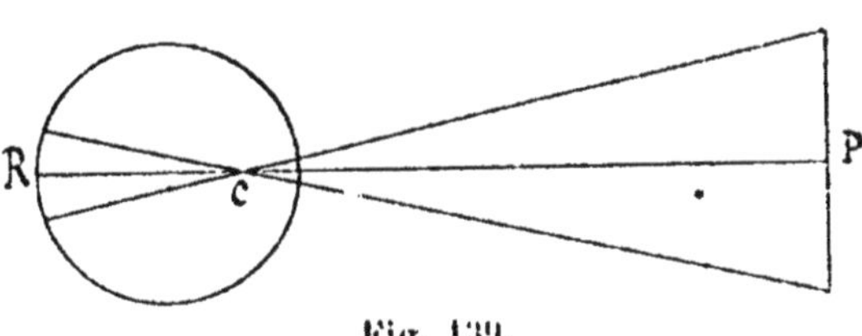

Fig. 139.

Or CR a toujours sensiblement la même valeur, $1^{cm},5$; donc, si CP a pour valeur 15 centimètres, l'image est 10 fois plus grande que l'objet ; si CP = 30 centimètres, l'agrandissement est de 20 fois ; d'une façon générale, pour avoir le grossissement, il faut mesurer la distance de P à l'œil et diviser cette distance par 1,5.

Pour savoir quelle est la valeur de CP, il n'y a qu'à connaître en dioptries la myopie de l'œil examiné.

Si l'œil examiné n'est pas myope, ou si, d'une façon générale, on est obligé de placer devant l'œil examiné une lentille convergente, on peut faire le même calcul ; mais il faut alors déterminer CP, en tenant compte de la myopie donnée à l'œil par cette lentille convergente.

Supposons, par exemple, que cette lentille ait 15 dioptries : l'œil examiné ayant 2 dioptries d'hypermétropie, avec la lentille il prendra $15 - 2 = 13$ dioptries de myopie, et on aura $CP = \dfrac{100}{13} = 8$ environ.

Le grossissement sera $\dfrac{8}{1,5} = 5$ fois environ.

Bien entendu, cette façon de calculer le grossissement est très approximative ; pour avoir une valeur exacte, il faudrait connaître avec précision tous les éléments du problème, réfraction de l'œil, position de la lentille, etc.

On peut aussi se faire une bonne idée de la dimension des divers objets que l'on voit en connaissant l'un d'eux. Or on sait que la papille a un diamètre d'environ $1^{mm},5$ à $1^{mm},8$. En se reportant à cette papille, on peut donc faire des mesures approximatives sur la rétine.

Passons maintenant a l'image droite. — Supposons d'abord que l'œil observé et l'œil observateur

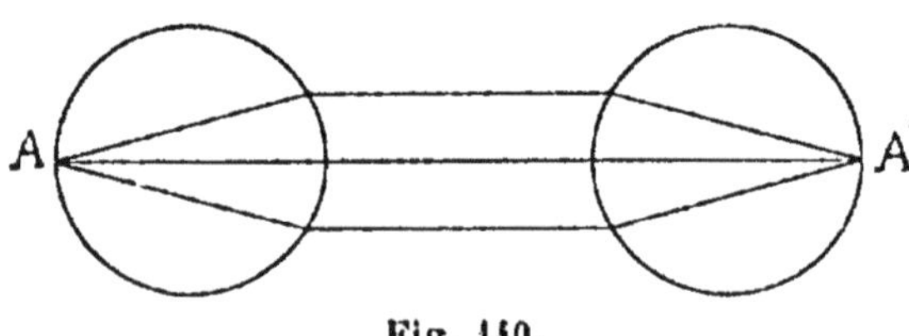

Fig. 140.

soient tous deux emmétropes. Un point A de la rétine de l'œil observé envoie sur la pupille un faisceau conique divergent, qui, après réfraction, sort parallèlement de l'œil, à la condition que cet œil n'accommode pas. L'œil observateur reçoit ce faisceau parallèle et, après réfraction, le fait converger en un point de sa rétine. L'observateur voit donc nettement la rétine de l'observé sans aucune interposition de lentille.

Supposons maintenant que l'observé devienne hypermétrope, ou, ce qui revient au même, que l'on place devant l'œil emmétrope observé une lentille divergente, ce qui rend cet œil hypermétrope; les rayons n'arrivent plus à l'œil observateur parallèle-

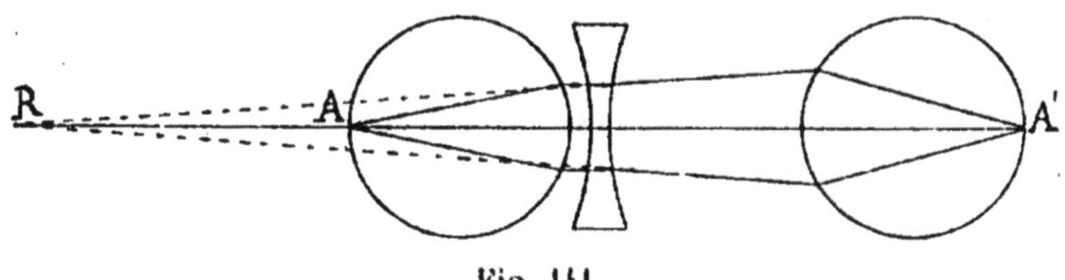

Fig. 141.

ment, mais ils divergent d'un point R, et l'œil observateur pourra encore voir une image nette à la condition d'accommoder sur ce point R. Plus le verre divergent sera fort, plus il devra accommoder, à moins qu'il ne soit lui-même myope et ait son *punctum remotum* en R.

Supposons maintenant au contraire que l'œil observé devienne myope, ou, ce qui revient au même, que l'on place devant l'œil emmétrope une lentille convergente. Les rayons lumineux arrivent à l'œil observateur en convergeant, et cet œil ne pourra plus voir nettement la rétine, à moins qu'il ne s'arme

d'un verre divergent dont le foyer sera en R, c'est-à-
dire, si les deux yeux sont très près l'un de l'autre,
d'un verre qui neutralise la lentille convergente
placée devant l'œil observé, ce qui est précisément le

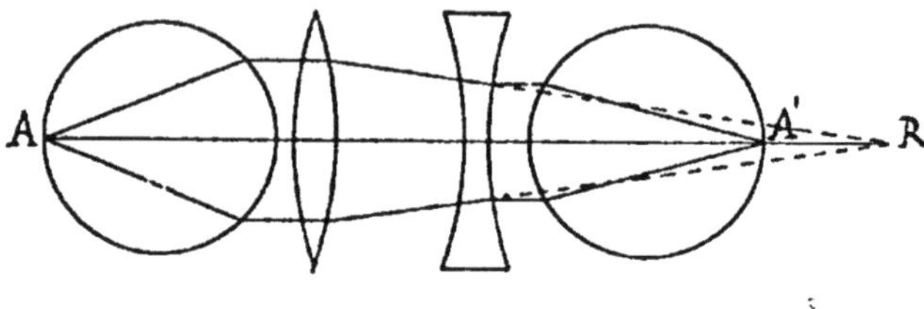

Fig. 142.

verre correcteur de cette myopie. L'œil observateur
pourrait aussi voir nettement la rétine de l'observé
sans verre, s'il était hypermétrope et avait son *punctum remotum* en R. Cet œil serait équivalent à un œil
emmétrope armé d'une lentille divergente ayant son
foyer en R.

Mesure de l'amétropie de l'œil observé. — Il
résulte de ce qui précède un moyen de déterminer
le verre correcteur d'un œil, en dehors de l'astigmatisme.

Supposons d'abord que l'observateur soit emmétrope. S'il cherche à voir l'image droite et ne peut
y parvenir par suite d'une amétropie de l'œil observé, c'est que l'œil observé est myope. Nous ren-
trons donc dans le dernier des cas que nous venons
d'examiner; on fera passer entre les deux yeux des
verres divergents, et le verre le plus faible qui permettra de voir nettement la rétine sera le verre
correcteur, car il aura son foyer au point R de la

figure précédente. Un verre plus faible ne ramènerait pas les rayons au parallélisme ; un verre plus fort les rendrait divergents et permettrait aussi de voir la rétine ; mais on aurait dépassé la correction.

Supposons maintenant que l'observateur emmétrope voie bien la rétine ; l'œil observé peut être emmétrope ou hypermétrope, comme nous l'avons vu, mais il est aisé de distinguer ces deux cas l'un de l'autre.

Faisons passer entre les deux yeux un verre convergent ; si l'œil examiné était emmétrope, il deviendra myope, et nous cesserons de voir nettement la rétine.

Si au contraire l'œil était hypermétrope, les rayons sortant de cet œil en divergeant sont de plus en plus ramenés vers le parallélisme à mesure que nous forçons le verre, et nous continuons à voir la rétine jusqu'au moment de la correction de l'hypermétropie. A partir de ce moment, un verre plus fort rendrait les rayons convergents, et l'on ne verrait plus nettement il faut donc prendre comme verre correcteur le verre le plus fort qui permette de voir encore nettement la rétine.

Que se passera-t-il maintenant si l'œil observateur n'est plus emmétrope ? Il faut tenir compte de son amétropie.

Pour tenir compte de cette amétropie, il suffit, par la pensée, de partager en deux le verre qu'il a fallu intercaler entre l'observé et l'observateur pour voir nettement la rétine, et d'attribuer à l'observateur la part qui lui est nécessaire pour le corriger; ce qui reste sera la correction de l'observé.

Autrement dit, au moment où l'on voit nettement, les deux yeux sont ramenés à l'emmétropie par le verre intercalé. Comme on connaît la part qui revient à l'observateur, on en déduit la part revenant à l'observé.

Exemple : 1° L'observateur est corrigé par le verre — 4; l'ensemble des deux yeux est corrigé par — 6; il revient — 2 à l'observé;

2° L'observateur est corrigé par — 4; l'ensemble des deux yeux est corrigé par + 1; il revient + 5 à l'observé;

3° L'observateur est corrigé par + 2; l'ensemble des deux yeux est corrigé par — 6; il revient — 8 à l'observé;

4° L'observateur est corrigé par + 2; l'ensemble des deux yeux est corrigé par + 1; il revient — 1 à l'observé.

La règle générale est de retrancher toujours le verre de l'observateur avec son signe du verre correcteur avec son signe, de l'ensemble des deux yeux.

Il est bon, à titre d'exercice, d'examiner en détail chacun de ces cas et de ne pas se contenter de savoir par cœur la règle que je viens de formuler.

Voici la marche à suivre pour se rendre compte de ce qui se passe :

Prenons l'un quelconque des cas que je viens d'examiner, le troisième par exemple.

L'observateur voit la rétine observée à l'aide d'un

verre — 6. Comme, pour se rendre emmétrope, il a besoin d'un verre + 2, s'il mettait ce verre + 2, pour ne rien changer à la réfraction de l'ensemble, il faudrait remplacer — 6 par —8.

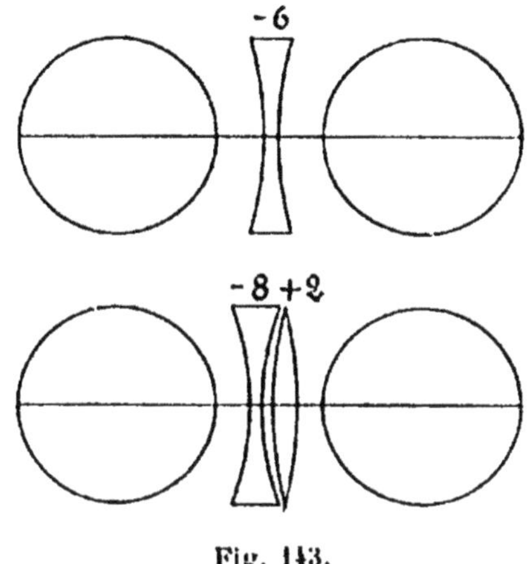

Fig. 143.

L'œil observateur avec son verre + 2 est maintenant emmétrope ; s'il voit la rétine de l'autre œil désaccommodé, c'est que cet autre œil est emmétrope ; donc l'œil examiné armé d'un verre — 8 est emmétrope, c'est-à-dire que — 8 est son verre correcteur.

Rendons-nous encore compte des diverses transformations des rayons lumineux. Un point a de la rétine observée envoie sur la pupille un cône lumineux qui, à la sortie de l'œil, convergerait à son *punctum remotum* R situé à $\frac{1}{8}$ de mètre en avant de l'œil. Mais la lentille — 8 (fig. 144) B transforme ces rayons en rayons parallèles entre eux. Ces rayons parallèles tombent sur la lentille + 2 et iraient converger au *punctum remotum* H de l'œil hypermétrope observateur, situé à $\frac{1}{2}$ mètre derrière cet œil. Cet œil fait alors converger les rayons sur sa rétine.

Quand on fait usage de la lentille — 6 seulement,

il n'y a qu'à condenser ce qui se passe entre les deux lentilles en fusionnant ces deux lentilles. Du reste, dans ces conditions, on voit que l'œil observé n'est corrigé qu'incomplètement ; il lui reste encore

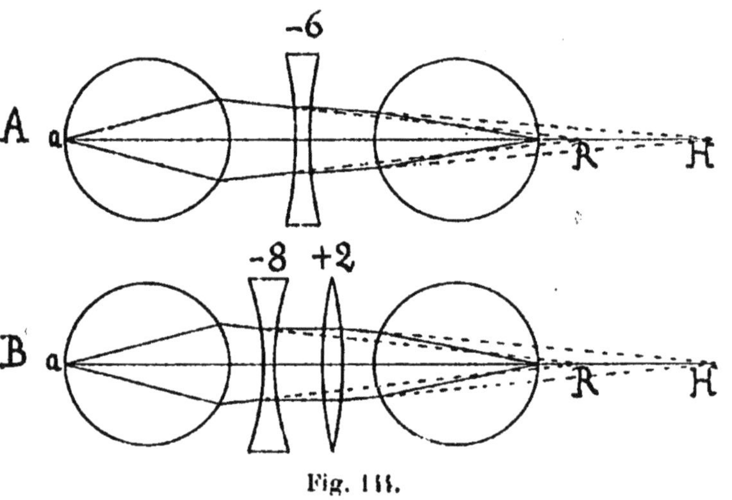

Fig. 111.

2 dioptries de myopie, par conséquent les rayons lumineux qui partent d'un point de sa rétine vont converger à $\frac{1}{2}$ mètre en avant de cet œil, c'est-à-dire au *remotum* de l'œil observateur, si toutefois l'on néglige la distance des deux yeux, ce qui constitue une cause d'erreur devenant, comme il a déjà été dit, importante dans le cas des fortes amétropies.

REMARQUE IMPORTANTE. — Dans ce que j'ai dit, je n'ai tenu aucun compte de la distance entre les deux yeux ; je les suppose assez voisins pour que le verre correcteur placé entre eux puisse à la fois corriger les deux yeux ; en réalité, quoique l'on cherche à s'approcher le plus possible, on n'arrive jamais à réaliser cette condition. Les verres correcteurs employés sont placés derrière le petit trou de l'ophtalmoscope ; ils sont donc bien situés pour l'œil observateur, mais en général ils sont trop loin de l'œil observé, et il en résulte une erreur qui peut être grave pour les fortes amétropies.

Je citerai un exemple pour donner une idée des erreurs que l'on peut introduire ainsi.

Supposons, pour plus de simplicité, que l'observateur soit emmétrope et que, par le procédé indiqué, il trouve comme verre correcteur de l'observé — 10, cela veut dire que l'observé est corrigé par — 10, *placé à l'endroit où était ce verre lors de la détermination*, c'est-à-dire que le *punctum remotum* de cet œil myope est à 10 centimètres au delà du verre. Si, lors de la mesure, on ne

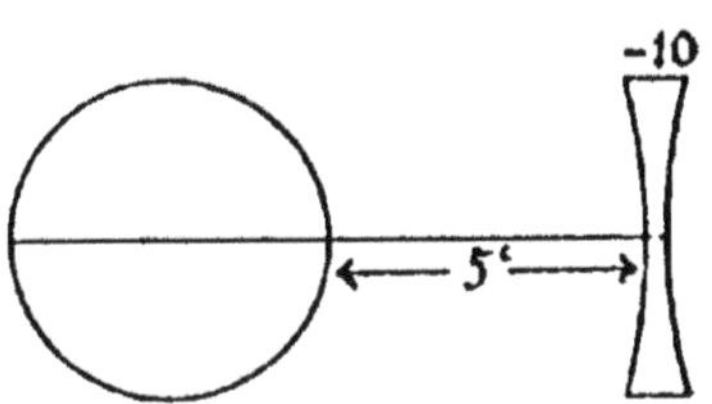

Fig. 115.

s'est mis qu'à 5 centimètres de l'œil à mesurer, le *punctum remotum* est à 15 centimètres de la cornée. Or le verre correcteur se place à environ 1ᶜᵐ,5 en avant de la cornée ; il faut donc lui donner une distance focale de $10 + 3,5 = 13^{cm},5$, ce qui donne une puissance de 7ᴰ,4.

On voit que le verre correcteur qu'il faut donner à porter pour une correction parfaite est inférieur à celui que l'on a trouvé. Ceci est d'autant plus grave que nous savons que, pour la myopie, il faut se tenir notablement au-dessous de la correction. Avec la détermination faite par l'ophtalmoscope, nous avons trouvé — 10 ; on donnerait le verre correcteur — 6 ou même — 7, ce qui serait mauvais. Il faut donc toujours avoir cette cause d'erreur présente à l'esprit.

On peut, par ce même procédé de l'image droite, déterminer l'astigmatisme d'un œil, en examinant les vaisseaux de la rétine qui ont des directions variées.

On ne les verra pas tous nettement à la fois, s'il y a astigmatisme, et l'on peut, théoriquement, en prenant des vaisseaux de diverses directions, déterminer la réfraction pour divers méridiens ; mais il ne faut pas se dissimuler que, dans ce cas, pratiquement, les déterminations sont très incertaines et extrêmement difficiles à faire.

Nous avons vu plus haut que, lors de l'emploi des verres divergents très puissants, c'est-à-dire de fortes myopies, on introduisait de grandes erreurs dans la détermination du verre correcteur. Dans ce cas, on peut assez facilement déterminer cette myopie par la méthode de l'image renversée, voici comment :

Il faut déterminer l'endroit où se forme l'image renversée de la rétine : cela donne la position du *punctum remotum*. Le problème se ramène donc à celui-ci : déterminer le point où se forme l'image renversée de la rétine.

Un premier procédé consiste à s'approcher de plus en plus de l'observé en regardant sa rétine, jusqu'au moment où l'on cesse de voir nettement ; à ce moment, il est évident que l'image se rapproche trop de l'observateur; elle dépasse son *punctum proximum*. Mais, en se mettant au point le plus rapproché où l'on peut encore voir nettement, il suffit de retrancher la distance de son propre *punctum proximum* de la distance des deux yeux pour avoir la distance du *punctum remotum* de l'observé.

Le second procédé consiste à se donner une myopie déterminée, 10 dioptries par exemple; on s'éloigne alors de l'œil observé, jusqu'à ce que l'on cesse de voir : la distance la plus éloignée à laquelle on puisse voir nettement est égale à la somme des distances du *punctum remotum* à l'œil pour l'observateur et pour l'observé.

Ces procédés peuvent être utiles, car il suffit d'un ophtalmoscope à réfraction, que l'ophtalmologiste a toujours sur lui, pour les appliquer. Si, au contraire, on peut disposer d'une boîte de verres, l'ophtalmoscope permet de déterminer les amétropies avec la plus grande précision et la plus grande facilité à l'aide de la méthode de l'ombre pupillaire, ou méthode de Cuignet, appelée encore skiascopie.

Pour déterminer une amétropie par la méthode de l'ombre pupillaire, voici comment on opère : on prend un ophtalmoscope plan, et l'on se place vis-à-vis du sujet à examiner, à la distance de 1 mètre. On éclaire comme pour l'observation de la rétine, en demandant au sujet de regarder un point éloigné derrière l'observateur par-dessus son épaule *droite*, si l'on étudie l'œil *droit*; par-dessus l'épaule *gauche*, si l'on étudie l'œil *gauche*.

Dans ces conditions, la pupille de l'œil soumis à l'examen paraît uniformément éclairée. On fait ensuite tourner l'ophtalmoscope entre les doigts, de façon à promener la tache lumineuse qui l'envoie sur la figure du sujet de droite à gauche et de gauche à droite. On voit alors une ombre envahir peu à peu la pupille du sujet, et, suivant la marche de cette ombre, on tirera des conclusions conduisant à la détermination de l'amétropie.

En premier lieu, l'ombre peut marcher dans le même sens que la tache lumineuse. On dit alors qu'elle est *directe*.

En second lieu, l'ombre peut être *inverse*, c'est-à-dire marcher en sens inverse de la tache lumineuse.

Enfin il peut se produire un cas très important, c'est celui où la pupille s'éclaire subitement ou retombe dans son ensemble dans l'ombre, sans qu'il soit possible de voir l'ombre progresser d'un côté à l'autre de la pupille. On croit voir une lumière s'éteindre ou s'allumer à l'intérieur de l'œil. Lorsque ce troisième cas se présente, on peut immédiatement en conclure que le verre correcteur du sujet est le verre — 1, verre divergent de 1 dioptrie. C'est-à-dire encore que l'on a affaire à un myope de 1 dioptrie.

Si l'on a l'ombre inverse, on a encore affaire à un myope, mais il a plus de 1 dioptrie. Pour savoir quel est son verre correcteur, faisons passer devant son œil une série de verres divergents de puissance croissante ; il se corrigera peu à peu. Il arrivera un moment où, continuant à observer l'ombre pupillaire à travers ces verres correcteurs par la méthode indiquée plus haut, on verra l'ombre envahir subitement la pupille, un verre plus faible donnant encore l'ombre inverse, un verre plus fort une ombre directe. Ce verre nous aura ramené au cas précédent, c'est-à-dire que le sujet porteur de ce verre aura encore 1 dioptrie de myopie; il suffira donc d'ajouter — 1 à la valeur de ce verre pour avoir la correction complète.

Si, au début de l'observation, on a une ombre directe, on opère comme dans le cas précédent; toutefois, au lieu d'employer des verres divergents, on fait passer devant l'œil examiné des verres convergents de puissance croissante. Il arrive un moment où l'on retrouve l'ombre envahissant d'un seul coup, un verre plus faible donnant encore l'ombre directe, un verre plus fort l'ombre inverse. Ce verre nous a de nouveau fait retomber sur le premier cas; le sujet portant ce verre aura 1 dioptrie de myopie, et, pour le ramener à l'emmétropie, il faudra lui superposer un verre — 1, ce qui revient à retrancher 1 unité au verre convergent ayant produit l'envahissement d'un seul coup. La règle est donc simple : il faut toujours, une fois l'envahissement d'un seul coup obtenu, ajouter — 1 à la puissance du verre qui produit cet effet.

Remarquons que, dans le cas où c'est la lentille convergente de 1 dioptrie qui produit l'envahissement d'un seul coup, $+ 1 - 1 = 0$, c'est-à-dire que le sujet examiné est emmétrope.

Voyons maintenant quelle est l'explication de ce phénomène.

Elle repose tout entière sur la petite expérience suivante :

Avec une lentille divergente, faisons en I une image d'un point lumineux, situé plus ou moins loin vers la gauche, et en EE recevons le prolongement du faisceau lumineux sur un écran. Nous aurons sur cet écran une tache lumineuse.

Prenons maintenant à la main un petit écran *e*, et introduisons-le dans le faisceau lumineux après son entre-croisement en I ; nous verrons sur EE l'ombre

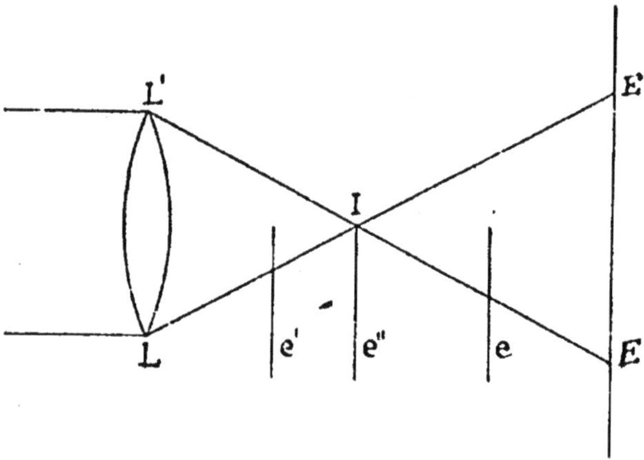

Fig. 146.

de l'écran *e* marcher dans le même sens que *e* ; cela ressort de toute évidence de l'examen de la figure 146. Faisons maintenant la même opération avant l'entre-croisement ; nous supprimerons les rayons LI, qui, après le point I, changent de côté dans le faisceau, c'est-à-dire que l'ombre sur l'écran marchera en sens

inverse de e'. Enfin, si nous passons l'écran dans
le faisceau au point de croisement I, il est évident
que nous supprimons tous les rayons simultanément ;
la lumière et l'obscurité se produisent brusquement
sur EE.

Considérons maintenant un œil myope représenté
à gauche de la figure 147, ayant son *punctum remotum*
dans le plan PR, et une petite zone éclairée *ab* sur la

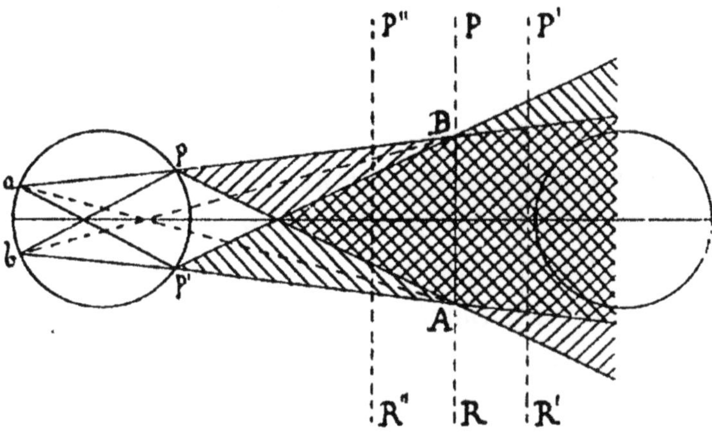

Fig. 147.

rétine ; pp' figure l'ouverture de la pupille. La
petite tache lumineuse *ab* donne dans le plan PR une
image aérienne AB, nous le savons. Tous les rayons,
partant de *ab* après avoir traversé la pupille, vont
passer par divers points de AB.

Considérons tous les rayons partant de *ab* et passant
au bord p de la pupille. Ils sont contenus dans un
cône *apb*, et, après réfraction, ils sortiront de l'œil
dans le cône ApB. Figurons la région de l'espace où
ils se trouvent par des hachures inclinées ▨. De même,

tous les rayons partant de *ab* et passant à l'autre bord *p'* de la pupille seront, après la sortie, contenus dans une région de l'espace marquée ▨. Il est inutile de considérer les rayons passant aux autres points de la pupille ; il est aisé de se représenter quel sera leur rôle. Supposons l'œil observateur figuré vers la droite placé au delà de PR, par rapport à l'œil observé, en P'R' par exemple. Si cet œil observateur se trouve dans la région commune aux deux faisceaux, il reçoit de la lumière de *p*, de *p'* et, il est aisé de le comprendre, des points intermédiaires entre *p* et *p'* ; toute la pupille *pp'* lui paraîtra lumineuse. Si cet œil se déplace vers P", de bas en haut sur la figure, il sort du faisceau venant de *p* avant de sortir du faisceau venant de *p'* ; il lui semble donc voir une ombre envahissant la pupille par *p*. Si, au contraire, l'œil observateur était placé en deçà de PR, en P"R" par exemple, en quittant la partie commune aux deux faisceaux par son déplacement de bas en haut, il perdrait les rayons issus de *p'* avant ceux issus de *p*, et l'ombre semblerait envahir la pupille par *p'* ; ce serait le contraire du cas précédent.

Enfin, si l'œil se trouvait dans le plan PR même, on voit que dans son déplacement il perdrait simultanément les rayons *p* et les rayons *p'* ; l'ombre envahirait simultanément toute la pupille.

Au lieu de déplacer l'œil observateur, supposons que nous déplacions *ab* sur la rétine ; AB se déplacerait simultanément dans le plan PR ; les rayons lumineux tourneraient autour des points *p* et *p'*, et il est aisé de voir que ces déplacements donneraient par le même mécanisme que tout à l'heure des ombres directes, inverses ou subites, suivant que l'œil observateur serait au delà de PR, en deçà ou en PR même. Il revient, en effet, au même de déplacer l'œil de bas en haut dans le faisceau lumineux ou de déplacer le faisceau lumineux dans l'espace en laissant l'œil fixe.

C'est ce que l'on fait dans la pratique : on déplace sur la rétine une petite plage lumineuse *ab*, et, suivant l'ombre que l'on observe, on reconnaît que l'on est plus éloigné, plus rapproché, ou au point conjugué même de la rétine, par rapport au système optique de l'œil.

On sait d'ailleurs que ce point conjugué est le *punctum remotum* de l'œil, quand cet œil est non accommodé. C'est pourquoi, dans l'observation, pour éviter l'accommodation, on recommande au sujet de regarder au loin derrière l'observateur, et ce que l'on détermine en réalité par l'examen de l'ombre, c'est si l'on est au *punctum remotum*, plus près ou plus loin.

Il nous reste à voir comment on déplace sur la rétine une petite plage lumineuse *ab*.

On place une lumière L à côté du sujet et, avec un miroir plan MM, on éclaire l'œil observé. Dans ces conditions, L donne dans le miroir une image L' qui forme sur la rétine une image *l* obtenue en joignant L' au centre optique de l'œil et prolongeant cette droite jusqu'à la rétine en *l*. Faisons tourner le miroir dans le sens de la flèche, il vient en M'M'. L forme alors une image en L″ qui donnera *l″* sur la rétine.

C'est cette image *l'* ou *l"* qui représente la plage *ab*
du raisonnement précédent.

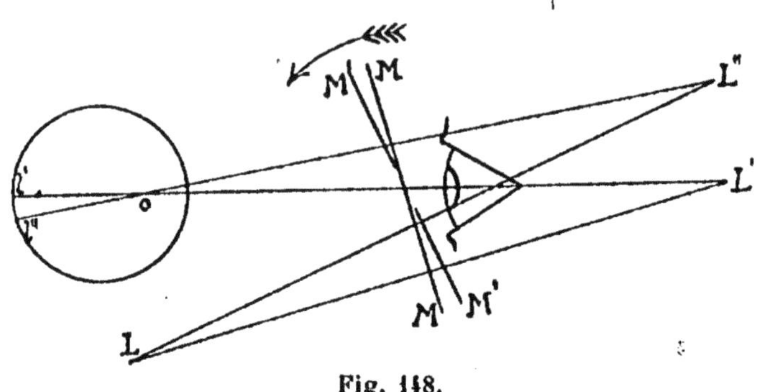

Fig. 148.

Si, au lieu de se servir d'un miroir plan, on avait
pris un miroir concave donnant de L une image L'

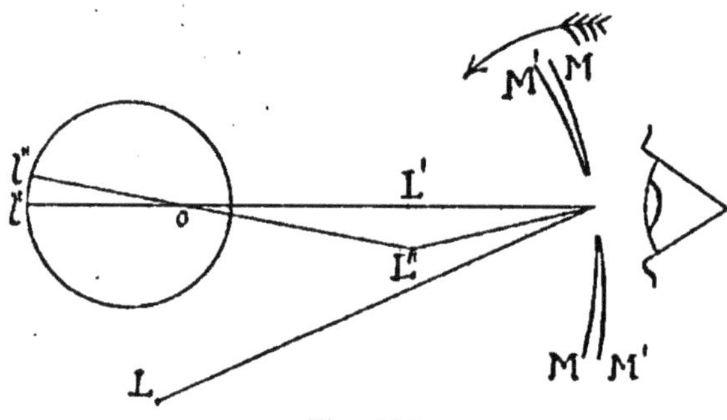

Fig. 149.

située entre le miroir et l'œil, L' aurait donné sur la
rétine l'image *l'*. Quand on fait alors tourner le
miroir dans le sens de la flèche, l'image de L dans
le miroir vient en L', ce qui donne *l"* sur la rétine.

On voit qu'en passant du miroir plan au miroir
concave à court foyer le déplacement de l'image sur
la rétine change de sens pour une même rotation du
miroir; c'est pourquoi, dans la pratique, on observe

des phénomènes inverses avec le miroir plan et avec le miroir concave.

Avec un miroir concave à très long foyer donnant de L une image non située entre le miroir et l'œil, on observe le même phénomène qu'avec le miroir plan.

Cette démonstration doit suffire pour faire comprendre les divers détails de l'observation de l'ombre pupillaire ; il n'y a aucun intérêt à entrer dans l'étude approfondie et spéciale de chaque cas particulier. L'important est de pouvoir comprendre quelle est la nature du phénomène et pourquoi il change de sens quand on passe d'un cas à un autre, ce à quoi on arrivera facilement à l'aide des explications qui viennent d'être données.

TABLE DES MATIÈRES

QUATRIÈME LEÇON

CINQUIÈME LEÇON

SIXIÈME LEÇON

SEPTIÈME LEÇON

HUITIÈME LEÇON

NEUVIÈME LEÇON

8940-06. — Corbeil, Imprimerie Éd. Crété.

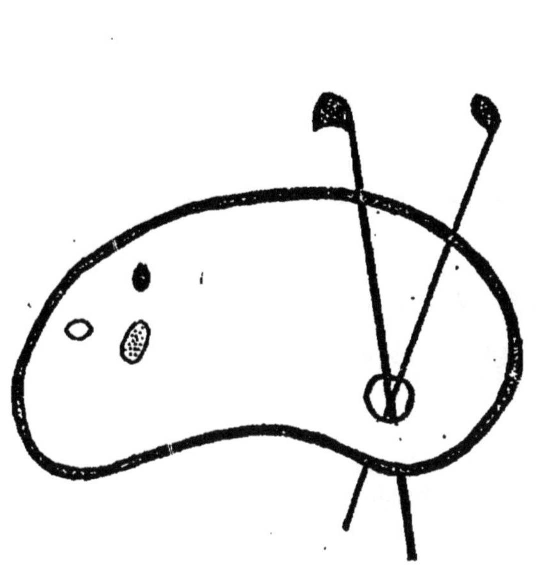

DEBUT D'UNE SERIE DE DOCUMENTS
EN COULEUR

Les Fractures des Os longs
Leur traitement pratique

PAR LES D^{rs}

J. HENNEQUIN	ROBERT LŒWY
Membre de la Société de Chirurgie.	Ancien interne des hôpitaux

1 volume in-8°, avec 215 figures dans le texte . . . . **16 fr.**

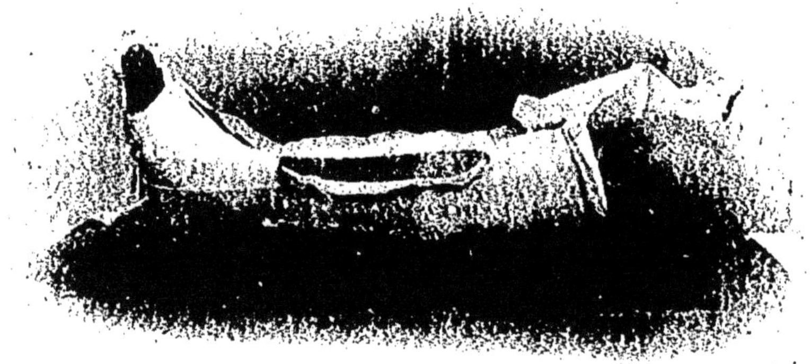

Fig. 41. — Appareil plâtré de jambe.

Manuel de Pathologie externe
Par MM. RECLUS, KIRMISSON, PEYROT, BOUILLY
Professeurs et agrégés à la Faculté de Paris, Chirurgiens des Hôpitaux.

Septième édition, entièrement refondue et largement illustrée.

I. Maladies des tissus et des organes, par le Pr P. RECLUS.
II. Maladies des régions, Tête et Rachis, par le Pr KIRMISSON.
III. Maladies des régions, Poitrine, Abdomen, par le Dr PEYROT.
IV. Maladies des régions, Organes génito-urinaires, par le Dr BOUILLY.

4 volumes in-8°. **40 fr.** Chaque volume séparément **10 fr.**

Précis de Chirurgie cérébrale
Par Aug. BROCA
Chirurgien de l'hôpital Tenon, agrégé à la Faculté de médecine

1 vol., avec 58 figures . . . . **6 fr.**

Traité des Maladies chirurgicales ♥ ♥ ♥ ♥ ♥ ♥ ♥ ♥ ♥ ♥ ♥ d'origine congénitale

Par le Pʳ KIRMISSON

Professeur de clinique chirurgicale infantile à la Faculté de médecine
Chirurgien de l'hôpital Trousseau. Membre de la Société de Chirurgie.

1 volume in-8°, avec 311 figures et 2 planches en couleurs. . . . . **15 fr.**

Les Difformités acquises ♥ ♥ ♥ ♥ ♥ ♥ ♥ ♥ ♥ ♥ ♥ ♥ ♥ de l'Appareil locomoteur

PENDANT L'ENFANCE ET L'ADOLESCENCE
Par le Pʳ KIRMISSON

1 volume in-8°, avec 430 figures dans le texte. . . . . **15 fr.**

Leçons cliniques de Chirurgie infantile
Par A. BROCA

Professeur agrégé, Chirurgien de l'hôpital Tenon (Enfants Malades)

DEUXIÈME SÉRIE

1 volume in-18, avec 99 figures. . . . . **10 fr.**

Technique du Traitement ♥ de la Coxalgie

Par le Dʳ F. CALOT

Chirurgien en chef de l'hôpital Rothschild, de l'hôpital Cazin-Perrochaud, etc.

1 volume grand in-8°, avec 178 figures dans le texte.   **7 fr.**

Technique du Traitement
de la Luxation Congénitale
DE LA HANCHE

Par le Dʳ F. CALOT

1 volume in-8°, avec 206 figures et 5 planches en photocollographie. . . . **7 fr.**

Traité de Pathologie générale

PUBLIÉ PAR

CH. BOUCHARD

MEMBRE DE L'INSTITUT
PROFESSEUR DE PATHOLOGIE GÉNÉRALE A LA FACULTÉ DE MÉDECINE DE PARIS

SECRÉTAIRE DE LA RÉDACTION
G.-H. ROGER
Professeur agrégé à la Faculté de médecine de Paris, Médecin des hôpitaux.

COLLABORATEURS :

MM. ARNOZAN — D'ARSONVAL — BENNI — R. BLANCHARD — BOINET — BOULAY — BOURCY — BRUN — CADIOT — CHABRIÉ — CHANTEMESSE — CHARRIN — CHAUFFARD — J. COURMONT — DEJERINE — PIERRE DELBET — DEVIC — DECAMP — MATHIAS DUVAL — FÉRÉ — GAUCHER — GILBERT — GLEY — LOUGET — GUIGNARD — LOUIS GUINON — J.-F. GUYON — HALLÉ — HÉNOCQUE — HUGOUNENQ — LAMBLING — LANDOUZY — LAVERAN — LEBRETON — LE GENDRE — LEJARS — LE NOIR — LERMOYEZ — LESNÉ — LETULLE — LUBET-BARBON — MARFAN — MAYOR — MENETRIER — MORAX — NETTER — PIERRET — G.-H. ROGER — GABRIEL ROUX — RUFFER — SICARD — RAYMOND TRIPIER — VUILLEMIN — FERNAND WIDAL.

6 volumes grand in-8°, avec figures dans le texte . . **126** fr.

TOME I. — 1 vol. grand in-8° de 1018 pages, avec figures dans le texte. **18** fr.

TOME II. — 1 vol. grand in-8° de 940 pages, avec figures dans le texte. **18** fr.

TOME III. — 1 volume in-8° de 1400 pages, avec figures dans le texte, publié en deux fascicules. . . . . **28** fr.

TOME IV. — 1 volume in-8° de 719 pages, avec figures dans le texte . **16** fr.

TOME V. — 1 volume in-8° de 1180 pages, avec nombreuses figures dans le texte . . . . **28** fr.

TOME VI. — 1 volume in-8° de 685 pages, avec figures dans le texte. **18** fr.

Chaque volume est vendu séparément.

Pathologie générale ✧✧✧✧✧✧✧

✧✧✧✧✧✧✧✧✧✧✧✧ expérimentale

Processus généraux ✧✧

PAR LES

Dr CHANTEMESSE
Professeur à la Faculté de Paris.

Dr PODWYSSOTZKY
Professeur à l'Université d'Odessa.

TOME I. — Histoire naturelle de la maladie. — Hérédité. — Atrophies. — Dégénérescence. — Concrétions. — Gangrènes.

1 vol. grand in-8°, avec 162 figures en noir et en couleurs. . . . **22 fr.**

TOME II. — Hypertrophies. — Régénérations. — Tumeurs. — Pathologie de la circulation sanguine. — Pathologie du sang. — Pathologie de la lymphe et de la circulation lymphatique. — Inflammation. — Hypothermie. — Hyperthermie. — Fièvre.

1 vol. grand in-8°, avec 91 figures en noir et en couleurs . . . . **22 fr.**

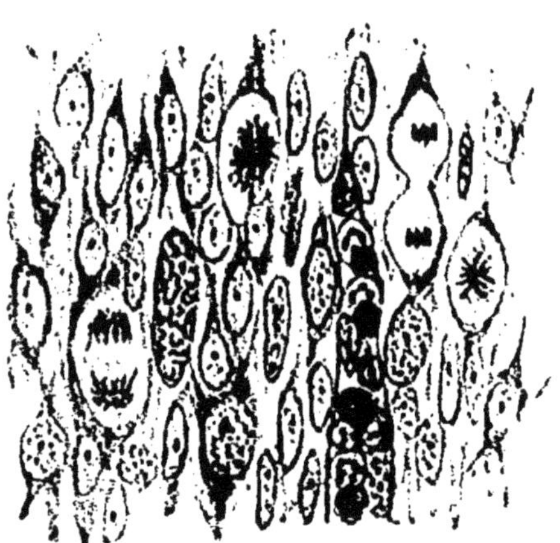

Fig. 70. — Cicatrice vieille de 5 jours.

Introduction

à l'Étude de la Médecine

par le Dr H. ROGER
Professeur à la Faculté de Médecine de Paris.
Médecin de l'hôpital d'Aubervilliers.

Deuxième édition. 1 vol. in-8°, suivi d'un lexique des termes techniques, broché **9 fr.**, cartonné . . . . **10 fr.**

CHARCOT — BOUCHARD — BRISSAUD

BABINSKI — BALLET — P. BLOCQ — BOIX — BRAULT — CHANTEMESSE — CHARRIN
CHAUFFARD — COURTOIS-SUFFIT — DUTIL — GILBERT — GUIGNARD — L. GUINON
GEORGES GUINON — HALLION — LAMY — LE GENDRE — MARFAN — MARIE
MATHIEU — NETTER — ŒTTINGER — ANDRÉ PETIT — RICHARDIÈRE
ROGER — RUAULT — SOUQUES — THOINOT — THIBIERGE — TOLLEMER — FERNAND WIDAL

OUVRAGE COMPLET

TRAITÉ DE MÉDECINE

DEUXIÈME ÉDITION (*Entièrement refondue*)

PUBLIÉE SOUS LA DIRECTION DE MM.

BOUCHARD	**BRISSAUD**
Professeur à la Faculté de médecine de Paris, Membre de l'Institut.	Professeur à la Faculté de médecine de Paris Médecin de l'hôpital St-Antoine.

10 volumes grand in-8°, avec figures dans le texte...... 160 fr.

TOME Ier

1 vol. grand in-8° de 845 pages, avec figures dans le texte .... **16 fr.**
Les bactéries. — Pathologie générale infectieuse.— Troubles et maladies de la nutrition. — Maladies infectieuses communes à l'homme et aux animaux.

TOME II

1 vol. grand in-8° de 896 pages, avec figures dans le texte. ...... **16 fr.**
Fièvre typhoïde. — Maladies infectieuses. — Typhus exanthématique. — Fièvres éruptives. — Érysipèle. — Diphtérie. — Rhumatisme articulaire aigu. — Scorbut.

TOME III

1 vol. grand in-8° de 702 pages, avec figures dans le texte. ...... **16 fr.**
Maladies cutanées. — Maladies vénériennes. — Maladies du sang. — Intoxications.

TOME IV

1 vol. grand in-8° de 680 pages, avec figures dans le texte. .... **16 fr.**
Maladies de l'estomac. — Maladies du pancréas. — Maladies de l'intestin. — Maladies du péritoine. — Maladies de la bouche et du pharynx.

TOME V

1 vol. grand in-8° de 943 pages, avec figures en noir et en couleurs dans le texte... **18 fr.**
Maladies du foie et des voies biliaires. — Maladies du rein et des capsules surrénales. — Pathologie des organes hématopoiétiques et des glandes vasculaires sanguines, moelle osseuse, rate, ganglions, thyroïde, thymus.

TOME VI

1 vol. gr. in-8° de 612 pages
avec figures dans le texte
14 fr.

Maladies du nez et du larynx. — Asthme. — Coqueluche. — Maladies des bronches. — Troubles de la circulation pulmonaire. — Maladies aiguës du poumon.

TOME VII

1 vol. gr. in-8° de 550 pages,
avec figures dans le texte.
14 fr.

Maladies chroniques du poumon.. — Phtisie pulmonaire. — Maladies de la plèvre — Maladies du médiastin.

TOME VIII

1 vol. gr. in-8° de 580 pages,
avec figures dans le texte.
14 fr.

Maladies du cœur. — Maladies des vaisseaux sanguins.

TOME IX

1 vol. gr. in-8° de 1092 pages,
avec figures dans le texte.
18 fr.

Maladies de l'encéphale. — Maladies de la protubérance et du bulbe. — Maladies intrinsèques de la moelle épinière. — Maladies extrinsèques de la moelle épinière. — Maladies des méninges. — Syphilis des centres nerveux.

Figure extraite du TOME X

Vient de paraître

TOME X et dernier

1 vol. grand in-8° de 1050 pages, avec figures dans le texte. **18 fr.**

Des névrites. — Pathologie des différents muscles et nerfs moteurs. — Tics Crampes fonctionnelles et professionnelles. — Chorées, Myoclonies. — Maladie de Thomsen. — Paralysie agitante. — Myopathie primitive progressive. — Amyotrophie Charcot-Marie et Werding Hoffmann. — Acromégalie, Achondroplasie, Gigantisme, Myxœdème. — Goitre exophtalmique. — Pathologie du grand sympathique. — Neurasthénie. — Épilepsie. — Hystérie. — Paralysie générale progressive. — Les Psychoses.

Table analytique des 10 volumes

BIBLIOTHÈQUE
d'Hygiène thérapeutique

FONDÉE PAR

Le Professeur PROUST

Membre de l'Académie de médecine, Inspecteur général des Services sanitaires.

Chaque ouvrage forme un volume cartonné toile,
et est vendu séparément : **4** francs.

VOLUMES PARUS :

L'Hygiène du Goutteux (2ᵉ *édition*). — L'Hygiène de l'Obèse. —
L'Hygiène des Asthmatiques. — L'Hygiène du Syphilitique. —
Hygiène et Thérapeutique thermales. — Les Cures thermales.
— Hygiène du Neurasthénique (2ᵉ *édition*). — Hygiène des Albu-
minuriques. — Hygiène des Tuberculeux *(2ᵉ édition)*. — Hygiène et Thérapeutique des Maladies de la bouche. — L'Hygiène
des Diabétiques. — L'Hygiène des Maladies du cœur. — L'Hygiène du Dyspeptique. — Hygiène et Thérapeutique des
Maladies des fosses nasales.

Traité d'Hygiène ✦ ✦ ✦ ✦ ✦ ✦ ✦ ✦ ✦

Par A. PROUST

Professeur à la Faculté de médecine de Paris,
Membre de l'Académie de médecine.

Troisième Édition, revue et considérablement augmentée

AVEC LA COLLABORATION DE :

A. NETTER   et   **H. BOURGES**
Professeur agrégé   Chef du laboratoire d'hygiène à la Faculté
Membre du Comité consultatif d'hygiène publique.   de médecine.

Ouvrage couronné par l'Institut et la Faculté de médecine.

1 vol. in-8° de 1240 pages, avec figures et cartes dans le texte, **25** francs.

L'Alimentation et les Régimes
Chez l'Homme sain et chez les Malades

PAR

Armand GAUTIER

Membre de l'Institut et de l'Académie de médecine
Professeur à la Faculté de médecine de Paris.

DEUXIÈME ÉDITION REVUE ET AUGMENTÉE

1 vol. in-8°, avec figures, broché . . . . **10** fr.

L'Ankylostomiase

Maladie sociale (Anémie des Mineurs)
Biologie, Clinique, Traitement, Prophylaxie

PAR

A. CALMETTE | **M. BRETON**
Directeur de l'Institut Pasteur de Lille. | Assistant à l'Institut Pasteur de Lille.

AVEC UN APPENDICE PAR **E. FUSTER**

1 vol. in-8 cartonné toile anglaise, avec figures dans le texte.   **5 fr.**

Traité de l'Alcoolisme

PAR

H. TRIBOULET | **Félix MATHIEU**
Médecin des Hôpitaux. | Médecin de l'Assistance à domicile.

Roger MIGNOT
Ancien chef de clinique à la Faculté, Médecin des Asiles publics d'aliénés.
Préface de M. le Professeur JOFFROY

1 vol. grand in-8° de 480 pages . . . . **6 fr.**

Guide pratique du Médecin

dans les Accidents du Travail
et leurs suites médicales et judiciaires

PAR

E. FORGUE | **E. JEANBREAU**
Professeur à la Faculté de Montpellier. | Agrégé à la Faculté de Montpellier.
1 vol. in-8°, broché. . . . . **4 fr. 50**

Vient de paraître

L'HÉRÉDITÉ des
Stigmates de Dégénérescence
et les FAMILLES SOUVERAINES

Par le Dr V. GALIPPE
Membre de l'Académie de Médecine.

PRÉFACE DE M. HENRI BOUCHOT, Membre de l'Institut.

1 vol. gr. in-8° carré, avec 278 figures et portraits dans le texte. Broché **15 fr.**

Traité de Physiologie

PAR

J.-P. MORAT	Maurice DOYON
PROFESSEUR A L'UNIVERSITÉ DE LYON	PROFESSEUR ADJOINT A LA FACULTÉ DE MÉDECINE DE LYON

5 volumes gr. in-8°, avec figures en noir et en couleurs dans le texte.
En souscription : **60 fr.**

TOME I. **Fonctions élémentaires.** — Prolégomènes, contraction. — Sécrétion, milieu intérieur, avec 194 figures. . . . . **15 fr.**

TOME II. **Fonctions d'innervation,** avec 263 figures. . . . . **15 fr.**

TOME III. **Fonctions de nutrition.** — Circulation. — Calorification, avec 173 figures . . . . **12 fr.**

TOME IV. **Fonctions de nutrition** (*suite et fin*). — Respiration, excrétion. — Digestion, absorption, avec 167 figures. . . . . **12 fr.**

Sous presse : TOME V ET DERNIER
Fonctions de relation et de reproduction.

Éléments de Physiologie Humaine

PAR

Léon FRÉDÉRICQ	ET	J.-P. NUEL

Professeurs à l'Université de Liége.

CINQUIÈME ÉDITION REVUE ET AUGMENTÉE

1 vol. grand in-8° de XXVI-716 p., avec 284 fig. . . . . . . **12 fr. 50**

Éléments de Chimie physiologique

PAR

Maurice Arthus

Chef de laboratoire à l'Institut Pasteur de Lille.

QUATRIÈME ÉDITION REVUE ET AUGMENTÉE

1 volume, avec figures . . . . **5 fr.**

La Pratique Dermatologique

Traité de Dermatologie appliquée

PUBLIÉ SOUS LA DIRECTION DE MM.

ERNEST BESNIER, L. BROCQ, L. JACQUET

PAR MM.

AUDRY, BALZER, BARBE, BAROZZI, BARTHÉLEMY, BÉNARD, ERNEST BESNIER
BODIN, BRAULT, BROCQ, DE BRUN, COURTOIS-SUFFIT,
DU CASTEL, A. CASTEX, J. DARIER, DEHU, DOMINICI, W. DUBREUILH, HUDELO
L. JACQUET, JEANSELME, J.-B. LAFFITTE, LENGLET, LEREDDE,
MERKLEN, PERRIN, RAYNAUD, RIST, SABOURAUD, MARCEL SÉE, GEORGES
THIBIERGE, TRÉMOLIÈRES, VEYRIÈRES.

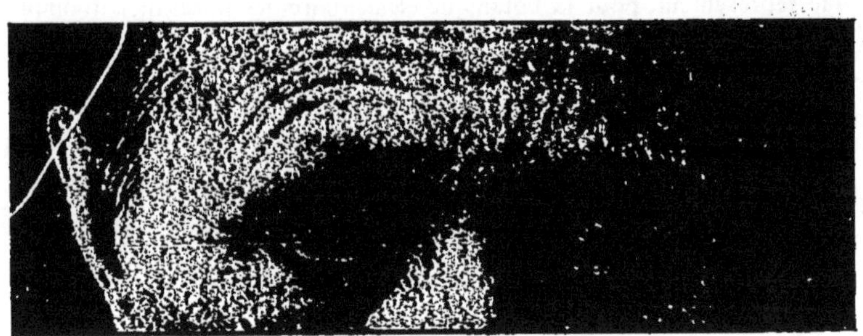

Tome IV. Agénésie sourcilière.

4 volumes reliés toile formant ensemble 3870 pages, et illustrés de 823 figures en noir et de 89 planches en couleurs. . . . . . . **156 fr.**
Chaque volume est vendu séparément.

TOME I. — 1 vol. avec 230 fig. et 24 planches . . . . **36 fr.**
Anatomie et Physiologie de la Peau. — Pathologie générale de la Peau. — Symptomatologie générale des Dermatoses. — Acanthosis nigricans à Ecthyma.

TOME II — 1 vol. avec 168 fig. et 21 planches. . . . . **40 fr.**
Eczéma à Langue.

TOME III. — 1 vol. avec 201 fig. et 19 planches. . . . . . **40 fr.**
Lèpre à Pityriasis.

TOME IV. — 1 vol. avec 213 fig. et 25 planches . . . . . **40 fr.**
Poils à Zona.

MANUEL ÉLÉMENTAIRE
de
Dermatologie topographique
régionale

PAR

R. SABOURAUD
Chef du laboratoire de la Ville de Paris à l'hôpital Saint-Louis.

1 volume grand in-8° de xII-736 pages, avec 231 figures dans le texte.
Broché . . . . **15 fr.** | Relié toile . . . . . . **16 fr.**

Ce livre, le premier ainsi conçu, réalise dans l'étude des maladies cutanées
ce que représentent, pour la botanique élémentaire, les flores dichotomiques
qui donnent le moyen de reconnaître une plante alors même qu'on la rencontre
pour la première fois.

Thérapeutique des
Maladies de la peau

PAR LE

Dr LEREDDE
Directeur de l'Établissement dermatologique de Paris.

1 vol. in-8° de 700 pages, broché . . . . **10 fr.**

Les Maladies du Cuir chevelu

PAR LE

Dr R. SABOURAUD
Chef du Laboratoire de la Ville de Paris à l'hôpital Saint-Louis.

I. — Maladies séborrhéiques : Séborrhée, Acnés, Calvitie
1 vol. in-8°, avec 91 figures dont 40 aquarelles en couleurs. **10 fr.**

II. — Maladies desquamatives : Pytiriasis et Alopécies pelliculaires
1 vol. in-8°, avec 122 fig. dans le texte en noir et en couleurs. **22 fr.**

Traité de Gynécologie
Clinique et Opératoire
PAR **Samuel POZZI**

Professeur de Clinique gynécologique à la Faculté de médecine de Paris,
Membre de l'Académie de médecine, Chirurgien de l'hôpital Broca.

QUATRIÈME ÉDITION ENTIÈREMENT REFONDUE
AVEC LA COLLABORATION DE **F. JAYLE**

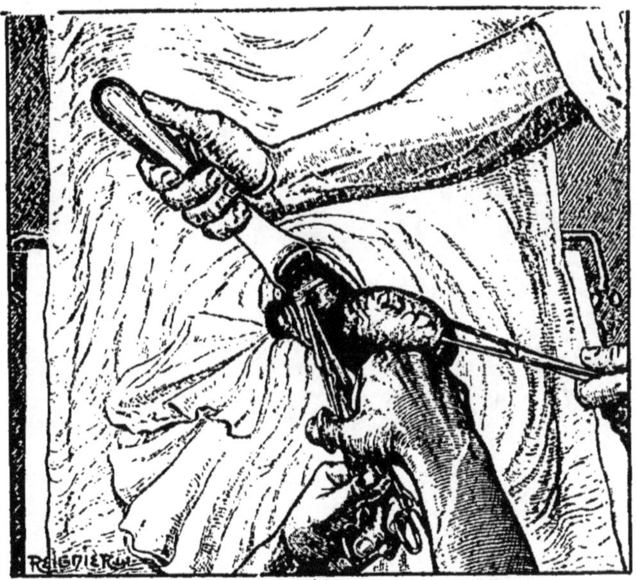

Vient de paraître :

Tome I. — Asepsie et Antisepsie. — Anesthésie. — Moyens de réunion et d'hémostase. — Exploration gynécologique. — Métrites. — Adénomes et adéno-myomes de l'utérus. — Cancer de l'utérus. — Sarcomes et endothéliomes de l'utérus. — Tumeurs utérines d'origine placentaire. — Déviations de l'utérus. — Prolapsus des organes génitaux. — Inversion de l'utérus. — Difformités du col de l'utérus. — Atrésie. — Sténose. — Atrophie. — Hypertrophie.

1 vol. grand in-8° de xv-765 pages, avec 526 figures dans le texte, relié toile. . . . . **20 fr.**

Le Tome II actuellement sous presse sera vendu **15** *fr.*

A dater de l'apparition du Tome II, le Tome premier ne sera plus vendu séparément et le prix de l'ouvrage complet sera porté à **40** *fr.*

Précis d'Obstétrique

PAR MM.

A. RIBEMONT-DESSAIGNES
Agrégé de la Faculté de médecine
Accoucheur de l'hôpital Beaujon
Membre de l'Académie de médecine.

G. LEPAGE
Professeur agrégé à la Faculté de médecine
de Paris
Accoucheur de l'hôpital de la Pitié.

SIXIÈME ÉDITION
AVEC 568 FIGURES DANS LE TEXTE, DONT 400 DESSINÉES PAR M. RIBEMONT-DESSAIGNES
1 vol. grand in-8° de 1420 pages, relié toile   30 fr.

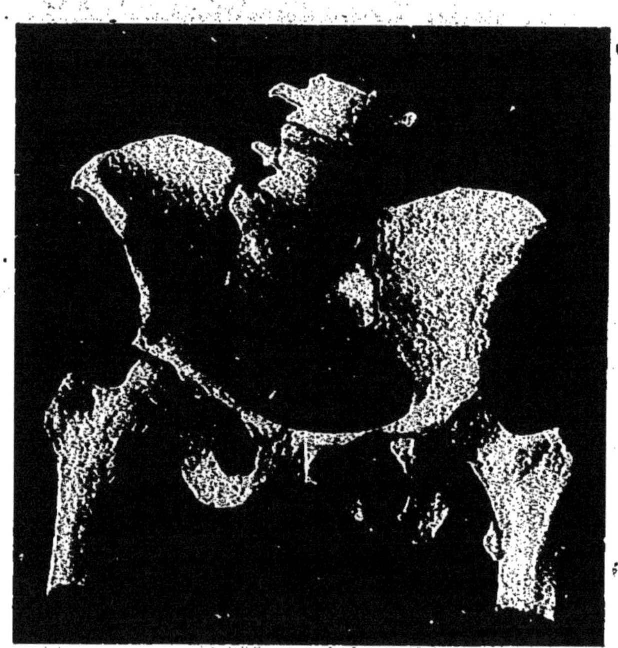

Fig. 376. — Bassin oblique avec synostose de l'articulation
sacro-iliaque du côté droit.

Cette nouvelle édition du **Précis d'obstétrique** est le résultat d'un remaniement complet. En supprimant la presque totalité des notions anatomophysiologiques concernant l'appareil génital de la femme et en procédant à une révision soigneuse des figures et du texte, les auteurs ont pu, sans augmenter le volume : 1° ajouter un certain nombre de figures nouvelles ; 2° développer certaines questions de pratique, telles que celles des complications et hémorragies de la délivrance, des infections puerpérales, des ruptures de l'utérus, de l'ophtalmie purulente des nouveau-nés, etc.; mettre au point la plupart des questions importantes ; 3° traiter des sujets nouveaux, tels que l'application de la radiographie à l'obstétrique. A la pathologie médicale du nouveau-né ont été ajoutées des notions sommaires sur la pathologie chirurgicale de l'enfant qui vient de naître.

Précis d'Histologie

Par M. Mathias DUVAL

Professeur à la Faculté de Paris, Membre de l'Académie de médecine.

Deuxième édition, revue et augmentée.

1 volume grand in-8°, avec 427 figures . . . . **18** fr.

Manuel d'Anatomie microscopique ❦❦

❦❦❦❦❦❦❦❦❦❦❦❦ et d'Histologie

Par M. P.-E. LAUNOIS

Professeur agrégé, médecin des hôpitaux.

Préface de M. le P' Mathias DUVAL

Deuxième édition, refondue.

1 volume, avec 261 figures . . . . **8** fr.

Précis de Microbie

Technique et microbes pathogènes

Par M. le D' L.-H. THOINOT

Professeur agrégé, médecin des hôpitaux

et E.-J. MASSELIN

Médecin-vétérinaire.

Quatrième édition, entièrement refondue.

1 volume, avec figures en noir et en couleurs. . . . . **8** fr.

Précis de Bactériologie médicale

Par F. BERLIOZ

Professeur à l'Université de Grenoble.

Avec une Préface du professeur LANDOUZY

1 volume, avec figures. . . . . **6** fr.

Trypanosomes ❦❦❦❦❦❦❦❦❦❦

❦❦❦❦❦❦❦ et Trypanosomiases

PAR

A. LAVERAN	**F. MESNIL**
De l'Institut et de l'Académie de médecine.	Chef de Laboratoire à l'Institut Pasteur.

1 vol. grand in-8°, avec 61 figures et 1 planche en couleurs . **10** fr.

OUVRAGE COMPLET

Traité d'Anatomie Humaine

PUBLIÉ SOUS LA DIRECTION DE

P. POIRIER   ET   **A. CHARPY**
Professeur d'anatomie à la Faculté de   Professeur d'anatomie à la Faculté
médecine de Paris. Chirurgien des hôpitaux.   de médecine de Toulouse.

AVEC LA COLLABORATION DE

O. AMOEDO — A. BRANCA — A. CANNIEU — B. CUNÉO — G. DELAMARE — PAUL DELBET
A. DRUAULT — P. FREDET — GLANTENAY
A. GOSSET — M. GUIBÉ — P. JACQUES — TH. JONNESCO — E. LAGUESSE
L. MANOUVRIER — M. MOTAIS — A. NICOLAS — P. NOBÉCOURT — O. PASTEAU — M. PICOU
A. PRENANT — H. RIEFFEL — CH. SIMON — A. SOULIÉ

5 volumes grand in-8°, avec figures noires et en couleurs. 160 fr.

TOME I. — (2ᵉ *édition refondue*)· Introduction. Notions d'embryologie.
Ostéologie. Arthrologie, *avec 807 figures*. . . . . **20** fr.
TOME II. — 1ᵉʳ Fasc. (2ᵉ *édition refondue*) : Myologie, *avec 331 fig*. . **12** fr.
2ᵉ Fasc. (2ᵉ *édition refondue*) : Angéiologie. Cœur et Artères. Histologie,
avec 150 figures. **8** fr.
3ᵉ Fasc. (2ᵉ *édition refondue*) : Angéiologie. Capillaires. Veines, *avec
83 figures*. . . . . **6** fr.
4ᵉ Fasc. : Les Lymphatiques, *avec 117 figures* . . . . **8** fr.
TOME III. — 1ᵉʳ Fasc. (2ᵉ *édition refondue*) : Système nerveux. Méninges.
Moelle. Encéphale. Embryologie. Histologie, *avec 265 figures*. . . **10** fr.
2ᵉ Fasc. (2ᵉ *édition refondue*) : Système nerveux. Encéphale, *avec
131 fig*. . . . . **10** fr.
3ᵉ Fasc. (2ᵉ *édition refondue*) : Système nerveux. Les Nerfs. Nerfs crâniens.
Nerfs rachidiens, *avec 228 figures*. . . . . **12** fr.
TOME IV. — 1ᵉʳ Fasc. (2ᵉ *édition refondue*) : Tube digestif, *avec 201 fig*. **12** fr.
2ᵉ Fasc. (2ᵉ *édition refondue*) : Appareil respiratoire, *avec 121 fig*. . **6** fr.
3ᵉ Fasc. (2ᵉ *édition refondue*) : Annexes du tube digestif. Péritoine. *1 vol.
avec 118 fig*. . . . . **16** fr.
TOME V. — 1ᵉʳ Fasc. : Organes génitaux-urinaires, *avec 431 fig*. **20** fr.
2ᵉ Fasc. : Les Organes des sens. Les Glandes surrénales, *avec 544 figures*. . . . . **20** fr.

PRÉCIS ÉLÉMENTAIRE

d'Anatomie, de Physiologie et de Pathologie

Par P. RUDAUX

Ancien chef de clinique à la Faculté de médecine de Paris.

Avec préface, par M. RIBEMONT-DESSAIGNES

1 volume, avec 462 figures. . . . . **8** fr.

Traité ❧ ❧ ❧ ❧ ❧ ❧ d'Anatomie Pathologique ❧ ❧ ❧ ❧ Générale

PAR

R. TRIPIER

Professeur d'Anatomie pathologique
à la Faculté de médecine
de l'Université de Lyon.

1 vol. grand in-8°, avec 289 figures en noir et en couleurs . . . . . . **25 fr.**

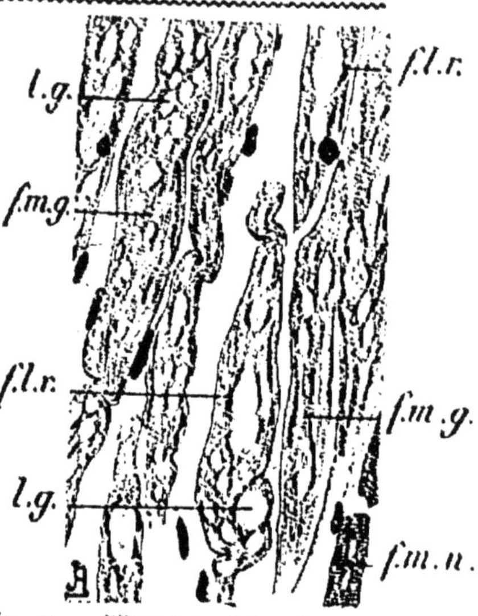

Fig. 11. — Fibres musculaires du cœur avec vacuoles précédemment occupées par la graisse, refoulant les fibrilles voisines.

f. m. n. fibres musculaires normales. f. m. g. fibres musculaires graisseuses. l. g. loges des vésicules graisseuses intra-musculaires. f. l. r. fibrilles longitudinales refoulées précédemment par la graisse.

Précis d'Anatomie ❧ ❧ ❧ ❧ ❧ ❧ ❧ ❧ ❧ ❧ ❧ ❧ ❧ ❧ ❧ Pathologique

Par M. L. BARD
Professeur à la Faculté de Lyon.

DEUXIÈME ÉDITION REVUE

1 volume, avec 125 figures . . . . **7 fr. 50**

La Pratique des Autopsies

Par M. LETULLE
Professeur agrégé, Médecin de l'hôpital Bouciçaut.

1 vol. in-8° cavalier de 548 pages, avec 136 figures.
Broché . . . . **10 fr.** | Cartonné à l'anglaise. **12 fr.**

L'ŒUVRE MÉDICO-CHIRURGICAL (D' CRITZMAN, Directeur).

SUITE DE MONOGRAPHIES
CLINIQUES

SUR LES QUESTIONS NOUVELLES

EN MÉDECINE, EN CHIRURGIE ET EN BIOLOGIE

Chaque Monographie est vendue séparément. . . . . **1 fr. 25**

Il est accepté des Abonnements pour une série de 10 Monographies consécutives, au prix à forfait et payable d'avance de **10** francs pour la France et **12** francs pour l'Étranger (port compris).

DERNIÈRES MONOGRAPHIES PUBLIÉES :

25. **L'Asepsie opératoire**, par MM. Pierre Delbet, professeur agrégé, chirurgien des hôpitaux, et L. Bigeard, chef de clinique adjoint.
26. **Anatomie chirurgicale et médecine opératoire de l'Oreille moyenne**, par Aug. Broca, professeur agrégé.
27. **Traitements modernes de l'hypertrophie de la prostate**, par E. Desnos.
28. **La Gastro-entérostomie**, par les professeurs Roux et Bourget.
29. **Les Ponctions rachidiennes accidentelles** et les complications des plaies du rachis, par E. Mathieu, directeur du Val-de-Grâce.
30. **Le Ganglion lymphatique**, par M. Dominici.
31. **Les Leucocytes.** *Technique (Hématologie, Cytologie)*, par MM. le professeur Courmont et F. Montagnard.
32. **La Médication hémostatique**, par le D' P. Carnot, D' ès sciences.
33. **L'Élongation trophique.** *Cure radicale des maux perforants, ulcères variqueux, etc., par l'élongation des nerfs*, par le docteur A. Chipault, de Paris.
34. **Le Rhumatisme tuberculeux** (*pseudo-rhumatisme d'origine bacillaire*), par le professeur Antonin Poncet et Maurice Mailland.
35. **Les Consultations de nourrissons**, par Ch. Maygrier, agrégé.
36. **La Médication phosphorée**, par le P' Gilbert et le D' Posternak.
37. **Pathogénie et traitement des névroses intestinales**, par le D' Gaston Lyon.
38. **De l'Énucléation des fibromes utérins**, par Th. Tuffier, professeur agrégé, chirurgien de l'hôpital Beaujon.
39. **Le Rôle du sel en pathologie**, par Ch. Achard, professeur agrégé.
40. **Le Rôle du sel en thérapeutique**, par Ch. Achard.
41. **Le Traitement de la Syphilis**, par le professeur E. Gaucher.
42. **Tics**, par le D' Henry Meige.
43. **Diagnostic de la Tuberculose par les nouveaux procédés de laboratoire**, par le D' Nattan Larier, chef de clinique de la Faculté de Paris.

Encyclopédie Scientifique ✢ ✢ ✢ ✢ ✢ ✢

✢ ✢ ✢ ✢ ✢ ✢ des Aide-Mémoire

Publiée sous la direction de H. LÉAUTÉ, Membre de l'Institut

Au 1ᵉʳ Décembre 1905, 362 VOLUMES publiés

Chaque ouvrage forme un volume petit in-8°, vendu : Broché, **2 fr. 50**
Cartonné toile, **3 fr.**

DERNIERS VOLUMES MÉDICAUX PUBLIÉS
dans la *SECTION DU BIOLOGISTE*

MALADIES DES VOIES URINAIRES, URÈTRE, VESSIE, par le Dᵣ Bazy, chirurgien des hôpitaux, membre de la Société de chirurgie, 4 vol.
  I. *Moyens d'exploration et traitement.* 2ᵉ édition. II. *Sémiologie.* III. *Thérapeutique générale. Médecine opératoire.* IV. *Thérapeutique spéciale.*
LES FORMES CHIRURGICALES DE LA TUBERCULOSE INTESTINALE, par Léon Bérard et Maurice Patel, professeurs agrégés à la Faculté de Lyon.
GUIDE DE L'ÉTUDIANT A L'HOPITAL, par A. Bergé, interne des hôpitaux. 2ᵉ édit.
BIOLOGIE GÉNÉRALE DES BACTÉRIES, par le Dᵣ E. Bodin, professeur de Bactériologie à l'Université de Rennes.
LES BACTÉRIES DE L'AIR, DE L'EAU ET DU SOL, par E. Bodin.
L'OREILLE, par Pierre Bonnier, 5 vol.
  I. *Anatomie de l'oreille.* II. *Pathogénie et mécanisme.* III. *Physiologie : Les Fonctions.* IV. *Symptomatologie de l'oreille.* V. *Pathologie de l'oreille.*
PRÉCIS ÉLÉMENTAIRE DE DERMATOLOGIE, par MM. Brocq et Jacquet, médecins des hôpitaux de Paris. 2ᵉ édition, entièrement revue. 5 vol.
  I. *Pathologie générale cutanée.* II. *Difformités cutanées, éruptions artificielles, dermatoses parasitaires.* III. *Dermatoses microbiennes et néoplasies.* IV. *Dermatoses inflammatoires.* V. *Dermatoses d'origine nerveuse. Formulaire.*
POISONS DE L'ORGANISME, POISONS DU TUBE DIGESTIF, par A. Charrin. 2ᵉ éd.
LA PELADE, par A. Chatin, membre de la Société de Dermatologie, et F. Trémolières, ancien interne à l'hôpital Saint-Louis.
L'HYGIÈNE SCOLAIRE, par le Dᵣ J. Delobel.
PROPHYLAXIE DU PALUDISME, par A. Laveran, membre de l'Institut.
EXAMEN ET SÉMÉIOTIQUE DU CŒUR, Signes physiques, par le Dᵣ Pierre Merklen, médecin de l'hôpital Laënnec. 2ᵉ édition.
MOUSTIQUES ET MALADIES INFECTIEUSES. Guide pratique pour l'étude des moustiques, par les Dᵣˢ Edmond et Etienne Sergent, de l'Institut Pasteur de Paris.
L'INANITION CHEZ LES DYSPEPTIQUES ET LES NERVEUX, par A. Mathieu, médecin à l'hôpital Andral, et J.-Ch. Roux, ancien interne des hôpitaux.
L'HÉRÉDITÉ DE LA TUBERCULOSE, par J. Vires, professeur agrégé à la Faculté de Montpellier.

BRISSAUD. — **Leçons sur les Maladies nerveuses** (Salpêtrière, 1893-1894), recueillies et publiées par HENRY MEIGE. 1 vol. gr. in-8°, avec 240 fig. (schémas et photog.) . . . . **18** fr.

— **Leçons sur les Maladies nerveuses** (*Deuxième série*; hôpital St-Antoine), recueillies et publiées par HENRY MEIGE. 1 vol. grand in-8°, avec 165 figures dans le texte . . . . **15** fr.

CHARRIN. — **Leçons de Pathogénie appliquée.** *Clinique médicale, Hôtel-Dieu* (1895-1896), par A. CHARRIN, professeur agrégé, médecin des hôpitaux, directeur adjoint au laboratoire de Pathologie générale, assistant au Collège de France, vice-président de la Société de Biologie. 1 vol. in-8° . . . . . **6** fr.

— **Les Défenses naturelles de l'organisme:** *Leçons professées au Collège de France*, par A. CHARRIN. 1 vol. in-8° . . . . **6** fr.

DIEULAFOY. — **Clinique médicale de l'Hôtel-Dieu de Paris,** par G. DIEULAFOY, professeur de clinique médicale à la Faculté de médecine de Paris, médecin de l'Hôtel-Dieu, membre de l'Académie de médecine. 4 vol. gr. in-8°, avec figures dans le texte.

    I. 1896-1897. 1 vol. in-8° . . . . **10** fr.
    II. 1897-1898. 1 vol. in-8° . . . . **10** fr.
    III. 1898-1899. 1 vol. in-8° . . . . **10** fr.
    IV. 1900-1901. 1 vol. in-8° . . . . **10** fr.

DUCLAUX. — **Traité de Microbiologie,** par E. DUCLAUX, membre de l'Institut, directeur de l'Institut Pasteur.

    Tome I. *Microbiologie générale.* — Tome II. *Diastases, toxines et venins.* — Tome III. *Fermentation alcoolique.* — Tome IV. *Fermentations variées des diverses substances ternaires.* Chaque volume gr. in-8°, avec fig. **15** fr.

GAUTIER (A.). — **Cours de Chimie minérale et organique,** par M. ARM. GAUTIER, membre de l'Institut, professeur de chimie à la Faculté de médecine de Paris. *Deuxième édition*, revue et mise au courant des travaux les plus récents. 2 vol. grand in-8°, avec figures dans le texte.

    I. *Chimie minérale.* 1 vol. grand in-8°, avec 244 fig. dans le texte. **16** fr.
    II. *Chimie organique.* 1 vol. grand in-8°, avec 72 figures. . . . . . . **16** fr.

— **Leçons de Chimie biologique normale et pathologique.** *Deuxième édition*, publiée avec la collaboration de M. ARTHUS, professeur de physiologie à l'Université de Fribourg. 1 vol. in-8°, avec 110 figures . . . . **16** fr.

HAYEM. — **Leçons sur les Maladies du sang** (*Clinique de l'hôpital Saint-Antoine*), par GEORGES HAYEM, professeur, médecin des hôpitaux, membre de l'Académie de médecine, recueillies par MM. E. PARMENTIER, médecin des hôpitaux, et R. BENSAUDE, chef du laboratoire d'anatomie pathologique à l'hôpital Saint-Antoine. 1 vol. in-8°, avec 4 planches en couleurs. . . **18** fr.

KIRMISSON. — **Leçons cliniques sur les Maladies de l'appareil locomoteur** (*os, articulations, muscles*), par le Dʳ KIRMISSON, professeur à la Faculté de médecine, chirurgien des hôpitaux, membre de la Société de chirurgie. 1 vol. in-8°, avec figures dans le texte. . . . . **10** fr.

LAVERAN. — **Traité du Paludisme,** par A. LAVERAN, membre de l'Institut et de l'Académie de médecine. 1 vol. grand in-8°, avec 27 figures dans le texte et une planche en couleurs . . . . **10** fr.

— **Traité d'Hygiène militaire,** par le Dʳ LAVERAN. 1 vol. in-8°, avec 270 figures . . . . **18** fr.

MEIGE (HENRY) ET **FEINDEL** (E.). — **Les Tics et leur Traitement.** Préface de M. le professeur BRISSAUD. 1 vol. in-8° de 640 pages . . . . : **6 fr.**

OLLIER. — **Traité expérimental et clinique de la Régénération des os** et de la production artificielle du tissu osseux, par le P' OLLIER, professeur de clinique chirurgicale à la Faculté de médecine de Lyon. 2 vol. in-8°, avec figures dans le texte et planches en taille-douce. (Grand prix de chirurgie.)   **30 fr.**

— **Traité des Résections** et des opérations conservatrices que l'on peut pratiquer sur le système osseux, par le P' L. OLLIER. 3 vol. . . . . **50 fr.**

    I. *Introduction. — Résections en général.* 1 vol. in-8°, avec 127 fig. **16 fr.**
    II. *Résections en particulier. Membre supérieur.* 1 vol. in-8°, avec 155 figures . . . . **16 fr.**
    III. *Résections en particulier. Résections du membre inférieur, tête et tronc.* 1 vol. in-8°, avec 224 figures. . . . . **22 fr.**

PANAS. — **Traité des Maladies des yeux**, par PH. PANAS, professeur de clinique ophtalmologique à la Faculté de médecine, chirurgien de l'Hôtel-Dieu, membre de l'Académie de médecine, membre honoraire et ancien président de la Société de chirurgie. 2 vol. grand in-8°, avec 453 figures et 7 planches en couleurs. Reliés toile . . . . **40 fr.**

PETIT (H.). — **Guide thérapeutique des Infirmeries régimentaires**, par le D' HENRY PETIT, médecin-major de 1re classe. 1 vol. in-12 de 350 p., cartonné toile anglaise . . . . **3 fr. 50**

PONCET. — **Traité clinique de l Actinomycose humaine.** *Pseudo-actinomycoses et botryomycose,* par ANTONIN PONCET, professeur à l'Université de Lyon, et LÉON BÉRARD, chef de clinique chirurgicale à l'Université de Lyon. *Ouvrage couronné par l'Académie de médecine et par l'Institut.* 1 vol. in-8°, avec 45 figures dans le texte et 4 planches hors texte en couleurs . . . **12 fr.**

PRUNIER. — **Les Médicaments chimiques**, par LÉON PRUNIER, membre de l'Académie de médecine, pharmacien en chef des hôpitaux de Paris, professeur à l'École supérieure de pharmacie.

    I. *Composés minéraux.* 1 vol. gr. in-8°, avec 137 fig. dans le texte. **15 fr.**
    II. *Composés organiques.* 1 vol. gr. in-8°, avec 47 fig. dans le texte. **15 fr.**

RANVIER. — **Traité technique d'Histologie**, 2° éd., entièrement refondue et corrigée, par M. L. RANVIER, membre de l'Institut, professeur au Collège de France. 1 vol. grand in-8° de 880 pages, avec 414 gravures dans le texte et 1 planche en chromo. . . . . **12 fr.**

RECLUS. — **L'Anesthésie localisée par la cocaïne**, par PAUL RECLUS, professeur à la Faculté de Paris, chirurgien de l'hôpital Laënnec. 1 vol. petit in-8° avec 59 figures dans le texte. . . . . **4 fr.**

SOULIER (H.). — **Traité de Thérapeutique et de Pharmacologie**, par M. H. SOULIER, professeur à la Faculté de médecine de Lyon, membre correspondant de l'Académie de médecine. **Additionné d'un mémento formulaire des médicaments nouveaux** (1901). *Ouvrage couronné par l'Académie des Sciences et par l'Académie de médecine.* 2 vol. grand in-8°. . . . . **25 fr.**

THIBIERGE. — **Syphilis et Déontologie**, par GEORGES THIBIERGE, médecin de l'hôpital Broca. 1 vol. in-8°, broché. . . . . **5 fr.**

REVUE D'ORTHOPÉDIE
PARAISSANT TOUS LES DEUX MOIS
SOUS LA DIRECTION DE
M. le D' KIRMISSON
PROFESSEUR A LA FACULTÉ DE PARIS, CHIRURGIEN DE L'HÔPITAL TROUSSEAU
Avec la collaboration de MM.
O. LANNELONGUE — A. PONCET — PIÉCHAUD — PHOCAS
Secrétaire de la Rédaction : D' GRISEL, Chef de Clinique à l'hôpital Trousseau.
ABONNEMENT ANNUEL : Paris, **15 fr.** — Départ., **17 fr.** — Union postale, **18 fr.**

Archives d'Anatomie microscopique
FONDÉES PAR
E.-G. BALBIANI   ET   L. RANVIER
PUBLIÉES PAR
L. RANVIER   ET   L.-F. HENNEGUY
Professeur au Collège de France.   Professeur au Collège de France.

Les Archives d'Anatomie microscopique paraissent par fascicules. Quatre fascicules, paraissant à des époques indéterminées, correspondent à un volume. — L'abonnement est fait par volume au prix unique de 50 francs.

Nouvelle Iconographie ✧✧✧✧ ✧✧✧✧✧✧✧ de la Salpêtrière
J.-M. CHARCOT
GILLES DE LA TOURETTE, PAUL RICHER, ALBERT LONDE
Recueil de Travaux originaux consacrés à l'Iconographie médicale et artistique.
Publié sous le patronage scientifique de :
F. Raymond, A. Joffroy, A. Fournier, et de la Société de Neurologie de Paris
Direction : **Paul RICHER**. *Rédaction* : **Henry MEIGE**
Abonnement annuel : Paris, **30 fr.** Départements, **32 fr.** Union postale, **33 fr.**

Annales Médico-Psychologiques
(Organe de la Société Médico-Psychologique)
FONDATEUR : **D' J. BAILLARGER**
RÉDACTEUR EN CHEF : **D' ANT. RITTI**
Médecin de la Maison Nationale de Charenton.
Les **Annales Médico-Psychologiques** paraissent tous les deux mois par fasc. in-8° d'environ 180 pages.
ABONNEMENT ANNUEL : Paris, **20 fr.** — Départ., **23 fr.** — Union postale, **25 fr.**

REVUE NEUROLOGIQUE
Organe officiel de la Société de Neurologie de Paris
Publiée 2 fois par mois sous la direction de
E. BRISSAUD et P. MARIE
Secrétaire de la Rédaction : D' Henry MEIGE
ABONNEMENT ANNUEL : Paris et Départements, **30 fr.** — Union postale, **32 fr.**

La Presse Médicale

Journal bi-hebdomadaire, paraissant le Mercredi et le Samedi

RÉDACTION : **E. DE LAVARENNE**, DIRECTEUR

SECRÉTARIAT : P. DESFOSSES — J. DUMONT — R. ROMME

DIRECTION SCIENTIFIQUE

F. DE LAPERSONNE, E. BONNAIRE, E. DE LAVARENNE, L. LANDOUZY
M. LETULLE, J.-L. FAURE, H. ROGER, M. LERMOYEZ, F. JAYLE

Paris et Départements, 10 fr.; Union postale, 15 fr.

Annales de Dermatologie et de Syphiligraphie

PUBLIÉES PAR MM. **Ernest BESNIER** — **A. DOYON** — **L. BROCQ** — **R. DU CASTEL**
A. FOURNIER — **H. HALLOPEAU** — **G. THIBIERGE** — **W. DUBREUILH**

Directeur de la Publication : D' G. THIBIERGE

ABONNEMENT ANNUEL : Paris, **30 fr.** — Départements et Union postale. **32 fr.**

**MATÉRIAUX POUR L'HISTOIRE DE L'HOMME
REVUE D'ANTHROPOLOGIE, REVUE D'ETHNOGRAPHIE RÉUNIES**

L'ANTHROPOLOGIE

PARAISSANT TOUS LES DEUX MOIS

RÉDACTEURS EN CHEF :

MM. BOULE ET VERNEAU

Un an : Paris, **25 fr.** — Départements, **27 fr.** — Union postale, **28 fr.**

Revue d'Hygiène et de Police sanitaire

Fondée par E. VALLIN

PUBLIÉE TOUS LES MOIS SOUS LA DIRECTION DU

D' A.-J. MARTIN

Inspecteur général de l'assainissement de la ville de Paris.

ABONNEMENT ANNUEL : Paris, **20 fr.** — Départements, **22 fr.** — Étranger, **23 fr.**

50148. — Imprimerie LAHURE, rue de Fleurus, 9, à Paris.

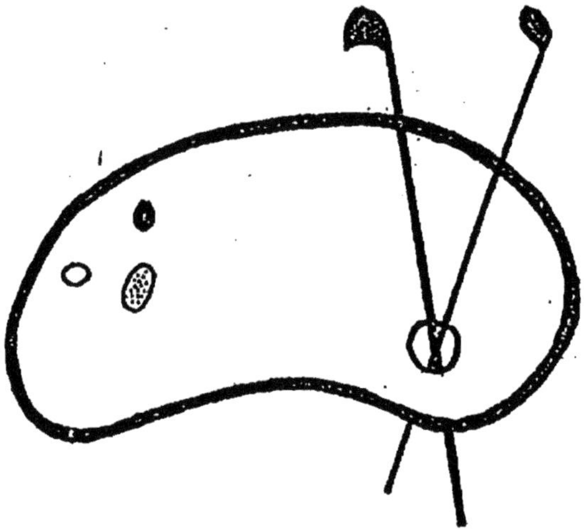

FIN D'UNE SERIE DE DOCUMENTS
EN COULEUR